全新增訂大開本

高階占星技巧

中點技巧 | 組合盤 | 移民占星學
MIDPOINT · COMPOSITE CHART · RELOCATION CHART

國際占星研究院創辦人 **魯道夫** | 香港占星天后 **JUPITER** | 專業占星師 **傅瀚瑤**
—— 協力著作 ——

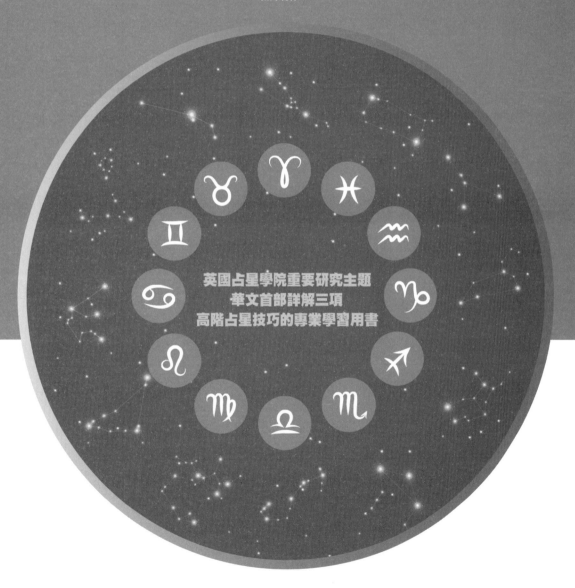

英國占星學院重要研究主題
華文首部詳解三項
高階占星技巧的專業學習用書

全新篇幅近二分之一，更清晰說明中點技巧的精髓和運用方法
中點技巧（MIDPOINT）：細緻透露一張星盤所隱藏的祕密，有助於激發星盤的潛能；
組合盤（COMPOSITE CHART）：能夠看出兩人、兩個家庭、兩個部門的組合能量與發展；
移民占星盤（RELOCATION CHART）：可分析個人最適合於何地發展，如同一套獨特的個人風水學。
借助高階占星技巧，亦可幫助自己找到最佳軌跡，朝更明確的方向前進！

作者序
占星，一門學習自身與時間、空間關係的學問

在過去數千年中，占星界發展出了許多技巧，例如：巴比倫人重視金星，與他們的女神崇拜有關；埃及人重視建築與農工，因而發展出重視地平線的上升點，開啓了不同宮位制度的研究；而阿拉伯點的研究，與中世紀的神祕主義特色有著強烈的連結；十九世紀強調科學精神的德國占星師們，期望能透過數學邏輯找出行星之間的共鳴，因而將中點技巧發揚光大；到了二十世紀，占星師們則期盼占星也能夠詮釋當代心理學，由此發展出了心理占星。

我們可以發現，每一個時期發展的技巧，都象徵著當時的社會特質，不能因此而斷定誰是對的，或誰是錯的。

再者，由於現代科技的發達，電腦可幫助占星師們做出更多精密的計算，占星師能夠更精確地尋找出行星在地球上的投影，並因此開啓占星地圖的研究，甚至更進一步地將這一門技巧，發展成為非常類似中國風水的方位系統，並將此應用在個人星盤與世界大事的預測上。

這一本強調高階技巧的占星書，正是我與 Jupiter 老師討論已久，最後也邀請 CICI 老師一起加入完成的作品，期待能帶給華人占星學界一些對十九、二十世紀占星技巧發展的不同視野。

魯道夫

2016 年 1 月 8 日於倫敦

作者序
宇宙有多大，占星有多闊

小時候閱讀星座書，覺得有趣，大概是青少年期想尋求「自我認同」的方法，原來最了解自己的，不是身邊的同學長輩，而是書中那些「xx 座的你是怎樣怎樣」，那種被了解的感覺大概成為了我的占星種籽。

後來接觸到正統的占星學習，更發現每顆行星之間的互動，簡直就像替我說話一樣，甚至比我認識的自己，描述得更為深入、細微，連那些自己也不能言語的微妙感覺、為什麼我會有某些習慣和想法、甚至一些本已遺忘的東西，都通過占星從潛意識中牽引出來。

起初以為懂得基本星盤就是了，加個流年推測不就是傳統上對「命理、算命」的理解嗎？可是後來發現還有人際合盤、中點、泛音、移民、擇日、世俗占星、卜卦、古典派……學完一些又有新的冒出來，沒完沒了，卻讓人像上癮一樣，不停的去學習和發掘。真是宇宙有多大，占星就可以有多闊；心靈有多複雜，占星就可以有多少深度。

從了解人的心靈、運勢，到人與人之間的互動，以至世界大事、政治經濟，占星總是有不同的工具去探索，幫助我們從不同的角度去了解自己、身處的環境、身邊的人和事，過去和未來；而通過占星，亦了解更多背後的歷史、文化、哲學，簡直就是通識。一套學問能夠這樣無遠弗屆，並且能夠跟其他學問互為連結，如醫學、心理學、魔法、草藥、治療、兒童教育、財經等，覆蓋和使用範圍之廣，可說是星星給人類的最佳禮物。

這些年以來，多得各界同好將占星學推廣，越來越多人對占星有興趣、有一定的認識，並認真學習及研究，所以此書就來介紹幾個專業占星師們所使用的一些進階占星技巧，讓讀者能了解這些稍微複雜但相當實用的工具。

　　本書所介紹的占星技巧，都是針對特別的範疇，做深入的研究，發掘一些潛藏的訊息，可說是帶出更多占星密碼。如不了解當中的竅門，就無法破解演譯了。本書所講解的技巧，「中點」是找出星盤中那些表面看不到的部分，內裡隱藏著的脈絡；「組合中點盤」則是看人與人之間的化學作用，而「移民占星學」更是人與地的關係，將星盤放在世界地圖上，可說是一套獨特的個人風水學。

　　我們的占星學院從 08 年創辦，還記得當初跟魯道夫老師在英國碰面，晚飯閒聊時就聊起辦占星學院的想法，想不到不但能成眞，至今學院有幸已發展成一個小團隊，並能邀請國際知名的占星大師來亞洲講學，所以得在此先感謝這位一起並肩作戰的占星好友。

　　而在教學的過程當中，跟同學們也做了很多的討論，有時同學提出的問題，往往會刺激我們去思考；而不同的見解，也讓占星的詮譯變得更豐富，教學相長，讓我們身爲老師亦能不斷進步，在學問上有更高的要求。而最讓我感動的，是同學們對占星的熱情和投入，那些熱熾的討論、發問、渴求知識的眼神，心裡那團星星之火，的確可以燎原。而同學之間還建立了一份占星專屬的友誼，那種大家說著共同語言，有種不用多解釋但已互相明瞭的感覺，不足爲外人所理解。有時候，同學分享自己的經驗，說到學習占星如何助他面對一些難關，如何讓自己變成一個更好的人，如何去活出屬於自己的人生，更讓我覺得能夠分享這個學問，是一種福氣。

　　當然，最後必須感謝教導過我的各位老師、在占星路上互相支持的夥伴，一直給我很多的啓發，有時可能只是一句話，就讓我開竅；有時對我很嚴厲的老師，總是能帶我到另一層次。占星之路如天上的銀河一樣，沒有盡頭，之後我也將繼續努力學習、研究，期望可以將更多占星的智慧跟大家分享。

Jupiter

2016 年 1 月 13 日於香港

作者序
在探索星空中理解生命課題

　　嚴格說來，我與占星的相逢是因為凱龍星的創傷議題，那開啓了我走上尋找自我的道路之旅。當時我不明白宇宙為什麼如此安排我的劇本，在我人生低谷時，我不斷的想尋找答案，我想知道生命的運作與命運的軌跡與安排，到底人生是怎麼回事呢？為什麼有這些課題？

　　因緣際會下先學了紫微斗數一段時間，可能是我理解得不夠深入，總覺得似乎還有些拼圖缺塊無法看清全貌，直到後來在 AOA 上課跟魯道夫老師學習占星後，很多不清楚的問題在那時候似乎都有了一點理解，但還是有些懵懂，當上到高階占星技巧「中點」時，一切似乎都有了答案，我那時候還不是很清楚我的「凱龍星＝月亮／太陽」到底意味著什麼，在後來的幾年間還是在持續的探索中，直到開始諮商時，我遇到了很多與我有類似課題的個案，我漸漸開始去理解這個中點組合對我的意義所在。還記得第一次舉辦大師講座，從英國邀請梅蘭妮老師講凱龍星專題時受到的心靈震撼，星盤中沒有水元素的我直到下課後才慢慢的感覺到悲傷、委屈與理解，那天晚上我欣喜而又釋懷的哭了許久，我開始用心的角度去理解這門浩瀚的學說。

　　很特別的是，宇宙又再一次的展現了祂的奇妙安排，這本《高階占星技巧》因為需要重新修訂改版，魯道夫老師對我提出了邀請，這個時間點正好是我的凱龍星回歸，我的凱龍星＝月亮／太陽主題被再一次的觸發，這一次，我從書寫中點技巧中再一次地走過過去生命中的每一個重要記憶，重新檢視我的過往，特別是寫到月亮的中點組合時，還一度卡住幾天，腦袋一片空白，後來才後知後覺的知道，原來是傷痛啊……

　　在這裡我要感謝魯道夫老師對我的指導與信任，還有小修校長的鼓勵，艾曼達

老師的友情支援，在書寫的過程中因爲水星金牛需要實證案例所以寫得很慢，再加上要照顧母親，所以後面的火星、木星中點組合是艾曼達老師所寫，土星至最後的南北交天頂中點是魯道夫老師所寫，兩位老師硬切出時間幫忙，很感謝幾位同事與出版社的包容與諒解，謝謝你們。

另外特別要謝謝我親愛的家人，我的靈魂伴侶 Jacky 與兒子 Tom 一直以來陪伴在我身邊，給我愛與支持，而且因爲研究需要許多的深入對談，他們也在我寫書的同時被迫面對自己隱藏的傷痛。還有其他被我騷擾的好友們，謝謝你們將心交給我，希望在那些對話中沒有讓你們感受到不舒適，也期待閱讀這本書的占星同好們能藉由我對中點的一些觀察心得有所收穫，衷心祝福與感恩。

傅瀚瑤 CICI FU

2019 年 11 月 3 日清晨

目錄

Chapter 3　移民占星學

移民占星學介紹（Relocation Chart）

Chapter 1

中點技巧
Midpoint

　　星盤中兩顆行星的中點度數，可能會帶有這兩顆行星形成180度相位的特質，透過這兩顆行星所代表的象徵意義，不論在心理上或現實生活中人事物間的衝突與刺激，都能讓我們看見這組中點的議題。

認識中點技巧

在高階占星技巧中，中點是較爲特殊且應用方式多樣化的，它運用行星之間的共頻找出隱藏於背後的線索，從原有的符號體系中創造出新的詮釋方式。在近代，中點技巧近來越來越受一些占星師的喜愛，尤其拜電腦運算功能愈趨強大後，更是被廣泛運用到各個領域，特別是有些財經占星師們將中點運用在股市的預測上也獲得不少的迴響。因爲中點本身存在著量化概念，讓工程師可以將行星之間交錯複雜的關係繪製成圖表，使占星師可以更輕鬆的從中獲得所需訊息。

中點技巧的使用最早可以回朔至西元 1200 年，由當時著名的義大利占星師波那提（Guido Bonatti）在解釋星盤時運用了阿拉伯點中的半數技巧（Half sums）而受到關注，但可能因爲所需資料要經過多重複雜計算，且無系統性的推廣開來，所以就漸漸地淡出占星師的視野中，直到 20 世紀初期由德國占星學家艾佛瑞‧威特（Alfred Witte，1878～1943）和弗雷德里克‧茨格胡恩（Friedrich Sieggrün，1877～1951）兩人共同創辦的漢堡學派，將中點技巧做了更深入的研究，他們認爲當行星之間形成某些相對位置時，縱使沒有相位或守護關係，也能夠觸發行星與行星間的能量震盪或波動，帶來事件與衝擊，這個相對位置就是中點（Midpoint）。

中點技巧的概念來自數學中的中點，在線段上與兩端點（A.B.）距離相等的一點（下頁圖一），也就是二分之一，我們可以將任兩顆行星或重要的交點度數相加後，找出二分之一的度數即是中點，也稱爲**直接中點**。然後從直接中點開始計算，每 45 度都是一個敏感點，也稱爲**間接中點**。有些占星師只參考兩個中點位置，一個是近中點，爲兩個行星或交點之間最近的中心點，另一個是遠中點，也就是離兩個行星或交點之間最遠的中心點。

我們還可以透過圓周與黃道星座的關係來理解中點的邏輯，黃道星座度數 0

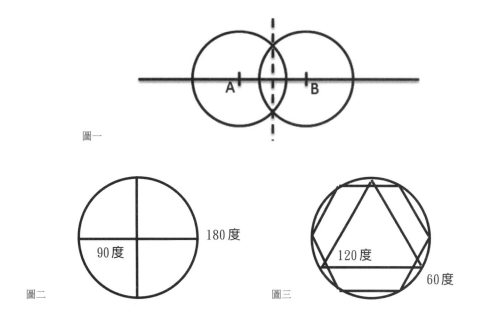

圖一

圖二   90度   180度

圖三   120度   60度

度起為為牡羊座，每隔 30 度切換至下一個星座，直到走完 12 個星座為 360 度，也稱為絕對度數。而 360 度圓周的二分之一是 180 度，180 度的二分之一是 90 度，也是圓周四分之一，90 度的二分之一是 45 度，為圓周八分之一。在星盤當中，形成行星之間的動態關係是透過行星間不同的度數來展現，也就是相位。在行星的度數中，強硬相位比柔和相位更能夠凸顯事件的張力與衝擊，強硬相位大多都與圓周的切割角度有關，例如圖二的 180 度具有穿透、對峙、對立、二元性特質，90 度是切開 180 度軸線的重要衝擊與轉變的關鍵，而圖三的柔和相位大多帶有舒適、和諧、調節的狀態。

　　換句話來說，星盤中兩顆行星的中點度數，可能會帶有這兩顆行星形成 180 度相位的特質，透過這兩顆行星所代表的象徵意義，不論在心理上或現實生活中人事物間的衝突與刺激，都能讓我們看見這組中點的議題。如果在這個度數上有行星存在，這顆行星與組成中點的兩顆行星則會帶來 90 度相位的特質，三顆行星的互動關係會形成類似 T 三角圖形相位的力量，中點上的行星就像木偶的提線者，帶動起整組行星之間的動態關係。如果個人星盤中這個度數上沒有行星，這組中點組合

的議題則可能透過行運、推運、Synastry 合盤時有行星進入產生合相時被觸發。

　　兩顆行星的中點就好像是隱藏在星盤中的小世界，我們可以一眼看出星盤中行星之間的相位，但中點卻必須要以兩顆行星為兩端畫出圓周交點才能找到。這種需要耗費大量時間計算的方式的確推廣不易，這情況一直到漢堡學派致力研究中點技巧後，艾佛瑞・威特（Alfred Witte）博士創造出 Dial 星盤，也就是 90 度盤，直接將 360 度星盤除以四等分，做成一個刻度為 90 的圓，行星排列順序依次為開創星座、固定星座、變動星座，以性質作為分野，將位置集中在 30 度的範圍之內，一樣從牡羊座 0 度開始起算，0-30 度為牡羊、巨蟹、天秤、摩羯，30-60 度為金牛、獅子、天蠍、水瓶，60-90 度為雙子、處女、射手、雙魚（如圖四），用來計算行星中點時就可免去度數與星座之間換算的問題，可以更直觀快速地找出行星的中點組合，也不用再計算間接中點的位置，用 90 度盤就已將其整合起來。除了簡化閱讀星盤步驟，直接將重點行星標示之外，疊上推運星盤時也可以快速發現受推運影響的行星位置，Dial 盤除了 90 度之外，還可以依需求調整成 30 度、45 度、180 度

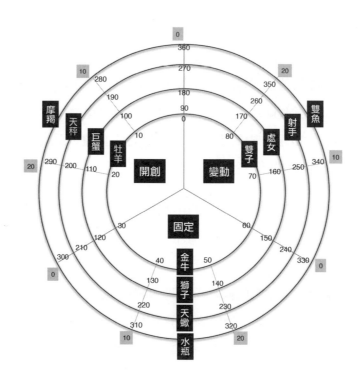

圖四

與其他次要相位度數盤（如圖五）。

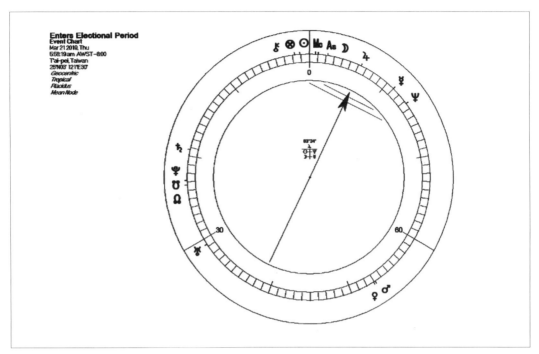

圖五

　　除了 Dial 星盤之外，中點技巧還有其他的圖表可以依照個人需求去搜尋應用。但首先我們要先了解中點符號的寫法，因為中點是以數學計算而來，所以書寫方式也是延用數學符號呈現。兩顆行星成為一組中點時會使用「行星／行星」來表示，例如金星與火星的中點組合為「金星／火星」，或英文 VE／MA 或符號♀／♂。如果有行星落入中點位置時，就是「行星＝行星／行星」，例如土星落入金星與火星中點時為「土星＝金星／火星」或英文 SA ＝ VE／MA 或符號♄＝♀／♂，或是 ♄／(♀＋♂) 。

　　「＝」前後的行星反過來放置也是可以的，例如：♀／♂＝♄，書寫時要記得行星運轉速度快的要放前面，例如：「水星／土星」或「月亮／木星」。

　　接下來，讓我們介紹占星軟體上常見的中點圖表：

1. MidPoint Listing

*** MIDPOINT LISTING ***

Enters Electional Period – Event Chart

In Planetary Sequence – Modulus 90°00'

☽	87°48'	☉/⚷	00°52'	♀/♇	37°52'	♃/As	41°18'	♆/As	82°48'
☽/☉	88°54'	☉/☊	56°41'	♀/⚷	72°19'	♃/Mc	86°29'	♆/Mc	37°59'
☽/☿	83°23'	☉/As	89°28'	♀/☊	38°08'	♃/⊗	42°24'	♆/⊗	83°54'
☽/♀	70°21'	☉/Mc	44°38'	♀/As	70°55'	*♄*	19°13'	*♇*	22°51'
☽/♂	25°28'	☉/⊗	00°33'	♀/Mc	26°05'	♄/♅	69°57'	♇/⚷	57°17'
☽/♃	40°44'	*☿*	78°58'	♀/⊗	72°00'	♄/♆	47°57'	♇/☊	23°07'
☽/♄	53°31'	☿/♀	65°56'	*♂*	53°08'	♄/♇	21°02'	♇/As	55°53'
☽/♅	14°15'	☿/♂	21°03'	♂/♃	68°24'	♄/⚷	55°29'	♇/Mc	11°04'
☽/♆	82°14'	☿/♃	36°19'	♂/♄	81°11'	♄/☊	21°18'	♇/⊗	56°59'
☽/♇	55°20'	☿/♄	49°06'	♂/♅	41°54'	♄/As	54°05'	*⚷*	01°44'
☽/⚷	89°46'	☿/♅	09°50'	♂/♆	19°54'	♄/Mc	09°15'	⚷/☊	57°33'
☽/☊	55°36'	☿/♆	77°49'	♂/♇	82°59'	♄/⊗	55°10'	⚷/As	00°20'
☽/As	88°22'	☿/♇	50°55'	♂/⚷	27°26'	*♅*	30°41'	⚷/Mc	45°30'
☽/Mc	43°32'	☿/⚷	85°21'	♂/☊	83°15'	♅/♆	08°41'	⚷/⊗	01°25'
☽/⊗	89°28'	☿/☊	51°11'	♂/As	26°02'	♅/♇	71°46'	*☊*	23°23'
☉	00°00'	☿/As	83°57'	♂/Mc	71°12'	♅/⚷	16°13'	☊/As	56°09'
☉/☿	84°29'	☿/Mc	39°07'	♂/⊗	27°07'	♅/☊	72°02'	☊/Mc	11°20'
☉/♀	71°27'	☿/⊗	85°03'	*♃*	83°40'	♅/As	14°49'	☊/⊗	57°15'
☉/♂	26°34'	*♀*	52°54'	♃/♄	06°27'	♅/Mc	59°59'	*As*	88°56'
☉/♃	41°50'	♀/♂	08°01'	♃/♅	57°11'	♅/⊗	15°54'	As/Mc	44°06'
☉/♄	54°36'	♀/♃	23°17'	♃/♆	35°10'	*♆*	76°41'	As/⊗	00°01'
☉/♅	15°20'	♀/♄	36°04'	♃/♇	08°16'	♆/♇	49°46'	*Mc*	89°17'
☉/♆	83°20'	♀/♅	86°48'	♃/⚷	42°42'	♆/⚷	84°12'	Mc/⊗	45°12'
☉/♇	56°25'	♀/♆	64°47'	♃/☊	08°32'	♆/☊	50°02'	*⊗*	01°07'

Sorted by Angle – Modulus 90°00'

☉	00°00'	♄/♇	21°02'	♂/♅	41°54'	☊/As	56°09'	♂/♄	81°11'
As/⊗	00°01'	☿/♂	21°03'	♃/⊗	42°24'	☉/♇	56°25'	☽/♆	82°14'
⚷/As	00°20'	♄/☊	21°18'	♃/⚷	42°42'	☉/☊	56°41'	♆/As	82°48'
☉/⊗	00°33'	*♇*	22°51'	☽/Mc	43°32'	♇/⊗	56°59'	♂/♇	82°59'
☉/⚷	00°52'	♇/☊	23°07'	As/Mc	44°06'	♃/♅	57°11'	♂/☊	83°15'
⊗	01°07'	♀/♃	23°17'	☉/Mc	44°38'	☊/⊗	57°15'	☉/♆	83°20'
⚷/⊗	01°25'	*☊*	23°23'	Mc/⊗	45°12'	♇/⚷	57°17'	☽/☿	83°23'
⚷	01°44'	☽/♂	25°28'	⚷/Mc	45°30'	⚷/☊	57°33'	*♃*	83°40'
♃/♄	06°27'	♂/As	26°02'	♄/♆	47°57'	♅/Mc	59°59'	♆/⊗	83°54'
♀/♂	08°01'	♀/Mc	26°05'	☿/♄	49°06'	♀/♆	64°47'	☿/As	83°57'
♃/♇	08°16'	☉/♂	26°34'	♆/♇	49°46'	☿/♀	65°56'	♆/⚷	84°12'
♃/☊	08°32'	♂/⊗	27°07'	♆/☊	50°02'	♂/♃	68°24'	☉/☿	84°29'
♅/♆	08°41'	♂/⚷	27°26'	☿/♇	50°55'	♄/♅	69°57'	☿/⊗	85°03'
♄/Mc	09°15'	*♅*	30°41'	☿/☊	51°11'	☽/♀	70°21'	☿/⚷	85°21'
☿/♅	09°50'	♃/♆	35°10'	*♀*	52°54'	♀/As	70°55'	♃/Mc	86°29'
♇/Mc	11°04'	♀/♄	36°04'	*♂*	53°08'	♂/Mc	71°12'	♀/♅	86°48'
☊/Mc	11°20'	☿/♃	36°19'	☽/♄	53°31'	☉/♀	71°27'	*☽*	87°48'
☽/♅	14°15'	♀/♇	37°52'	♄/As	54°05'	♅/♇	71°46'	☽/As	88°22'
♅/As	14°49'	♆/Mc	37°59'	☉/♄	54°36'	♀/⊗	72°00'	☽/☉	88°54'
☉/♅	15°20'	♀/☊	38°08'	♄/⊗	55°10'	♅/☊	72°02'	*As*	88°56'
♅/⊗	15°54'	☿/Mc	39°07'	☽/♇	55°20'	♀/⚷	72°19'	*Mc*	89°17'
♅/⚷	16°13'	☽/♃	40°44'	♄/⚷	55°29'	*♆*	76°41'	☉/As	89°28'
♄	19°13'	♃/As	41°18'	☽/☊	55°36'	☿/♆	77°49'	☽/⊗	89°28'
♂/♆	19°54'	☉/♃	41°50'	♇/As	55°53'	*☿*	78°58'	☽/⚷	89°46'

*** END REPORT ***

第一種中點列表都是以順序排列，表格中的第一種排列方式是以行星順序爲主，從月亮開始列出所有與月亮形成中點的度數，然後依序從太陽一路至冥王星或其他交點結束。

第二種排列方式以角度度數爲主，先選擇要使用的角度，例如 45 度、90 度、180 度或 360 度等，依照個人需求來設定度數後，從選擇的角度盤 0 度開始排列所有的中點組合。

2. MidPoint Axes

```
*** MIDPOINT AXES ***

Enters Electional Period – Event Chart

Modulus 90°00' – Max Orb 1°30'

*☉*   As/⊗    +0°01'      ☽/♅   -0°13'      ♃/As   +0°20' d
      ☽/⊗    -0°31'      *M*   -0°42'      *As*   -1°03' d
      *⊗*    +1°07' d    ♃/⊗   +1°25'
*⊗*   ☉/♃    -0°15' d    *♃*   +0°36' d    ♃/As   -0°47' d
      *☉*    -1°07'      ☽/♃   -1°20'
*♃*   *⊗*    -0°36' d    ☉/⊗   -1°10'
*♄*   ♂/♆    +0°40'
*♆*   ♀/♃    +0°26'      *Ω*   +0°31' d
*Ω*   ♀/♃    -0°05' d    *♆*   -0°31' d
*♀*   *♂*    +0°13'      ☽/♄   +0°36'      ♄/As   +1°10' d
*♂*   *♀*    -0°13'      ☽/♄   +0°23' d    ♄/As   +0°57'
      ☉/♄    +1°28'
*♃*   ♆/⊗    +0°13' d    ☿/As   +0°16'     ☽/♅    -0°17' d
      ☉/♆    -0°20'      ♂/Ω   -0°25'      ♆/♅    +0°31'
      ♂/♇    -0°41'      ☉/Ω   +0°48'      ♆/As   -0°52'
      ☿/⊗    +1°22' d    ☽/♆   -1°25' d
*☽*   ♀/♅    -1°00' d    *As*   +1°07' d   ♃/Mc   -1°19'
      *Mc*   +1°28'
*As*  ☽/☉    -0°01'      *Mc*   +0°20'     ☽/⊗    +0°31' d
      ☽/♅    +0°50'      *☉*    +1°03' d   *☽*    -1°07' d
*Mc*  ☉/As   +0°10'      ☽/⊗   +0°10'      *As*   -0°20'
      ☽/☉    -0°22' d    ☽/♅   +0°29' d    *☉*    +0°42'
      As/⊗   +0°44' d    ☽/As  -0°54' d    ♅/As   +1°03'
      ☉/⊗    +1°16' d    *☽*   -1°28'

*** END REPORT ***
```

　　第二種中點表格排列方式也是先選擇要使用的角度，例如 45 度、90 度、180 度或 360 度等，依照個人需求來設定度數後，從選擇的角度盤 0 度開始，列出每一個行星產生的中點組合，左方列出行星，右側則依照中點容許度排序。

3. MidPoint Trees

　　第三種中點列表是很多占星師常用的中點樹，與第二種 MidPoint Axes 的排序是一樣的，但是圖表的呈現方式卻更清晰易讀。我們可以從第一排第一顆行星太陽中點列表來看，* ☉ * 下方為中點組合，右側列出容許度，一樣是度數最緊密的排最上方，可以注意在 * ☉ * 列表下方的中點組合中，也會出現其他的 * 行星 *，意思就是在容許度內行星之間產生了合相，中點樹搭配 Dial 盤相當好用，尤其是運用 Dial 中心的箭頭就可以任意調整位置尋找中點組合。

*** MIDPOINT TREES ***

Enters Electional Period – Event Chart

Modulus 90°00' – Max Orb 1°30'

☉	(Orb)
As/⊗	+0°01'
☽/⚷	−0°13'
⚷/As	+0°20' d
☽/⊗	−0°31' d
Mc	−0°42'
As	−1°03' d
⊗	+1°07' d
⚷/⊗	+1°25'

⊗	(Orb)
☉/⚷	−0°15' d
⚷	+0°36' d
⚷/As	−0°47' d
☉	−1°07' d
☽/⚷	−1°20'

⚷	(Orb)
⊗	−0°36' d
☉/⊗	−1°10'

♄	(Orb)
♂/♆	+0°40'

♇	(Orb)
♀/♃	+0°26' d
☊	+0°31' d

☊	(Orb)
♀/♃	−0°05' d
♇	−0°31' d

♀	(Orb)
♂	+0°13'
☽/♄	+0°36'
♄/As	+1°10' d

♂	(Orb)
♀	−0°13'
☽/♄	+0°23' d
♄/As	+0°57'
☉/♄	+1°28'

♃	(Orb)
♆/⊗	+0°13' d
☿/As	+0°16'
☽/☿	−0°17' d
☉/♆	−0°20'
♂/☊	−0°25' d
♆/⚷	+0°31'
♂/♇	−0°41'
☉/☿	+0°48'
♆/As	−0°52'
☿/⊗	+1°22' d
☽/♆	−1°25' d

☽	(Orb)
♀/♅	−1°00' d
As	+1°07' d
♃/Mc	−1°19'
Mc	+1°28'

As	(Orb)
☽/☉	−0°01'
Mc	+0°20'
☽/⊗	+0°31' d
☽/⚷	+0°50'
☉	+1°03' d
☽	−1°07' d

Mc	(Orb)
☉/As	+0°10'
☽/⊗	+0°10'
As	−0°20'
☽/☉	−0°22' d
☽/⚷	+0°29' d
☉	+0°42'
As/⊗	+0°44' d
☽/As	−0°54' d
⚷/As	+1°03'
☉/⊗	+1°16' d
☽	−1°28'

*** END REPORT ***

4. MidPoint Modes

第四種中點盤是三性質星座中點列表，第一組是開創星座，第二組是固定星座，第三組是變動星座。從 0 度開始詳細列出所有中點組合，這組列表最特別的是會列出近中點與其他敏感點的位置，分辨近中點的方式，就是辨別後方度數有無顏色，彩色度數爲近中點，還會列出所在星座，黑色度數爲敏感點，不會出現星座符號，非常好辨識。也因爲使用三性質星座來做分類，查找時可以快速找出有哪些中點組合受到影響，在觀察合盤、流年過運或推運的重要行星推進行星度數時，便能一目瞭然。

*** MIDPOINT MODAL SORT ***

Enters Electional Period - Event Chart

Cardinal Points - ♈♋♎♑

☉	00°♈00	♃/♄	06°♑27	♇/As	10°53'	♅/⚷	16°♈13	♀/As	25°55'
As/⊗	00°♑01	*♀*	07°54'	♇/Mc	11°♑04	*♄*	19°♑13	♂/As	26°♈02
Mc/⊗	00°12'	♀/♂	08°♈01	☊/As	11°09'	♀/♆	19°47'	♀/Mc	26°♑05
⚷/As	00°♈20	*♂*	08°08'	☊/Mc	11°♎20	♂/♆	19°♈54	♂/Mc	26°12'
⚷/Mc	00°30'	♃/♇	08°♑16	☉/♇	11°25'	☿/♀	20°56'	☉/♀	26°27'
☉/⊗	00°♑33	☽/♄	08°31'	☉/☊	11°41'	♄/♇	21°♑02	☉/♂	26°♈34
☉/⚷	00°♈52	♃/☊	08°♎32	♇/⊗	11°59'	☿/♂	21°♈03	♅/♇	26°46'
⊗	01°♎07	♅/♆	08°♈41	♃/♅	12°11'	♄/☊	21°♎18	♀/⊗	27°00'
⚷/⊗	01°♋25	♄/As	09°05'	☊/⊗	12°15'	*♇*	22°♑51	♅/☊	27°02'
⚷	01°♈44	♄/Mc	09°♑15	♇/⚷	12°17'	♇/☊	23°♎07	♂/⊗	27°♋07
♄/♆	02°57'	☉/♄	09°36'	⚷/☊	12°33'	♀/♃	23°♑17	♀/⚷	27°19'
☿/♄	04°06'	☿/♅	09°♈50	☽/♅	14°♋15	*☊*	23°♋23	♂/⚷	27°♈26
♆/♇	04°46'	♄/⊗	10°10'	♅/As	14°♈49	♂/♃	23°24'		
♆/☊	05°02'	☽/♇	10°20'	♅/Mc	14°59'	♄/♅	24°57'		
☿/♇	05°55'	♄/⚷	10°29'	☉/♅	15°♈20	☽/♀	25°21'		
☿/☊	06°11'	☽/☊	10°36'	♅/⊗	15°♋54	☽/♂	25°♋28		

Fixed Points - ♉♌♏♒

♅	00°♉41	♆/⊗	08°54'	☽/☉	13°54'	♄/♆	17°♒57	♄/⊗	25°♏10
♆	01°41'	☿/As	08°57'	*As*	13°56'	☿/♄	19°♒06	☽/♇	25°♏20
☿/♆	02°49'	☿/Mc	09°♒07	As/Mc	14°♒06	♆/♇	19°♒46	♄/⚷	25°♒29
☿	03°58'	♆/⚷	09°12'	*Mc*	14°17'	♆/☊	20°♉02	☽/☊	25°♌36
♃/♆	05°♒10	☉/☿	09°29'	☉/As	14°28'	☿/♇	20°♒55	♇/As	25°♒53
♀/♄	06°♒04	☿/⊗	10°03'	☽/⊗	14°28'	☿/☊	21°♉11	♇/Mc	26°04'
♂/♄	06°11'	☿/⚷	10°21'	☉/Mc	14°♒38	♃/♄	21°27'	☊/As	26°♉09
☿/♃	06°♒19	☽/♃	10°♏44	☽/⚷	14°46'	*♀*	22°♒54	☊/Mc	26°20'
☽/♆	07°14'	♃/As	11°♒18	*☉*	15°00'	♀/♂	23°01'	☉/♇	26°♒25
♆/As	07°48'	♃/Mc	11°29'	As/⊗	15°01'	*♂*	23°♉08	☉/☊	26°♉41
♀/♇	07°♒52	♀/♅	11°48'	Mc/⊗	15°♏12	♃/♇	23°16'	♇/⊗	26°♏59
♆/Mc	07°♒59	☉/♃	11°♒50	⚷/As	15°20'	☽/♄	23°♏31	♃/♅	27°♒11
♂/♇	07°59'	♂/♅	11°♉54	⚷/Mc	15°♒30	♃/☊	23°32'	☊/⊗	27°♌15
♀/☊	08°♉08	♃/⊗	12°♏24	☉/⊗	15°33'	♅/♆	23°41'	♇/⚷	27°♒17
♂/☊	08°15'	♃/⚷	12°♒42	☉/⚷	15°52'	♄/As	24°♒05	⚷/☊	27°♉33
☉/♆	08°20'	*☽*	12°48'	*⊗*	16°07'	♄/Mc	24°15'	☽/♅	29°15'
☽/☿	08°23'	☽/As	13°22'	⚷/⊗	16°25'	☉/♄	24°♒36	♅/As	29°49'
♃	08°40'	☽/Mc	13°♏32	*⚷*	16°44'	☿/♅	24°50'	♅/Mc	29°♒59

Mutable Points - ♊♍♐♓

☉/♅	00°20'	♄/♅	09°♓57	*♅*	15°41'	☉/♆	23°♓20	♂/♅	26°54'
♅/⊗	00°54'	☽/♀	10°♐21	*♆*	16°♓41	☽/☿	23°♐23	♃/⊗	27°24'
♅/⚷	01°13'	☽/♂	10°28'	☿/♆	17°♓49	*♃*	23°♐40	♃/⚷	27°42'
♄	04°13'	♀/As	10°♓55	*☿*	18°♓58	♆/⊗	23°♐54	*☽*	27°♍48
♀/♆	04°♓47	♂/As	11°02'	♃/♆	20°10'	☿/As	23°♓57	☽/As	28°♊22
♂/♆	04°54'	♀/Mc	11°05'	♀/♄	21°04'	☿/Mc	24°07'	☽/Mc	28°32'
☿/♀	05°♓56	♂/Mc	11°♓12	♂/♄	21°♓11	♆/⚷	24°♓12	☽/☉	28°♊54
♄/♇	06°02'	☉/♀	11°♓27	☿/♃	21°19'	☉/☿	24°♓29	*As*	28°♓56
☿/♂	06°03'	☉/♂	11°34'	☽/♆	22°♐14	☿/⊗	25°♐03	As/Mc	29°06'
♄/☊	06°18'	♅/♇	11°♓46	♆/As	22°♓48	☿/⚷	25°♓21	*Mc*	29°♐17
♇	07°51'	♀/⊗	12°♐00	♀/♇	22°52'	☽/♃	25°44'	☉/As	29°♓28
♇/☊	08°07'	♅/☊	12°♊02	♆/Mc	22°59'	♃/As	26°18'	☽/⊗	29°♍28
♀/♃	08°17'	♂/⊗	12°07'	♂/♇	22°♓59	♃/Mc	26°♐29	☉/Mc	29°38'
☊	08°23'	♀/⚷	12°♓19	♀/☊	23°08'	♀/♅	26°♓48	☽/⚷	29°♊46
♂/♃	08°♓24	♂/⚷	12°26'	♂/☊	23°♊15	☉/♃	26°50'		

中點技巧的計算方式與軟體

拜眾多專業占星軟體之賜，現代的占星師不再需要花許多時間去計算製作手繪星盤，可以全心研究各種占星技巧的運用與詮釋。目前市場上較多占星師使用的中點軟體有 Solar Fire、Janus 等等，或是到 Google 搜尋 midpoint calculator astrology，就會找到很多網站提供星盤與中點資料。如果沒有這些軟體或出門沒攜帶電腦，其實可以用計算機簡單的算出中點的位置。

手算時我們要先將兩顆行星的黃道度數換成絕對黃道度數，請照下表計算：

牡羊座	0 度
金牛座	30 度
雙子座	60 度
巨蟹座	90 度
獅子座	120 度
處女座	150 度
天秤座	180 度
天蠍座	210 度
射手座	240 度
摩羯座	270 度
水瓶座	300 度
雙魚座	330 度

例如：月亮處女 27 度，絕對黃道度數就是 177 度。

火星金牛 23 度，絕對黃道度數就是 53 度。

將兩者相加除二：（177+53）／2 ＝ 230／2 ＝ 115 度。

換算回黃道度數就是巨蟹座 25 度。

☽／♁的直接中點在巨蟹 25 度，遠中點在摩羯座 25 度，我們套用 Dial 盤的概念時，可以很直接地算出其他的幾個敏感點，也就是所有開創星座 25 度與所有變動星座 10 度都是 ☽／♁的敏感點，當星盤有行星落在這個度數時，就會與這組中點產生共鳴。同樣的，在行運、推運或合盤時也是如此。

下方請用算式列出所有位置：

直接中點是 115 度／巨蟹 25 度。

1. 115 + 45 ＝ 160 度／處女座 10 度。

2. 160 + 45 ＝ 205 度／天秤座 25 度。

3. 205 + 45 ＝ 250 度／射手座 10 度。

4. 250 + 45 ＝ 295 度／摩羯座 25 度。

5. 295 + 45 ＝ 340 度／雙魚座 10 度。

6. 340 + 45 ＝ 385 度 - 360 度＝ 25 度／牡羊座 25 度。

7. 25 + 45 ＝ 70 度／雙子座 10 度。

這時候有沒有發現 Dial 盤在計算中點時很好用呢？但要注意的是，Dial 盤是不將宮位納入考量的，漢堡學派學者認為宮位制度一直以來都有許多不同的分割制與運用方式，基於科學角度來說，無法有一個正確的計算方式去整合歸納，所以 Dial 盤的閱讀方式較偏向以困難相位與中點來解讀星盤。

中點技巧除了可快速找出星盤的重點之外，還可應用在合盤 Composite 上，這部分在後面的章節會介紹，流年 Transits、Solar Arc 等推運技巧均可適用。但因為 Transits 行星運行速度較快，所以有些中點位置可能一兩天就走完，相較之下 Solar Arcs 反而可以觀察到較長時間的現象。知名的占星師諾爾‧泰（Noel Tyl）就有專題探討 Solar Arcs 與中點之間的介紹與應用（書名是 *Solar Arcs*），有興趣的朋友可以買來研究。

中點的運用方法

在開始閱讀一張星盤時，還是要從基礎分析去了解原有的星圖狀態，例如行星性質、元素、宮位、相位等等了解星盤的整體架構，然後再透過中點組合去挖掘行星之間更深的關聯。中點技巧可以輔助我們從行星與行星之間的連結，去探索觸發動機的驅力，或是尋找可能的因素。

我們並不需要每一個中點組合都一一關注，因為中點組合相當多，加上原有的

行星、宮位、相位、交點等等，過多而繁雜的線索反而不利於尋找星盤的重點，我剛開始學習中點時一度著迷於尋找中點組合，把星盤畫了滿滿的符號，到後來反而不知道該從何開始閱讀星圖。

在繪製前還需要先設定中點組合容許度（Orbs），本命盤的中點組合容許度是0.5～2.5度，不同度數都有人使用，英國占星學院系統慣用本命盤建議1.5度，當然大家可依據個人的研究心得作調整。只是要提醒一下，中點組合容許度放大時，出現的行星組合會增加許多，但影響力的強度是需要考量的一部分。

本命盤的中點組合與其他行星合相的容許度是1～2度，另外在行運盤、推運盤、合盤Composite與Synastry中，1～2度的容許度都有人使用。

在列出一長串的中點組合表格後，你有沒有想過行星組合中有無強弱之分呢？答案是有的，具有強烈影響力的中點組合大多是內行星與外行星的組合，例如「月亮＝土星／冥王星」的強度就大於「月亮＝水星／木星」，或是「上升＝水星／海王星」強度會大於「太陽＝水星／火星」等，另外還有一些重要的中點組合列於下方，後續章節中會有詳細解釋。

水星／土星——精神上的壓抑、憂鬱。

木星／冥王星——成功、財富。

土星／冥王星——失去、損失、摧毀。

天王星／冥王星——劇烈變化、徹底變革、破壞後的重建。

行運或推運時，如果有行星與這些組合產生相位，也要注意可能會帶來重大影響。

在行運盤或推運盤中使用中點技巧時，有時會出現合相中點組合的行星，與組合中其中一顆行星相同，占星師諾爾‧泰（Noel Tyl）老師認爲這樣的相位較不

具意義，可以忽略不需解釋，例如 土星＝太陽／土星、天王星＝金星／天王星等等。不過有些占星師認為這些行星依然帶有觸發或啓動這組中點力量的可能，可依各自的研究去詮釋。

那麼，該如何開始運用中點技巧呢？我們先以本命盤的部分來討論：

第一種是原有星盤上的行星資料較少、較難研判，例如無相位行星或雙胞胎，無相位行星對很多人來說都有點無從下手的感覺，它的線索有時不足以讓我們尋找到可以解構這顆行星在當事人身上顯示的豐富心理活動狀態，但是透過中點組合，我們就可以發現到只屬於這個人的這顆行星的特質。例如同樣是水星在水瓶無相位，同樣都有說話或思考的理想化、獨特性或是跳躍性，但因為其中點組合的不同，觸發溝通的話題、動機，或是思考領域、講話的語氣方式就會有所不同。而雙胞胎因為出生時間前後大概只差幾分鐘，星盤上的行星幾乎不會有變化，但上升天頂等軸線就會產生度數上的不同，這兩種狀況都可以透過無相位行星，或上升與天頂的中點組合去找到線索。

第二種是想深入剖析行星，例如特殊才華、怪異的特質、公眾形象等等，我在做名人星盤研究時常常會使用天頂的中點組合，去比對其呈現在公眾面前的形象，尤其是一些電影明星，讓他們成名的電影或是被媒體大幅報導的事，很多狀態與天頂的中點組合都有相吻合之處。還有運動選手的火星中點組合，歌手的金星或水星中點組合等等，在個案諮商時也會因應個案需求，針對某些行星的中點組合深入討論，例如與母親或家庭的關係找月亮或月亮／太陽中點位置，愛情找金星的中點組合等。

第三種是反過來用中點組合去找出可能性，這部分我會用來尋找個人星盤上的潛能，或是沒被看見的可能性。例如很多人都很關注自己星盤中的隱藏財富，我們可以找「木星／冥王星」的組合，如果在那個度數上有行星，暗示著透過這顆行星的發揮可能可以啓動「木星／冥王星」的力量，進而帶來隱藏財富的機會。如果沒有也不必氣餒，可以看行運或推運盤中有無行星經過，帶來一段時期的助力，或是

從公司盤、伴侶盤、合作夥伴等合盤中，看看有沒有行星落在你的「木星／冥王星」中點上，藉由外力去推動。其他的例如需要對時尚流行產業有天賦的，可以參考「金星／木星」，藝術工作者看「金星／海王星」或是「木星／海王星」；運動選手的「火星／土星」、「火星／天王星」或「火星／冥王星」等等，詳細的組合內容在後面的章節中都會有進一步的介紹。

中點技巧在行運與推運的運用

1. 行運盤（Transits）

　　本命盤套上行運盤（Transits）時，因為內行星的行進速度快，運行時間短，縱使碰到本命盤的中點組合也較難將力量發揮出來，建議只參考木星、土星、天王星、海王星、冥王星等行星的行運。我也會將日月蝕圖加入觀察，尤其專注日蝕或月蝕的位置是否有觸發本命盤哪些中點組合，那些便可能是當次日月蝕週期期間需要注意的領域。

2. 推運盤（Solar Arc）

　　推運盤中所有行星與上升、天頂、南北交等都可以套入本命盤的中點組合來研判，但是因為可以參考的資訊太多，在 Solar Arc 已經有一層解讀方式，再疊上 Solar Arc 與本命盤，然後再加上第三層的中點，在這麼多線索中要如何找到重點？我會建議先回歸到本命盤中，找到星盤主軸後，搭配當事人當時的狀態再來整合 Solar Arc 與中點的線索，或許能比較容易找到方向。

　　除了上述兩種運用方式之外，在置換星盤時也可以使用新的上升、天頂的中點

組合去了解在當地的狀態。以上是幾種常見的中點技巧運用方式，如果您還有一些新發現，歡迎發訊息到 Academy of Astrology 的 FB 社團與我們一起交流討論。

接下來我們將透過案例說明上述的幾種使用方式，讓我們以賈伯斯的星盤爲範例，與大家討論本命盤的中點組合會透露出什麼隱藏的訊息，還有行運、推運盤中要如何運用行星與中點組合，找出重要事件的時間點。（參考書籍：《賈伯斯傳》（*Steve Jobs*），賈伯斯唯一授權版。）

案例：賈伯斯（Steve Jobs）

在詮釋與整合星盤的過程中，難免會碰到研判資料不足或同質性太高的狀況，中點可以提供更細膩的線索，我們先以無相位行星來看看中點技巧如何在其中運作。

行星之間的相位，代表著彼此之間的互動方式，也是整張星盤的動能與張力。無相位行星就像是孤獨站在舞台上的演員，不知道如何與其他演員配合演出，他可能會突然地做出他人無法預測的行爲來吸引眾人眼球，因爲想要表達的無法透過與其他行星互動演出而顯得突兀；他也可能默默地躲在舞台角落，讓人無法看清或被無視，但絕對不能忽略無相位行星也是星盤中的一部分，有被看見、了解與接納的驅力。我們可從落入的星座知道其扮演的角色與樣貌，也可藉由行運跟推運等外在行星觸發期間的表現去理解，還可以透過中點技巧找到更多線索去了解無相位行星。而無相位行星的定義，是以主要相位爲研判依據，主要相位爲 0 度、90 度、120 度、180 度、60 度。

在賈伯斯的星盤中，就有月亮牡羊 29 度無相位，月亮與土星有 135 度的次要相位，與南北交點的 90 度相位，因非行星所以不計算在內，而他的月亮中點如下圖（如圖十）：

☽	(Orb)
♅/Mc	-0°01'
♅/As	+0°27'
♄/♇	+0°29' d
♀/As	-1°00'
♃/As	-1°20'

圖十

行星月亮象徵：女性、母親、照顧者、情緒、感受、需求 、餵養、童年、家庭 、食物、情緒安全感、過去。

星座牡羊象徵：天真、熱情、不成熟、魯莽、不耐煩、年輕、活力充沛、不顧後果、競爭、暴力、傲慢、衝動、勇氣、果決、行動力、開拓者、開創精神、戰士、戰爭、自我中心、追逐、征服、無需他人認同與許可、難合作、不喜拘束、喜歡挑戰。

在閱讀賈伯斯傳記時，讓我印象十分深刻的，就是翻開第一頁便看見一張賈伯斯在庫珀蒂諾家中的照片，圖說寫著：「1982 年，攝於庫珀蒂諾家中。賈伯斯是個完美主義者，沒幾樣傢俱是他看得上眼的，屋子於是變得空空如也。」

照片中，他一個人坐在木頭地板上，身後一盞燈，地上散落著一些文件，四周空蕩蕩的「家」，讓我馬上聯想到他的月亮無相位，中點組合度數最緊密的就是「天王星／天頂」。月亮象徵家、家庭，天王星象徵獨特、創新、與眾不同、破壞、切割，而天頂與公眾形象有關，這張照片放在他唯一授權自傳的第一頁，呈現在「公眾」面前「獨特」的「家」，讓我不由得想更深入地了解中點的奧妙。

當然「月亮＝天王星／天頂」的組合有很多層詮釋可探討，賈伯斯的身世是很特別的，他的生母裘安．許爾博（天主教徒、美裔德人）的初戀是個藝術家（非天主教徒），唸研究所時她愛上一個敘利亞來的助教，也就是生父阿卜杜法塔赫．約翰．錢德里，他是回教徒，雖然雙方家境都還不錯，但懷孕時因爲才 23 歲，不想結婚，兩人也都還在唸書，而且裘安的父親不同意她嫁給回教徒，加上當時父親重病恐將不久於人世，因此他威脅裘安，如果要嫁那個敘利亞人，他寧可不要這個女

兒。裘安只好找到未婚媽媽之家把小孩生下來，委託接生的醫生尋找領養家庭，條件是孩子養父母的教育程度必須大學以上，原本已經找到一對夫妻，先生的職業是律師，但小孩生下來後發現是男孩便打了退堂鼓，之後暫時由一對藍領夫妻收養，裘安發現兒子竟然被送到一個工人家庭，拒絕簽署出養同意書，雙方僵持了好幾個星期，最後裘安要求賈伯斯夫妻要為這個小孩在銀行開立一個帳戶儲存大學教育基金才願意讓步。

但其實裘安遲遲不願意簽署同意書還有一個原因，那就是他的父親重病快過世，她計畫在父親去世後與阿卜杜法塔赫結婚，然後就可以接回孩子。結果人算不如天算，她父親過世的時候，賈伯斯夫妻已經在幾週前完成領養手續，同一年的聖誕節，裘安與阿卜杜法塔赫結為連理，隔年生下賈伯斯的妹妹夢娜，婚姻維持了七年後離婚，之後裘安一直追求她期待的逍遙人生。由於賈伯斯是祕密領養，所以出生的任何文件上都沒有生父之名，直到二十年後這對兄妹才得以相認。

從這當中，我們可以看見月亮牡羊的特質與中點組合的狀態如下：

月亮＝天王星／天頂

賈伯斯的母親裘安（月亮）天真熱情、不顧後果（牡羊），母親沒有活出來的人格特質（天頂）是渴望空間與自由（天王星），母親（月亮）衝動地生下小孩後（牡羊），對小孩的處置方式與態度（天頂）是將其送給他人領養，切割了母子關係（天王星）。

賈伯斯在學校時調皮搗蛋常惹麻煩（牡羊），但賈伯斯夫婦（月亮）認為學校不該要學生背沒意思的東西，應該啟發他的思考能力（天王星），那時賈伯斯已經展現他既敏感又冷漠、易怒又與人疏離的性格（天王星），終其一生，他都是這樣一個孤傲的天才（天頂）。

月亮＝天王星／上升

賈伯斯的母親裘安（月亮）衝動（牡羊）未婚生下他時（上升）就安排了祕密領養，所以出生的任何文件都沒有生父之名（天王星）。

蘋果 1984 廣告中的女主角（月亮），穿著運動服，拿著一隻大鐵鎚跑來（牡羊），衝過思想警察的前方，將鐵鎚擲向正在播放老大哥心靈控制演講的巨大的螢幕（天王星）。賈伯斯堅持要傳達這種革命精神的東西（天王星），透過這支廣告，賈伯斯也因此找到自我認同（上升），也由於這支廣告，蘋果的企業形象異常鮮明。

月亮＝土星／冥王星

賈伯斯對摯友卡爾霍恩說他被年輕不成熟（牡羊）的親生父母（月亮）拋棄的痛苦，明明生於書香之家，卻不得不活在另一個世界，在工人家庭長大，也因此走上不同的人生之路（土星／冥王星）。

在麥金塔即將上市之際，賈伯斯一意孤行地堅持自己的想法，認為就是得依照他的需求製作（月亮牡羊）沒有任何插槽可讓電腦玩家插入擴充卡（土星、冥王星）的機器，塑膠機殼更不是消費者可以任意打開的（土星），必須由蘋果維修人員利用特殊工具才能打開（冥王星），麥金塔猶如一個封閉、遭到嚴密控制的系統（冥王星）。

月亮＝金星／上升、月亮＝木星／上升

為了供賈伯斯上大學（木星），賈伯斯夫妻（月亮）拿出多年積蓄（金星），但當時的他不知道未來要做什麼（上升）？學這些有什麼用（金星）？後來他自己辦了休學（牡羊），但是沒有離開校園，他只是不想付錢去上他覺得無聊透頂的必修課（金星、木星）。當時的校方也同意他這麼做，當時學校的教務長說：「他求知欲很強，是個非常吸引人的年輕人（金星、木星），他拒絕別人告訴他真理（木

星），希望自己親自驗證（月亮牡羊）。」

透過以上幾組中點的示範，我們可以看到如何透過這門技巧找出更多線索，去理解賈伯斯的無相位月亮牡羊如何在生命中運作。

接下來我們可以換個方式，用重要的中點組合去尋找出可能性。我們就以「木星／冥王星」這組相位爲主，先從本命盤開始，再進階到行運與推運的時間與事件。我們先用 Midpoint Listing 找出賈伯斯的「木星／冥王星」度數，從下方附圖中（圖十一）可以看到「木／冥」在 37 度 54 分的位置（方框處）。

*** MIDPOINT LISTING ***

Steve Job - Male Chart

In Planetary Sequence - Modulus 45°00'

☽	07°44'	☉/♆	01°53'	♀/♄	36°10'	♃/♆	24°16'	*♆*	28°03'
☽/☉	36°44'	☉/♇	15°32'	♀/♅	22°39'	♃/♇	37°54'	♆/♇	41°41'
☽/☿	26°03'	☉/⚷	04°02'	♀/♆	24°36'	♃/⚷	26°25'	♆/⚷	30°11'
☽/♀	14°27'	☉/☊	34°07'	♀/♇	38°14'	♃/☊	11°30'	♆/☊	15°16'
☽/♂	18°25'	☉/As	29°01'	♀/⚷	26°45'	♃/As	06°23'	♆/As	10°10'
☽/♃	14°07'	☉/Mc	28°31'	♀/☊	11°50'	♃/Mc	05°54'	♆/Mc	09°41'
☽/♄	29°27'	*☿*	44°21'	♀/As	06°43'	*♄*	06°09'	*♇*	10°19'
☽/♅	15°56'	☿/♀	32°46'	♀/Mc	06°14'	♄/♅	37°38'	♇/⚷	43°49'
☽/♆	17°53'	☿/♂	36°43'	*♂*	29°05'	♄/♆	39°36'	♇/☊	28°54'
☽/♇	31°32'	☿/♃	32°26'	♂/♃	24°47'	♄/♇	08°14'	♇/As	23°48'
☽/⚷	20°02'	☿/♄	02°45'	♂/♄	40°07'	♄/⚷	41°44'	♇/Mc	23°19'
☽/☊	05°07'	☿/♅	34°14'	♂/♅	26°36'	♄/☊	26°50'	*⚷*	32°19'
☽/As	00°01'	☿/♆	36°12'	♂/♆	28°34'	♄/As	21°43'	⚷/☊	17°25'
☽/Mc	44°31'	☿/♇	04°50'	♂/♇	42°12'	♄/Mc	21°14'	⚷/As	12°18'
☉	20°44'	☿/⚷	38°20'	♂/⚷	30°42'	*♅*	24°08'	⚷/Mc	11°49'
☉/☿	10°03'	☿/☊	23°26'	♂/☊	15°47'	♅/♆	26°05'	*☊*	02°30'
☉/♀	43°27'	☿/As	18°19'	♂/As	10°41'	♅/♇	39°43'	☊/As	42°23'
☉/♂	02°25'	☿/Mc	17°50'	♂/Mc	10°12'	♅/⚷	28°14'	☊/Mc	41°54'
☉/♃	43°07'	*♀*	21°10'	*♃*	20°30'	♅/☊	13°19'	*As*	37°17'
☉/♄	13°27'	♀/♂	25°07'	♃/♄	35°50'	♅/As	08°12'	As/Mc	36°48'
☉/♅	44°56'	♀/♃	20°50'	♃/♅	22°19'	♅/Mc	07°43'	*Mc*	36°18'

Sorted by Angle - Modulus 45°00'

☽/As	00°01'	*♇*	10°19'	*☉*	20°44'	*♆*	28°03'	☽/☉	36°44'
☉/♆	01°53'	♂/As	10°41'	♀/♃	20°50'	♅/⚷	28°14'	As/Mc	36°48'
☉/♂	02°25'	♃/☊	11°30'	*♀*	21°10'	☉/Mc	28°31'	*As*	37°17'
☊	02°30'	⚷/Mc	11°49'	♄/Mc	21°14'	♂/♆	28°34'	♄/♅	37°38'
☿/♄	02°45'	♀/☊	11°50'	♄/As	21°43'	♇/☊	28°54'	♃/♇	37°54'
☉/⚷	04°02'	⚷/As	12°18'	♃/♅	22°19'	☉/As	29°01'	♀/♇	38°14'
☿/♇	04°50'	♅/☊	13°19'	♀/♅	22°39'	*♂*	29°05'	☿/⚷	38°20'
☽/☊	05°07'	☉/♄	13°27'	♇/Mc	23°19'	☽/♄	29°27'	♄/♆	39°36'
♃/Mc	05°54'	☽/♃	14°07'	☿/☊	23°26'	♆/⚷	30°11'	♅/♇	39°43'
♄	06°09'	☽/♀	14°27'	♇/As	23°48'	♂/⚷	30°42'	♂/♄	40°07'
♀/Mc	06°14'	♆/☊	15°16'	*♅*	24°08'	☽/♇	31°32'	♆/♇	41°41'
♃/As	06°23'	☉/♇	15°32'	♃/♆	24°16'	*⚷*	32°19'	♄/⚷	41°44'
♀/As	06°43'	♂/☊	15°47'	♀/♆	24°36'	☿/♃	32°26'	☊/Mc	41°54'
♅/Mc	07°43'	☽/♅	15°56'	♂/♃	24°47'	☿/♀	32°46'	♂/♇	42°12'
☽	07°44'	⚷/☊	17°25'	♀/♂	25°07'	☉/☊	34°07'	☊/As	42°23'
♅/As	08°12'	☿/Mc	17°50'	☽/☿	26°03'	☿/♅	34°14'	☉/♃	43°07'
♄/♇	08°14'	☽/♆	17°53'	♅/♆	26°05'	♃/♄	35°50'	☉/♀	43°27'
♆/Mc	09°41'	☿/As	18°19'	♃/⚷	26°25'	♀/♄	36°10'	♇/⚷	43°49'
☉/☿	10°03'	☽/♂	18°25'	♂/♅	26°36'	☿/♆	36°12'	*☿*	44°21'
♆/As	10°10'	☽/⚷	20°02'	♀/⚷	26°45'	*Mc*	36°18'	☽/Mc	44°31'
♂/Mc	10°12'	*♃*	20°30'	♄/☊	26°50'	☿/♂	36°43'	☉/♅	44°56'

*** END REPORT ***

圖十一

　　木星／冥王星 37 度 54 分＝固定星座 7 度 54 分，我們可以從 360 度星盤來看有沒有行星與這組中點產生相位，這時可以將其換算成絕對度數去找出其他 7 個位置，或是用 Dial 盤來看。

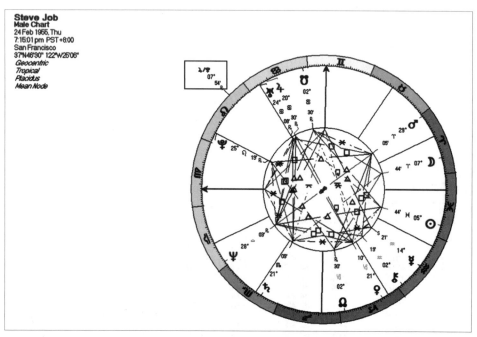

圖十二

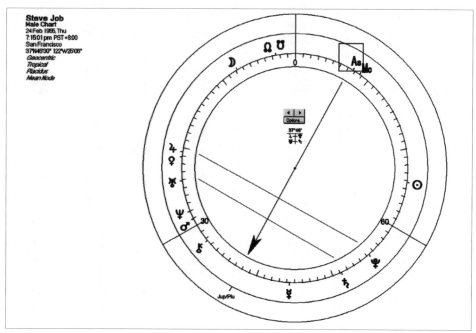

圖十三

從 Dial 盤中可以清楚看到木星／冥王星座落的軸線與上升點有合相，賈伯斯的上升是處女座 22 度 17 分，在容許度內，所以我們找到賈伯斯星盤中的木／冥＝上升

上升點象徵：我、自我的呈現、自我的認同、我們如何與世界產生連結、我的外在形象、存在的觀點、以何種方式看待世界、如何夢想這個世界、出生時的經驗、我們與「開始」的原型關係、邁向太陽星座的方式、經歷人生的態度、如何影響他人的方式。

處女座象徵：評鑑、分析、過濾、辨識能力、觀察力、力求完美、注重細節、實際、猶豫帶來的焦慮、服務他人、具有生產力的、瑣碎、細緻、工藝技藝、吹毛求疵、自我苛責、自我批判、批判他人、小心翼翼、健康、保健養生。

木星象徵：富裕的資源、自由、樂觀、自信、幸運、探索、冒險、逃脫、居高臨下、擴張、膨脹、過度發展、理想、宗教、信仰、信念、主流、智慧、博學多聞、異國文化、出版、有遠見的、想看見全貌、矮化他人來襯托自己、不忠實的、好高騖遠、賭博、貪婪、收穫的。

冥王星象徵：恐懼、恐慌、醜聞、結束、死亡、生存、掩埋、挖掘、轉化、重生、隱藏的寶藏、富有、極致的財富、破產、掌權者、龐大的組織或公司、壓抑、威脅、清除、釋放、調查、隱藏、潛伏、個人與集體意識的陰影、世故老練、虐待、不被社會認可的性、恥辱、禁忌、窘迫、偏執。

讓我們來看看這組「上升＝木／冥」在賈伯斯身上是如何展現出來的：

在傳記的 162 頁中寫著，賈伯斯剛創業時還一貧如洗，不到幾年就成為億萬富翁（冥王星），因此他對財富的心態很耐人尋味。賈伯斯是個反物質主義的嬉皮（木星），卻說服朋友不要把費盡心血的發明免費送人，他則利用這個機會賺大錢（冥王星）；他是個虔誠的禪宗信徒，也曾到印度朝聖（木星），但最後還是決定做生意。不知怎麼地，這些心態在他身上並沒有起衝突，反而融合得很好（上

升）。

　　有一段關於「現實扭曲力場」的內容讓我不禁爲賈伯斯強大的氣場感到佩服。我們不妨整合賈伯斯整組上升的中點組合，將可更清晰地看見別人對他的描述。要注意的是，上升組合裡還有一組重要的「月亮／太陽」，這個組合暗示著內在與外在的整合，父親與母親、丈夫與妻子、陽性與陰性、精神與靈魂等狀態表達方式，賈伯斯的上升中點組合如下（圖十四）：

```
*As*        (Orb)
ħ/♅       +0°21' d
☽/☉       -0°32' d
☿/♂       -0°33' d
♃/♇       +0°37'
♀/♇       +0°57'
*Mc*      -0°58'
☿/♅       +1°03'
☿/♆       -1°05'
♀/ħ       -1°07'
♃/ħ       -1°27' d
```

圖十四

　　賈伯斯投資皮克斯動畫公司後不久，就展現出其愛掌控、強勢（冥王星）的一面（上升），他有很多理念（木星），有些還算合理，有些則天馬行空（木星、天王星），每次到公司都會舌燦蓮花鼓舞員工（水星／火星、水星／海王星）。股東之一的史密斯說：「我是南方成長的浸信會教徒，在復興佈道會上，總是會看到令人如癡如醉、但卻貪污腐化的傳道教士。賈伯斯也有這種鼓起如簀之舌，用激情言語（水星／火星）魅惑人心的能力（水星／海王星）。我們知道這點，因此在開會的時候想出一些暗號，像是抓鼻子或拉耳朵，提醒彼此，有人陷入賈伯斯的現實扭曲力場了，趕快想辦法把他拉出來！」

　　當我寫到這一段時，腦中不由自主地跳出「果粉教主」這幾個字，賈伯斯的「現實扭曲力場」在每一年蘋果發表會上展現得淋漓盡致，不需要任何明星代言，他就是品牌的保證。每當他站上舞台用激情的口吻介紹新產品時，大家似乎都沉浸在美好的憧憬中。事實證明，從個人電腦的麥金塔、動畫的先驅 Pixar、爲音樂串流而生的 iPod 一路到智慧電話 iPhone 的誕生，他的極致掌控、挑惕與暴君般的堅

持，爲眾多產業帶來了一連串的變革，相對的也淘汰了許多，也讓 3C 產品成爲一種品牌時尚，主導了流行的方向。

在討論接下來的應用方式前，我要先做個簡單的說明，我們在討論「木／冥」這組中點的相位時，因爲容許度的關係，前後的中點組合也會在影響範圍之內（如圖十五），所以在事件上還會涵括相位內的中點組合，但因篇幅緣故，我還是以「木／冥」做示範講解，涉入其他相位的部分就不多做解釋，大家可以自行研究。

圖十五

中點組合還可以應用在各種合盤中，我們依然以賈伯斯的「木／冥」這一組中點爲主，試著找出有哪些人或公司，是可以爲賈伯斯的成功帶來助力或阻力。

首先先把八個中點位置列出來：

四個固定星座金牛、獅子、天蠍、水瓶 的 7 度 54 分。

四個變動星座雙子、處女、射手、雙魚 的 22 度 54 分。

合盤的部分容許度調整爲 2 度。

.

　　當欲合盤的公司或人沒有明確成立時間或出生時間時，我會以中午 12 點來看，有些占星師使用午夜 0 點，端看個人的使用習慣而定。若不參考軸線與月亮，蘋果（Apple）公司的成立日期是 1976 年 4 月 1 日，如下圖（圖十六）：

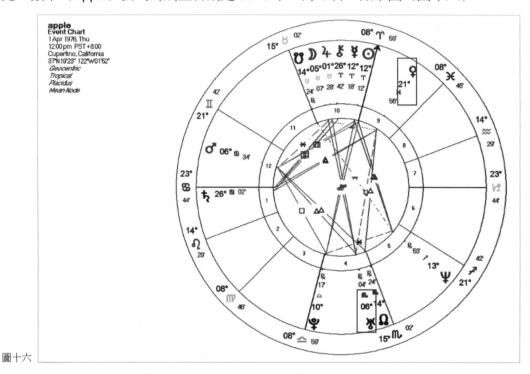

圖十六

　　從 Apple 的公司盤中，可以看到金星雙魚 21 度與天王星天蠍 6 度，都有合相到賈伯斯的木星／冥王星，所以金星＝木星／冥王星、天王星＝木星／冥王星。賈伯斯隱藏的才華與財富的確透過 Apple 的產品，將他的美感、創造力與顛覆世界的衝擊與改革能力發揮出來（金星、天王星），不過天王星也重創了賈伯斯，年紀輕輕就獲得成功但仍不成熟的他，在不斷變革後有一段時間也落入谷底，在 1985 年被自己積極邀請來的總裁請出公司，然後在 1997 年回歸，大力改革當時在低谷的 Apple 公司（木星／冥王星）。

　　我們也可以看一下 1985 年離開 Apple 後接手的皮克斯公司盤，如下圖（圖十七）標示，有天王星與冥王星合相賈伯斯的木星／冥王星，全球首部全 3D 立體（天王星）長篇動畫《電影玩具總動員》的成功，為之後迪士尼（冥王星）換股收

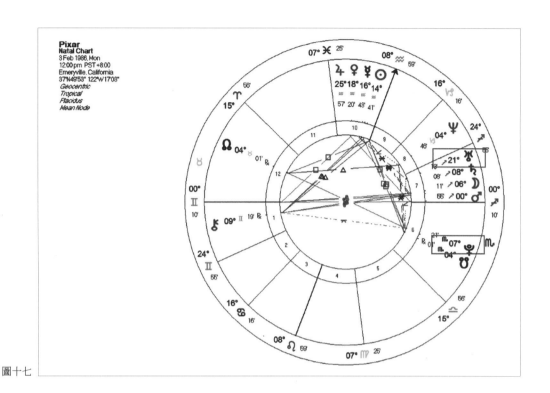

圖十七

購打下基礎，賈伯斯以 **7.4%** 的股份成為迪士尼的大股東，個人財富再創新的里程碑。

　　接下來讓我們透過行運與推運盤去找出觸發木星／冥王星的時間點有什麼事件發生？行運盤只參考木星、土星、天王星、海王星、冥王星。我們從 Apple 公司成立後開始推算，成立的 **1976** 年有天＝木／冥、木＝木／冥、土＝木／冥等重要的行星，在草創之初的艱困、挑戰與機緣是可想而知的。

　　1979 年底開始至 **1980** 年的土＝木／冥、海＝木／冥，當時賈伯斯與麗莎專案的羅斯金嚴重意見不合，後來不能再插手研發團隊（土星），麥金塔專案也面臨多次夭折的命運（土星），因為賈伯斯一心一意要打造出「瘋狂般偉大的機器」（海王星）。

　　1985 年下旬，冥王星逼近了木星／冥王星中點，這一年 Apple 好幾位重要元

老闆離開，業績也不如預期，賈伯斯依舊魯莽霸道，當時他花重金聘請的前百事總裁史考利認為他是個討人厭、粗魯、自私、愛發脾氣的傢伙，兩人充滿權力鬥爭（冥王星）。當年 9 月，賈伯斯被迫辭職離開 Apple 公司（冥王星），並成立新公司 NeXT。11 月初，蘋果還因為業務機密對賈伯斯提出告訴，1986 年天王星也合相木星／冥王星，賈伯斯投資了盧卡斯電影工作室，後來改名為皮克斯（Pixar）。冥王星的行運時間持續到 1987 年下旬才結束，兩家新公司在這段時間持續燒錢，NeXT 到 1989 年終於電腦上市，但實際銷售量一個月只有 400 台，皮克斯到 1988 年才因為「小錫兵」贏得奧斯卡最佳動畫短片獎，業績才逐漸好轉。

1997 年天王星與木星合相，同時也合相了木星／冥王星，賈伯斯重返 Apple，開始大刀闊斧重整（天王星），當年的蘋果股價也由 13 美元漲到 20 美元。在 1997 年 8 月麥金塔世界大會上，「賈伯斯走上舞台時，現場掀起一陣熱情尖叫，鎂光燈閃爍，隨著演講的進行，賈伯斯的熱情高漲，談到蘋果的未來，他從『他們』換成『我們』和『我』。他說：『我認為，你依然必須有不同的想法（天王星），才會購買蘋果電腦，蘋果的消費者的確不同凡響，他們就是這個世界的創意靈魂（天王星），他們會改變世界。我們為這些人提供了工具。』他強調『我們』二字時，彎起手掌，用手指點點胸口。（木星／冥王星）」（摘錄《賈伯斯傳》p.439）

寫到這裡，我回頭查了 Apple 的木星／冥王星中點，在巨蟹座 20 度 53 分，再比對一下賈伯斯的星盤（如下頁圖十八），內圈是 Apple，外圈是賈伯斯，賈伯斯的太陽、金星、木星都合相 Apple 的木星／冥王星，也就是賈伯斯太陽的意志、事業，金星的美感、創意，木星的信念、資源都能夠將 Apple 隱藏的潛能與成功的可能性激發出來。不過我們也無法忽視另一組月亮／火星中點，公司內部工作人員充滿競爭或爭執等情緒，也可能是充滿熱情與動能。

推運盤（Solar Arc）的運用方式與行運相同，所有行星都要參考。我們先來看 1995 年賈伯斯的推運盤，如下圖（圖十九）：

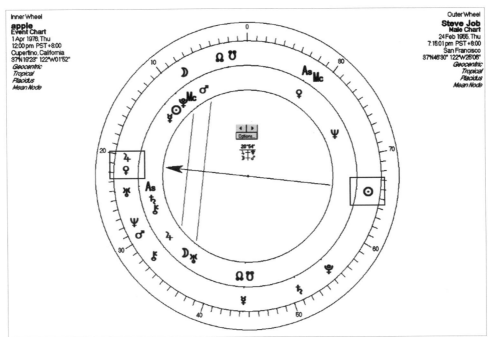

圖十八

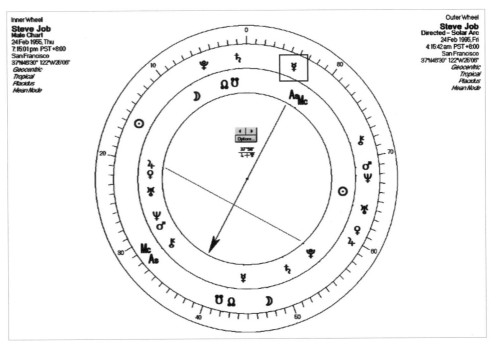

圖十九

我們可以看到水星＝木星／冥王星，這一年對賈伯斯與皮克斯來說都是相當重要的轉折，由迪士尼與皮克斯合作的《玩具總動員》第一集的劇本，一直到1993 年 11 月都還在持續修改中，那時胡迪的設定是壞人，劇本充斥著不快樂、壞脾氣的角色，賈伯斯要求停工，重新撰寫劇本（水星）。1995 年 11 月玩具總動員上映，同時也是皮克斯上市（水星）的時間，當時很多投資銀行家都不看好上市的狀況，但賈伯斯心意已決，當時與迪士尼的合作也充滿分歧。

玩具總動員上映後反應相當熱烈，成為當年度的票房冠軍（木星／冥王星）。

皮克斯上市前，賈伯斯賭（木星）的是電影大賣，股價原本訂在保守的 14元，賈伯斯堅持提高為 22 元，如果上市成功才可以籌措到更多資金，畢竟皮克斯已經燒太多錢，電影上映一週後皮克斯上市，半小時內衝高到 45 元，一度漲到 49元，最後回檔到 39 元收盤（木星／冥王星）。

再來看 2005 年的推運盤，如下圖（圖二十），賈伯斯推運盤的凱龍＝木星／冥王星，2003 年 10 月胰臟癌確診，他懷疑會罹患癌症的原因是因為從 1997 年以來，長期奔波於蘋果與皮克斯之間，過度疲勞造成的（凱龍）。2004 年 7 月，賈伯斯進行了切除手術，之後開始了長達七年的治療，直到 2011 年過世（凱龍＝木星／冥王星、凱龍＝月亮／太陽、凱龍＝上升）。

「賈伯斯的個性完全反映在他創造的產品中。打從 1984 年第一部麥金塔問世，到一個世代之後 iPad 的誕生，蘋果的核心理念一直是硬體、軟體從頭到尾的整合。賈伯斯這個人也是如此，他的個性熱情、完美主義、精力、欲望、對藝術的鑑賞力、殘暴、以及強烈的掌控欲，都與他的商業手腕及最後促成的創新產品，交織在一起。

這種使其個性與產品緊密相連的統一論，可追朔到他最突出的一個特點，也就是強烈的性格。」（摘錄自《賈伯斯傳》p.762）

這是傳記的最後，作者寫了一段話描述了賈伯斯與產品之間緊密的關聯性，

我覺得相當吻合賈伯斯與 Apple 的中點組合關係，有興趣的讀者可以找出前面的合盤，翻閱後續章節來做仔細的比對。

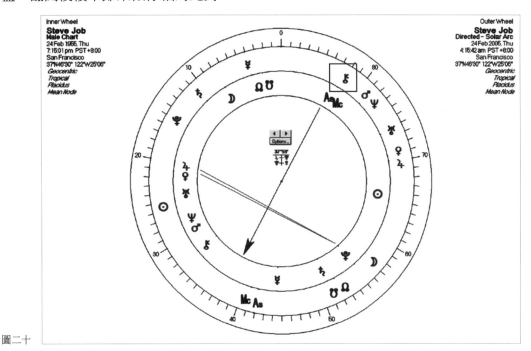

圖二十

中點的詮釋

　　本章將詳細說明每一個中點組合，從太陽中點開始，依行星順序一一說明，而說明的順序會從「＝」之後太陽的組合開始，例如：「月亮／太陽」、「太陽／土星」等；再來是月亮的組合，依序至冥王星、南北交點等等。「＝」之前的行星可套入與中點組合產生合相的行星，包括本命盤、合盤、行運盤及推運盤。

　　在開始閱讀之前，有幾個建議：

　　1. 中點組合沒有想像中複雜，不需要硬背，只要能熟悉基礎的行星象徵與相位動力狀態，就可以慢慢試著去整合。中點的相位動力狀態多以強硬相位呈現，充滿

張力，帶有刺激性，容易凸顯特質，熟悉之後就會發現運用中點組合可以很快速地抓出星盤重點，圖形相位中的 T 三角、上帝手指、世界手指等，就是最容易被看到的中點組合。有興趣進一步瞭解圖形相位的讀者們可以參考《占星圖形相位全書》，其中有更為詳細的解說。

2. 行星的詮釋有非常多種角度與面向，本書所寫的只是為了讓大家了解如何從中找出整合與詮釋的方向，大家可以找出自己星盤的中點，去感受這門技巧的核心所在。

3. 在中點組合「A 行星＝B 行星／C 行星」中，「B 行星／C 行星」如果沒有 A 行星作為中軸星時是無作用力的（以中點技巧來討論），A 行星扮演著觸發與帶動這組中點的現象，透過 A 行星，讓我們看到 B 行星／C 行星的狀態，或是在 B 行星／C 行星的事件中，感受到 A 行星的特質。

現在，就讓我們來看看行星與行星之間所產生的互動關係吧！

太陽中點組合

太陽的中點組合主題包含了下列象徵：我、男性、男性伴侶、陽性原型、女性的內在男性特質、父親、領導者、上司、成就、權力、名望、影響力、光榮、自尊、照亮、啟發、指導、生命力、活力、心臟、意志力、主要人格特質、追求的事物、未來的方向、英雄事蹟、自我、身分認同、對自己的看法、存在的核心、被賞識的部分、使命感、目標等等。所有太陽中點組合都在探討用什麼樣的方式去成就一個獨特、完整的我，以及想以何種模樣被看見的我。

太陽／月亮

太陽探討我們如何向外追求、成就一個未來完整的我，而月亮跟我們的需求、

情緒、內在狀態、過去有關，一外一內、一陰一陽，太陽 / 月亮的中點組合將這兩者串起、整合，讓外在與內在一致，目標與需求一致，未來的方向可以與過往的歷史整合，為自己帶來平衡、舒適的安全感與人生。這個組合還涉及家庭、父親與母親，丈夫與妻子之間的關係，男女朋友關係，父母親與伴侶的關係，對父親或丈夫的情感交流方式，家庭或母親對我的影響，顯意識和潛意識的影響，生命的力量和感受，渴望與需求，成為自己的需求，允許內在情緒被凸顯或想被看見，對生命的活力與感受，追求成功的渴望，讓自己感到榮耀的情緒，事業與情緒的關聯性。

　　本命盤日月中點組合的位置，很可能透過行運土星到冥王星或推運行星產生合相時，對人生方向、個人存在的意義或對婚姻的狀態與想法帶來重大改變，尤其是本命盤的日月中點有中軸星的，可能有被推翻後又重新建置的感覺，有些比較沉重的中點行星組合，例如土星＝月亮 / 太陽、凱龍＝月亮 / 太陽、天王星＝月亮 / 太陽、冥王星＝月亮 / 太陽，甚至會覺得在經歷生命的低谷過後開啟了另一段人生，對未來的方向、想法與以往截然不同。

水星＝月亮 / 太陽

　　藉由水星的溝通對話，思考自己想追求的方向與期待被肯定的需求；與他人溝通探討、整合內在外在的狀態；父母之間的情感交流或對話會對當事人帶來的影響；對婚姻的想法，兄弟姊妹或水星象徵的人事物也可能扮演父母角色或是完整自我需求的關鍵；帶來成功或成就的事物與情感表達有關；透過學習尋找追求的安全感；事業發展是與女性或家庭有關的貿易；書寫內在情緒瞭解自己；伴侶關係中的溝通或智力交流是維繫關係的要素。

金星＝月亮 / 太陽

　　父母親之間的互動狀態傾向和諧或安逸；個人對金錢或價值的感受、婚姻中兩人對金錢的看法；和諧的婚姻關係，愛是伴侶關係的基礎；追求美好事物或美食的需求，對藝術或美麗高度敏感，可發展成事業；追求優雅舒適的生活；衝突容易引起情緒波動影響活力；渴望追求自我價值的實現；想要被父母或伴侶喜愛；重視日

常生活中的人際關係，令人感覺舒適的關係。

火星＝月亮／太陽

為追求成就的渴望而展開行動；父母或伴侶之間的互動可能有活潑、熱情、保護、競爭、刺激、暴力或爭執的狀況；結婚的衝動，伴侶間的性吸引力是重要的；傳宗接代的婚姻關係；伴侶一起為共同目標奮鬥；重視日常生活中的競爭感、刺激感或引起熱情的人事物；情緒表達方式直接、鮮明、積極或戲劇化，會為自己想要的展開競爭或主動爭取；擅長激勵人心的事業；透過飲食與運動間的整合獲得工作成就。

木星＝月亮／太陽

追求木星的信念，成長、精神思想與人生觀是生活中重要的主題；家庭氛圍帶有自由與開放的特質，有些是居家空間大或充滿書香；父母注重教育或多元化的價值觀；父母或伴侶間的關係注重有相同的理念或共同成長的目標；我從日常生活中領悟的歡樂、智慧與啟發；有很多哲學或學術性探討的關係；幸運或幸福的關係，對財富或更美好的生活的渴望；一起去旅行或冒險；渴望冒險、旅行或成長的需求；我需要被崇拜或被認為是智者。

土星＝月亮／太陽

父母或伴侶之間的關係壓抑、拘束、艱困或充滿責任感跟保護；父母的教養方式嚴格、限制多；內在情緒壓抑、抑鬱、孤獨、否定自我；憑藉專業技能與受人信賴的口碑帶來聲望；伴侶關係偏重經濟穩定、功能性、實際或安全性；因為良好的紀律與情緒控管帶來的成就；家庭、伴侶、親子關係方面的專家；追求伴侶充滿困難與壓力；公領域與私領域的界線明確；我需要成為專業領域的權威。

天王星＝月亮／太陽

與眾不同或獨特的伴侶關係；父母或伴侶之間的關係可能有疏離、冷漠、距離、自由、各自獨立、互不干涉的狀態；關係突如其來的破壞或變化；父母與伴侶間有權威或追求自由空間的議題；父親或男性伴侶的疏離狀態引發情緒的不安；遠

距離婚姻；自由與獨立的相關議題是生活重心；親密關係的依賴與獨立自由間帶來的困擾；內在的叛逆與對權威的抵抗；追求新科技的渴望與需求。

海王星＝月亮／太陽

父母或伴侶之間的關係可能有犧牲、混亂、幻想、欺騙的狀態；對於要成為什麼樣的人感到迷惘與不安；容易感受到他人的情緒進而展現出同理心；沒有界限的關係；過多的外界訊息讓自己心煩意亂、情緒不佳；日常中展現的藝術、影像敏感度可能對事業有幫助；可以透過宗教或心靈成長認識自己與內在的情緒或過去的根源所在帶來的影響。

冥王星＝月亮／太陽

本命盤中有這組相位，在生命歷程中較容易帶來多次的摧毀與轉化的感受，可能會透過家庭、父母、伴侶或事業引發出心態或想法上的強烈不安全感。這或許暗示著需要經過多次的內在探索，將深埋在地底下的自我提煉的過程，當破繭而出時，能透過這些經驗幫助他人度過生命中的暗流。

父母與伴侶之間的關係可能有壓抑、危機、隱而未發的事物、控制或恐懼的議題；關係的摧毀與死亡；父親的全面監控，帶來情緒上的不舒適；掌控一切讓自己感到安心；認為領導者要能隱藏情緒與不失控；滋養照顧關係的方式是洞悉對方的需求；對關係緊抓不放；探索、挖掘、研究自己的內在與過去的慣性；一次又一次意識上的摧毀或死亡，讓自己放下過去與執著；對人性與情緒的深度挖掘與處理能力所帶來的成就。

凱龍星＝月亮／太陽

父親或男性伴侶的健康或事業，受到外在環境的衝擊帶來對家庭的傷害；父母或伴侶關係因為外力的傷害而產生缺憾；透過過去生活帶來的傷害或缺憾，學習到如何療癒自己也幫助或教導他人而獲得成就；父母的特殊處境為童年生活造成無法融入團體、不被接納的局外人或疏離的狀態；傷痛的記憶透過伴侶關係浮現。

南北交點＝月亮／太陽

這個組合重複暗示著過去與未來；習慣、舒適的過去的我與挑戰未來、成長後呈現在公眾面前的我，透過不斷的來回碰撞、內化，學習與反思尋找真實的自我；從父母或伴侶關係中學習到婚姻的目的或成長的方向。

上升點＝月亮／太陽

對世界展現自己與自己的內在情緒，被外界看見自己的需求；父母或伴侶關係容易被外界看見，看待世界的方式受到父母的影響；我想要的跟我需要的都直接展現出來；個性、行為與人格面具是一致的；我期待成為我想要的樣貌，而非他人想要我成為的。

天頂點＝月亮／太陽

渴望事業達到最高目標的需求，想要運用我的能力獲得社會地位與名聲；需要透過成功的事業證明自己；將感受到大眾需求的使命感轉化成志業；需要達成父母期待我們達到的成就；渴望每一天都能達到我想要的狀態；展現在公眾面前的最佳伴侶關係。

太陽／水星

太陽與水星的中點組合，就好像法國哲學家笛卡兒所說的「我思故我在」，透過主動思考、推論確立自己的認知基礎，不論思考的內容正確與否，「正在思考的我」這件事已經證明太陽，也就是我這個主體的存在，所以會介意他人有沒有**聽懂**我在說什麼，有沒有透過我的話語認同我。

水星思考的領域、範圍、模式與「我」的確立，都與落入的星座宮位有關。這組中點的主軸，就在探討著思想的存在、我理解的常識、主觀的思考、客觀的意義、智力發展、自我認知、知識就是力量與權威、獨立思考，事業與溝通、說話、貿易、媒體、教育或訊息傳遞有關，兄弟姊妹與我的關係、父親的想法或溝通方式等等。而中軸星也就是 A 行星則扮演著觸發太陽／水星更深入思考的領域或範

圍，我們可能透過 A 行星來看見自己不理解的或是感興趣的，或者期待被認同的領域。

月亮＝太陽／水星

想要說、寫出來的理論或話語能夠觸動人心；內在情緒、性格與思考之間的關係；表達自己的想法時會顧慮他人的情緒反應；探討家庭的意義；一個睿智的女性；父親與子女的溝通方式是以溫柔呵護情緒或以媽媽的話為基準；銷售女性、兒童、居家生活用品的職業；美食作家（傳統美食或家常菜），烹飪教室的講師；想要讓兄弟姊妹之間有歸屬感可以互相保護依賴。

金星＝太陽／水星

想讓自己的表達、寫作與思考論點是討人喜歡、受人歡迎的；自我價值、性格與思考之間的關係；我對愛情、情慾的看法跟態度；一個智慧與魅力兼具的人；用輕鬆愉悅的方式表達自己的想法，注重文字運用的優雅；有思想且受人喜愛的演員；探討美麗、藝術、愛情的作家、美食作家（餐廳、甜點或注重擺盤的菜色）；父親與子女的溝通方式是快樂、讚美、注重禮節的，但也可能是放縱、被動或注重金錢。

火星＝太陽／水星

想要說、寫出來的理論或話語能夠為他人帶來勇氣、自信或行動力；會積極表達自己的想法；激勵他人展現自我的言語、為了證明自己的論點的論戰、對與自己想法相左的言論容易感覺到被攻擊；體育、汽車、機車競賽轉播員；辯論比賽；表達想法的方式可能有興奮、熱情、鼓動、競爭感、攻擊性、刺激等等的特質；父親與子女的溝通方式可能帶有批判、激勵、攻擊、憤怒、不耐煩、命令、軍事化的方式；戰略家，銷售運動用品，想要的交通工具是充滿動能、速度與刺激感的。

木星＝太陽／水星

想讓自己的發言、寫作與思考論點成為主流，或被認為是有智慧、有遠見的；對生活的態度是樂觀、自信、充滿理想性的；言論、思想與行動上的自由與空間是

重要的；受到重要學問或思想的啓發，想學習與追隨；思想家、冒險家，演說家，暢銷書作家；想要學習或表達的都容易獲得資源與機會；表達自我意志，或是父親與子女的溝通方式可能是自由、樂觀、鼓勵思想表達的，但也有誇張、好高騖遠或矮化他人彰顯自我的情況。

土星＝太陽／水星

想讓自己的發言、寫作與思考論點成爲專家或權威；人生觀是嚴肅、悲觀、保守的；想法上會自我壓抑，需要透過反覆、嚴謹的學習來達到目標；對自己的目標要花很長時間思考規劃才能進行；對自己認定的想法不太願意改變或是帶有功利性；表達自我意志或父親與子女的溝通方式可能是有界限的、困難、疏離、務實、嚴肅、現實、帶有權威感的、要求盡責的、或充滿保護者姿態的狀況。

天王星＝太陽／水星

想讓自己的發言、寫作與思考論點是讓人覺得有衝擊性、突破性、創新感或帶來更大的視野；透過學習與自我探索，爲生命帶來劇烈變化；想要做個有獨立思考能力或與眾不同的人；科學家、占星師、發明家；在表達自我意志、男性伴侶或是父親與子女的溝通方式上可能是跳躍性的、無厘頭、與眾不同、疏離、冷漠、頑固、專橫、叛逆的，有時候甚至會切斷溝通管道拒絕對話，或不願受到拘束而帶來溝通上的困難。

海王星＝太陽／水星

因爲海王星的特質容易受到他人影響，以至於模糊了自身的性格與想法，展現出來的特質反而帶有模仿力，會隨著遇到的人與環境而轉變。當討論到自己的想法時較難清楚地表達出來；感受度高並有豐富的想像力；電影編劇、騙子、身心靈老師、小說家、演員；在表達自我意志、男性伴侶或父親與子女的溝通方式上可能帶有願景、偉大的夢想、模糊、混亂、自欺欺人、幻想、想像力豐富、有藝術特質、感受度高、慈悲、犧牲等等狀態。

冥王星＝太陽／水星

想讓自己的發言、寫作與思考論點帶有深遠的影響力或是能挖掘真相；在自我探索的道路上容易經過多次的思想衝擊甚至摧毀自信心；透過理解內在的陰影與恐懼獲得智慧，對人性、生死、權力等心理層面的知識有興趣；政治家、新聞記者、心理學家、考古學家；在表達自我意志、男性伴侶或父親與子女的溝通方式上可能帶有隱藏、恐懼、摧毀、調查、失去、生死議題、控制、偏執、祕密、傳遞古老智慧等等狀態。

凱龍星＝太陽／水星

想讓自己的發言、寫作與思考論點能療癒人心，或幫助他人克服障礙；學習處理自己的創傷且從中獲得理解與接納自己的狀態；自我表達的困難，有的人可能有行動上、口語表達或閱讀的障礙與痛苦，得透過學習認識與之共處獲得成長；在表達自我意志、男性伴侶或父親與子女的溝通方式可能帶有受苦的、受創的、無法痊癒的傷痕、被遺棄的、療癒的、導師、學習與傷痛共處的情形。

南北交點＝太陽／水星

南北交點帶來的成長方向是學習獨立思考、深刻的自我認知、如何將自己的想法好好的與人溝通。對南交點來說，是不是我們自以為自己的邏輯結構沒問題，或是覺得麻煩、懶得思考，所以一切照舊，但其實經常發生的事件已告訴我們需要重新審視自己的想法？這個組合暗示我們需要透過再一次的檢視邏輯、學習與溝通能力，並努力吸收與成長，為了未來更好的我做準備。

上升點＝太陽／水星

對世界展現自己的發言、寫作與思考的樣貌，看待世界的方式受到父親的想法影響，期待成為一個有獨立思考能力且被重視的人。

天頂點＝太陽／水星

渴望自己的思想言論成為權威，被社會看見我的聰明才智或機智；父親的商業地位或成就被看見；兄弟姊妹的職業與經營公眾形象有關；人生目標是成為一個媒

體或教育界的權威。

太陽／金星

　　這是個注重愛、關係、美學、藝術、價值、自我價值、和平、金錢、財物、安逸、懶散與享受的組合。太陽與金星的組合讓人不由得聯想到充滿魅力或美麗迷人的人，他們希望能討人喜歡或受大家歡迎，所以展露出來的態度多是和善親切。個人、職業或父親在社交生活、情感、價值與財務方面，可能產生積極的追求態度。但我們得正視在這些美好包裝之下的問題，他們會因為追求和諧、和平而妥協，也無法忍受痛苦與壓力，所以在面對困境時常有懦弱、退縮或逃避等問題，也因為追求美好的特質，容易對自己產生不滿，覺得自己不夠漂亮、體態不佳、聲音不夠優雅等等帶來自我價值感低落的問題。我們能透過中點的中軸星「A 行星」，看到讓我們自己覺得可以更好、愛自己的地方，也是讓自己更受歡迎的重要領域。

月亮＝太陽／金星

　　可能會透過家庭、母親、女性的觀點或個人特質帶來啓發，對個人的愛與美帶來更高感受度與需求，也期待被他們認可。自己或父親對母親或家人的態度可能是溫柔、迷人、注重關係的和諧與舒適，不喜歡爭執、注重金錢；職業上偏向運用個人魅力深入人心，讓他人感受到被取悅或關懷。

水星＝太陽／金星

　　這是個期待將自己的魅力運用在文字、口語表達或歌唱演出的位置，也是個絕佳銷售員，可以將自己或產品做最佳包裝。傾向表達出對愛的想法或期待，也擅長說甜言蜜語討人喜歡，有些人在藝術鑑賞上有獨到見解；在兄弟姊妹的相處中常扮演著潤滑劑，有時候會從中獲得幫助。

火星＝太陽／金星

　　這組相位讓我不禁聯想到日本滑冰王子羽生結弦，充滿優雅魅力的花式溜冰選手，能將自身對藝術的感觸與漂亮、受歡迎的外型，透過花式溜冰表演出來。太陽

／金星透過火星的激發，容易有強烈動能想將自己的愛或價值表現出來，同時也能透過積極行動或體能的展現，找出自己的可能性來增加自我價值感，但也要注意太積極或激進的態度而讓人不舒適。在愛情關係中，這是個很有性吸引力的組合，也會主動求愛。

木星＝太陽／金星

木星的加入讓整組力量被擴張，不論是優點或缺點。這是一個非常適合藝術家、發言人、領導人、主流媒體、流行總編、名人的位置，將個人對藝術、和諧、金錢觀、價值觀、關係、愛、美好事物的信念放送給大家。相反的，也可能會把很多事情想得太美好，把自己看得太高，說得太超過，或過得太奢華安逸而沒有節制，隨之而來的麻煩或財務問題可是很傷腦筋的。

土星＝太陽／金星

謹慎小心的土星就像是自帶的會計或稽查員，想要花錢之前會先做好財務規劃。容易對自己說你沒想像中那麼好、那麼美、那麼受歡迎，所以要有心理準備必須經過自己或外在給的十八般武藝的考驗。但只要累積越多、經驗越豐富，專業技能就越強，絕對會是長青樹等級的人物，越來越受歡迎。如果不想面對這些挫折與壓力會怎麼樣？一直覺得自己很窮、沒人賞識、沒人愛我，可能會越來越壓抑、孤僻，請不用給自己太多壓力，慢慢做，一件一件來，時間之神會有耐心等你變得越來越好。

天王星＝太陽／金星

這個組合就像橫空出世的前衛藝術家、科技新貴、特立獨行的明星或是受人歡迎的占星師，他們的才華與眾不同，在還沒真的找到自己的特殊價值之前，可能會經過一段平凡、低調、沉潛或疏離的日子。這個人穿衣服有點怪、美感很特殊、創意很特別，然後在某一天，可能是某個人或某件事的啟發或衝擊就開始了蛻變。雖然不善交際或關係比較疏離，表達自己的喜好或愛人的方式有時會讓人驚訝或驚嚇，但總是會找到欣賞自己的方式或愛自己的怪的人。

海王星＝太陽／金星

無邊界的海王星消融了太陽跟金星的邊界，我好像融入了海裡浮浮沉沉，接收與感受到很多是我的又不是我的，有些人在這樣的狀態下創作出感動眾人的作品，或不知不覺中將很多人淺意識的情緒透過美與歌聲傳送出去。也有些人游著游著迷失了方向，可能會沉浸在想像中的世界中不想面對自己的狀態，或希望他人不斷地給予愛與肯定。在愛情關係中可能有夢幻或不真實的感覺，有些則會有耽溺、犧牲的狀態。

冥王星＝太陽／金星

「歡迎來到明日之星魔鬼訓練營！」冥王星說：「你自以為美的、有創意的、有天分的，在我看來都很普通，都拿去銷毀吧！我會逼你到達極限，把你深埋的美好呈現出來，不要給我虛假的笑、玩禮貌遊戲，承認你的驕傲，展現出璀璨寶石應該要有的鋒芒。所以，有心理準備要被摧毀好幾次了嗎？」愛情中可能會有宿命感或是強烈激情的關係，有些甚至有禁忌或隱藏關係。

凱龍星＝太陽／金星

父母或他人帶來的創傷，對個人的自我價值、外貌、金錢、關係、愛情或能力的打擊令人傷痛，有些人會乾脆自暴自棄不願面對或遠離人群，不願意有太多接觸，但如果一直不願意接受這非自願的傷，等於是打從內心可能也認為自己不值得被好好對待，所以也不愛自己了。換個角度來想，或許是要透過這些創傷磨礪自己的內在，讓我們可以因為理解而讓自己更美好，更可以運用這份能力去療癒、幫助有同樣議題的人。

南北交點＝太陽／金星

南北交點帶來的成長方向是認識自己的價值所在，愛自己、愛自己存在的價值、看見自己的美好。展現在眾人面前自信的你，在關係上才能吸引真正適合我們的對象或朋友，而雖然待在南交點是比較輕鬆沒有錯，但老是遇到同類型的對象，帶來關係或金錢的困擾也是很不舒適的。

上升點＝太陽／金星

　　這是一個容易讓人親近的組合，友善且富有愛心，從小就被教導成有禮貌、漂亮、愛乾淨、有才華才會得人疼，這樣的好形象的確可以讓自己更輕鬆地進入這個世界，有好的品味或經濟能力會更加分。

天頂點＝太陽／金星

　　渴望展現在公眾面前的自己是美麗、迷人、有創意、有才華、有經濟能力的，懂得經營人際關係與建立社會地位，注重公眾形象，所以會花心思打扮，是個藝術愛好者。

太陽／火星

　　這是個動力十足的組合，太陽定下了方向，火星戰士就會全力衝刺，追求勝利帶來的成就感，充滿了陽光、自信、勇敢、正面、行動力、保護、熱情、固執、活力、富有競爭性與攻擊力。他們有強烈的戰鬥力與野心，不論男女，只要有了目標就會急著去執行，不喜歡被動的等待，能專注的投入克服困難，進擊時帶著些許魯莽與衝動的狀態。但是當太陽或火星狀態不佳、無法協調時，有時就會發生內鬥或內耗的狀態，有些人是跟父親關係有較多衝突，或是跟自己過不去，容易焦躁不安、動不動就生氣，有些還會有身體發炎的問題，或常磕磕碰碰很多小意外，有的還會當個搗亂份子到處闖禍，甚至有暴力問題。自己或父親可能都有沒耐心或脾氣不好的狀態，但也可能是富有正義感的人。競賽型運動選手、外科醫生、軍人、雕刻家。

　　我們可以透過中點的中軸星「A 行星」看到讓自己覺得可以將熱情、動能、勇敢、競爭力專注投入的重要領域，或透過中軸星激發出我們的活力。

月亮＝太陽／火星

　　透過家庭、母親、女性、飲食等等帶有滋養照顧的特質，對個人的目標訂定帶來啓發，有些會對婚姻態度積極，有的可能從事居家或兒童照護、飲食相關的工

作。在情緒上的表達是直接或急切的，父親或自己會為保護家庭努力奔走，這是會積極孕育下一代的組合。

水星＝太陽／火星

會為了達到目標制訂詳細計畫後執行，有勇有謀，這個組合會將火星的莽撞衝動用腦袋控制下來，也會為了達成目標去吸收新知，或透過學習來調整自己的身體狀態。兄弟姊妹可能有行動派、熱愛運動、脾氣差、容易吵架等不同狀況。有些人會喜歡手作，木工、皮件、模型等等。

金星＝太陽／火星

當愛情到來時，才發現自己做不來小鳥依人狀或是貼心溫柔的紳士，但可以用行動表現出滿滿的熱情活力，也因為愛上了才知道自己會為對方衝動做傻事，這是會強烈表達愛意的位置。當然，如果愛上的是其他事，例如化妝品、名牌包、跑車、藝術品或美食等，那就要發揮另一個重要能力，為目標努力賺錢了。

木星＝太陽／火星

這是會為了理想、信念或自由而戰的組合，木星的遠見、探索、冒險、信仰、旅行等等特質遇上了太陽／火星，就好像遇到了最佳拍檔，活力旺盛，有人振臂一呼馬上就有熱情支持者擁戴往目標奔去。會訂定學習的目標努力展開行動，充滿積極正向的人生觀，對社會運動有興趣。但是也別忽略了當狀態不佳時可能會帶來更多的負面特質，例如性與暴力、伴侶關係的不忠實、賭博、貪婪、以高位者自居的征服，或以健身後的肌肉線條為傲。

土星＝太陽／火星

土星的責任、限制、約束、壓抑的能量就像為馬兒戴上了韁繩與馬鞍，限制了行動，也壓抑了野性，必須要聽話照做，讓火星失去了活力，也無法照自己的性格自由發揮。但是這種痛苦與制約的狀況，同樣也會幫助我們帶來紀律與經驗，雖然不時會伴隨著失敗與不自信，卻也能因為這些累積帶來成就與榮耀。這是能夠貫徹意志去執行的組合，但如果狀況不佳時，可能容易陷入心理上的自我否定、封閉自

己躲起來不出門，或是可能有皮膚、牙齦、筋骨等等的發炎。

天王星＝太陽／火星

　　動力雙人組遇上了不斷創新改革的天王星，讓人不自禁想著到底會做出什麼驚天動地的事呢？這是個為了達成希望而開啟的行動，帶了電流的行動力會將不在目標範圍內的阻礙全力排除。過度興奮有時難免會控制不當失手，傷人傷己都有可能，加上天王星追求不斷的革新，有時會讓太陽的目標一換再換，要不斷重新適應反而帶來反效果。父親或自己對憤怒的處理方式可能是切割、疏離，或是氣在無法預料的重點；對追求與眾不同、科技、電力、環保、創新革命的目標有熱情與動能。

海王星＝太陽／火星

　　這個組合讓我聯想到追夢人，為了夢想定下目標並付出實際行動。除了對未來規劃具有理想性之外，也可能與藝術、電影、化學、宗教、救贖、犧牲等等有關。但海王星的消融作用可能會帶來目標訂定或動力的困難，需要較長的時間去尋找，縱使找到了也容易有執行時的迷糊或混亂問題。有些人在還沒找到讓自己狂熱的方向之前動能較難聚集，可能做什麼都懶洋洋的，缺乏活力；有些父親、丈夫或自己會有體力不佳、耽溺、軟弱或自欺欺人的狀態。

冥王星＝太陽／火星

　　這一組就像是荒島求生組，或是戰鬥生存組，冥王星帶來的強烈危機感讓人不斷保持著高度警戒，隨時備戰。他們有強烈的生存本能，會把身處的狀態都調查清楚，一旦確立目標後有強大的動能去執行，相對地也會要求巨大的回報。有些人反而會受到外來的陰謀、威脅或隱藏危機的傷害，導致意志消沉或對生命沒有動能，同時也要注意有暴力或性的議題。

凱龍星＝太陽／火星

　　父母、他人或環境帶來的創傷，對個人的活力、生命力、積極性、體能、身體動能或性的方面帶來無法痊癒的傷痕。有些人因此有自我封閉或自我放逐的狀態，

有些人有不被團體接納的問題，有些人則是有為自己目標奮鬥的挫敗感，感受到自己的無能為力。但仔細想想，與其對自己或他人生氣，倒不如想辦法找出另一條生路，接受我們的現況，學習與之共處，或許能透過這些理解走出另一條道路。

南北交點＝太陽／火星

南交點讓我們看到自己對於力量、憤怒、競爭、生命力或性方面的運用狀態，雖然輕鬆自然，但是對我們未來成長的方向是不夠的。南北交點要我們能更清楚生存的法則、力量如何更有效的應用，才能輔助與推動我們達到未來的目標。

上升點＝太陽／火星

進入世界的方式充滿活力，對自己想要的會積極表現與爭取。童年環境可能有較多競爭或暴力，很早就得學會如何保護自己與反擊，有些則是早早就表現出優異的運動天分。女孩若有這個組合，小時候會比較像小男生。

天頂點＝太陽／火星

渴望展現在眾人面前的形象是陽光、自信、熱情、有戰鬥力的、強而有力的保護者、運動選手、勇武的戰士等等形象。也會採取行動去經營自己，積極的往人生目標前進。

太陽／木星

這是充滿信心與樂觀主義的組合，太陽的意志、權力、成就、榮耀與影響力，加上了木星的信念、樂觀、幸運、理想化，太陽照亮了木星的特質，木星擴張了太陽的光芒，兩兩相乘威力加倍，往正面特質發展時，展現出來的是性格慷慨、大方、善良、等良好品格。追求自我成長，有強大的自信與成功的好運氣。重視人生的意義和人類社會的進步與演化，例如哲學家、探險家、思想家、夢想家等。往負面方向發展的，則容易帶來個性上自命不凡、驕傲、自大、傲慢、浮誇、不忠實、偽善、奢侈、謊言的可能。執行計畫時易把事情想得太樂觀導致事後收尾的困擾。父親、男性伴侶、自己在事業上可能從事教育、出版、旅遊業、宗教、高階主管、

能帶領主流思想等等木星相關職業，也較能獲得社會資源或財富，或將自己擁有的回饋社會。我們能透過中軸星看到自己被哪些象徵觸發，逐漸建構起自己的信念或自己對要追尋道路的信心。

月亮＝太陽／木星

透過家庭互動、母親性格與滋養方式、內在情緒起伏或需求等，影響了我們對於自己所相信的、信仰的。如果月亮所落入的星座較為敏感，容易不時的懷疑自己原本制定的規則是否可行，有些人則是對家人有較大的主導力，能將樂觀正向的觀念帶入家庭，對家人較慷慨大方。容易從日常生活中領悟到智慧；家庭生活可能有宗教信仰或自由開放的思想教育。

水星＝太陽／木星

能順暢的將自己的觀點說出來，透過不斷的溝通、學習完整自己的觀念。與著名的成功人士對話；事業上能幸運的簽訂契約、發表自己的專業研究報告；兄弟姊妹對自己的事業帶來幸運或能提供成功的觀點給他們；過度自大、誇張的言論；我或父親對宗教、身心靈成長的理解。

金星＝太陽／木星

我對我的自我價值或創造力有強大的自信；透過愛情關係讓我去思考未來想要的互動模式；受歡迎的哲學家；我的人生觀是享樂至上；透過不斷追求成長讓我更覺得有價值；金錢對我的意義所在；藝術對人生的意義；我或父親的旅行方式是注重舒適、愉悅與美食。如果是負面特質時，可能要注意愛情關係有欺騙或關係複雜的狀態，或是因為貪婪而投機。

火星＝太陽／木星

人生觀正向、熱情、有冒險精神與勇氣，也會採取行動捍衛自己想要保護的，會為了自己的信念而戰。探討生存的意義；戰爭與人類文明發展之間的探討；主動積極的展現自己的信念。但如果負面特質展現時，會有易怒、常常覺得他人在挑戰自己的信念，信奉拳頭至上，承受失敗的能力較差，機會主義者要小心避免從事犯

罪活動而觸法。

土星＝太陽／木星

土星的限制、框架與單調，是喜愛自由與空間的木星最無法忍受的，可能會帶來追求成功榮耀的失敗行動，壓抑或自我否定的人生觀。不願意輕易嘗試爲未來制訂的計畫，甚至有事業上資源的貧瘠問題，但是土星同時也會帶來自制力與規範，讓天馬行空的想法有被落實的可能，只是需要時間與經驗的累積才能獲得成功。

天王星＝太陽／木星

充滿變數與不按牌理出牌的天王星遇上了愛自由冒險的木星，兩者都有改革的特質，對追求成功的太陽來說可能帶來突然的成功，或是原本進行中的計畫被改變。有著與眾不同的人生觀，喜歡嘗試新觀點，或是超前的社會觀；帶來創新觀念的發明家、追求與探索新科技。不過也要注意計畫被破壞、想透過投機或賭博快速改變人生、反社會主義者或是離索群居的生活觀。

海王星＝太陽／木星

海王星爲這個組合帶來了更宏大理想化的夢想，讓原有的膨脹狀態更無邊際，可能會讓人對追求成功榮耀更狂熱，也可能會讓人更耽溺逃避。有些人對於集體無意識、宗教、靈性、藝術方面的感受度更敏感，帶來更高層次的人生觀與使命感，將自己的成就目標投注於社會。有些人則是對要過什麼樣的人生更混亂模糊，要小心有自欺欺人的現象。

冥王星＝太陽／木星

這個組合就像光明與黑暗的相逢，象徵死亡、挖掘、重生的冥王星，遇上充滿陽光、成長與正面特質的太陽／木星時，衝擊是必然的。有些人走入黑暗後透過淬鍊與自省，讓自己的信念更完整、深入並充滿智慧，且能帶走黑暗給予的寶藏與資源。有些人則要透過不斷的挖掘自己隱藏在內在深處的恐懼與陰影來讓自己釋放。

凱龍星＝太陽／木星

　　凱龍星的創傷可能來自於父母、他人或環境，帶來對個人的成長、自信或信念無法痊癒的傷痕。通常會不太相信自己有足夠能力去面對未來，也不認為自己可以像別人那樣單純的享受幸福與快樂。有的創傷是來自父親或自己的過度樂觀、好高鶩遠、貪婪或是無法承擔責任而逃脫。有時候我們是需要接受父母或自己的無能為力，我們都不是完人，試著接納並學習找出共處之道。

南北交點＝太陽／木星

　　可能有機會與很多帶有這個組合特質的人相逢，例如哲學家、思想家、社會名人、富人、成功人士、教育人士、宗教人士等等。透過這些人帶來的資源與挑戰，得以更完整自己的信念，有動力往南北交點前進，並將自己的所獲回饋公眾。

上升點＝太陽／木星

　　能將自己的人生觀透過樂觀、自信的態度說服他人。重視自己能否有能力回饋社會，期待自己能帶來榮耀，成為有影響力的人。

天頂點＝太陽／木星

　　渴望自己的信念、成功、財富與榮耀被眾人看見與仰慕，或是將其作為人生目標做為努力方向。

太陽／土星

　　土星與權威者、長輩、壓力、困難、限制、窄小、罪惡感等等有關，與象徵父親、自我的太陽形成了中點組合時，可能要先回過頭去想想小時候父母對自己較嚴厲、不認同、或否定的部分。因為這個中點組合暗示著自我否定、我的恐懼、我的罪惡感所在、自制力，我的防衛機制、我自卑的地方等等，這與童年成長過程中可能有不符合父母期待，或是被忽略的部分有關。我們被父母要求依照著他們設定的框架成長，壓抑自己的特質，這與完整自我的需求是相違背的，所以有些人會用陽奉陰違、說一做一、冷漠、壓縮自己需求等等方式反應，將自己的真實感受藏到內

心深處。有些會對權威的態度極認同，並希望自己能成為權威或重要人士；有些則對權威感到失望，不相信別人的承諾，也對其他人嚴苛。這個組合需要透過時間的累積與自我訓練來培養出專注力、控制力、果決認真、嚴謹等特質，同時對組織與結構較擅長。

我們可以透過中軸星去看見壓抑我們的主題，然後運用它去解開制約，或是將自己的豐富經驗，透過中軸星為自己帶來身分認同。

月亮＝太陽／土星

這個組合比較容易壓抑自己對情緒的需求或感受，嚴重一點的甚至有抑鬱的現象。父親或我的個性可能較為嚴肅拘謹，或是偏向保守傳統。對家人或母親較難表達心裡的感覺，亦或是關係較疏離。對權威者有較多情緒上的議題；家庭生活可能較勤儉或規矩多，也可能與家人有相處上的困難。可以透過回顧過去的記憶或事件，找出自己當時認為不被理解或認可的部分去面對處理，或許能減少很多不安。

水星＝太陽／土星

對於要說出口的話會不斷斟酌，擔心自己說錯話讓人不滿意或說出來的內容不被認同。有些則會呈現在思考邏輯上，容易限制自己的規劃與期待，格局不容易放大，或太小心謹慎，這些都需要透過長時間反覆的調整後，讓自己慢慢地掌握到小格局或架構嚴謹之間的差異。挑選的交通工具偏向安全性高、功能性強與業界權威。

金星＝太陽／土星

金星象徵的美麗、享受、快樂、喜悅、金錢與愛情，遇上了這組自我壓抑與否定的狀態，可能會產生低自尊或不認同，覺得自己不值得被愛，或是覺得讓自己美麗、享受、花錢會有罪惡感，有些人甚至對自己的外表感到自卑，自我價值感低落。其實美麗有很多種不同的定義，透過反覆訓練美感，練習如何整理外表儀容，絕對會帶來很大的改變。學習理財與嘗試人際關係課程也都會有幫助。

火星＝太陽／土星

父親或自己可能有與權威者的議題，對於展現火星的勇氣、競爭或戰鬥的能力帶來壓抑與限制，有些人會選擇反抗權威，爲自己衝出一條生存之道。有些人會害怕表達憤怒，可能覺得自己眞的如對方所說的不夠好或害怕失去，所以沒有爲自己抗爭的勇氣，如果可以訓練抗壓力或承受失敗的壓力，找出自己的權威所在，就可以將給予對方的權力取回來，爲自己而戰。這個組合有時會帶來隱居或身體動能低落的狀態。

木星＝太陽／土星

透過木星的教育、信念與資源的供給，讓自我否定、悲觀主義者、頑固或僵化的狀態產生改變，帶來心智上的成長茁壯。同時太陽／土星的專注力、毅力、嚴謹與認眞的態度，也能將木星的信念落實，往自己的目標一步一步前進。在尚未確立木星象徵的信仰、道德規範、宗教、幸運、機會之前會不斷重複檢視，確定後將會是堅決的支持者。

天王星＝太陽／土星

象徵創新、突破與改革的天王星對這組注重規則、紀律、自制、秩序的組合來說實在很讓人頭痛，這些突發奇想帶來的變化容易引發焦慮、緊張、因爲跟不上變化而沒自信等等問題，有時會帶來危機或甚至放棄。但是適度的沖開原有的壁壘其實是必要的，以免有固步自封的問題。

海王星＝太陽／土星

消融、無邊際的海王星對這個組合來說就像滴水穿石，潤物無聲的影響著原有的架構或防衛機制，而且不論好壞。以負面狀態來說，可能會混淆原有的計畫或步驟，甚至干擾精神狀態，有些人會反應在身體上，體能方面有提不起勁的現象，也要注意下列行星象徵部位的影響：太陽的部位是心臟、眼睛，土星的部位是皮膚、骨骼、牙齒等等。正面狀態來說，能柔軟頑固、僵化或恐懼，帶來更靈敏的感受力、覺察與同理心，有些人能透過這些感受爲自己建置更大的夢想。

冥王星＝太陽／土星

對於太陽／土星這個壓抑、內縮的組合來說，冥王星的到來似乎有點雪上加霜。自我否定、罪惡感、自卑與恐懼的狀態，會因為冥王星洞察底端真相的能力被挖出來再次檢視。冥王星的壓制與排除會直接且殘酷的砍斷原有的結構，但是冥王星的淨化與清除也能將藏在底層的毒素清出來。這個過程絕對是痛苦且無法逃開的，如果可以度過冥王星的洗鍊，將可帶來強大的力量，而這些情況有些人會展現在健康議題上。

凱龍星＝太陽／土星

可能受到來自父母、長輩、權威者的壓力、否定或限制的創傷，我的本質與獨特性不被瞭解，凱龍星讓我們在無法藉由外力修復的創傷中開始往內探索，透過傷痛，理解權威與規則的根源與特質，讓我們找到解決痛苦的方法。

南北交點＝太陽／土星

過去可能習慣於父親、長輩或權威者的制約狀態，不一定理解或深思過結構、疆界、規範等意義，也忽略了在不同的生命階段與不同的心靈狀態，所需要的規模是不同的，透過這些理解才能讓我們踏上自我整合的道路。

上升點＝太陽／土星

有些人在母親生產時可能遇到困難，必須克服問題才能誕生。年輕時向外展現自己是困難、沒自信的，當外界給予壓力或有責任義務時才會被動去做，也會覺得常被權威者壓抑限制，待逐漸年長或是在專業領域有一定成就後，則會用專家姿態去展現自己。

天頂點＝太陽／土星

渴望自己是權威、專業、責任感、果斷的決策者、高道德規範獲得眾人尊重，也以其為人生目標，但也因為如此，會壓抑自己的個性，強制自己要負起責任。公眾形象較為嚴肅、冷漠、難親近。

太陽／天王星

天王星象徵創新、獨立、獨特、與眾不同、改革、改變、反叛，與象徵太陽的自我、使命感、成就、男性、目標等等組合在一起時，可以發現有些主題是相近的。太陽希望自己的特別被看見，天王星要展現其獨特性，都著重在個人特質的與眾不同之處，也以自己的創造性為榮。他們是革命家、創新改革者、發明家、科技先鋒，以挑戰傳統、促進社會與個人的進步為己任。他們與父親之間的關係都較為緊張，經常對抗傳統的家庭觀念或權威者，在成年進入社會後也想去改變體制。父親或自己在很多人生選擇上也常與原生家庭期待的不同。但不要以為他們的勇於創新改革也會用在自己身上，相反的他們很抗拒改變，也怕別人想改變他，個性有點反覆與固執，不喜歡被限制，對重複的事不耐煩。這個組合在健康上要注意有心臟異常放電也就是心律不整的問題，嚴重時可能有中風或心肌梗塞的狀況。

這個中點組合常伴隨著突如其來的變化或挫折，我們可以透過中軸星去看見衝擊我們的領域，也可以看見我們會為哪些人事物帶來創新與改革。

月亮＝太陽／天王星

月亮注重安全感、熟悉感與習慣的事物與記憶，遇上了太陽／天王星不斷創造出新的驚喜，喔不！對月亮來說大概都是驚嚇，或是不斷的挑戰，都需要一段時間去適應習慣。有些人會發生在父親事業發生突然的變化或破壞衝擊到家庭經濟，連帶影響了母親和子女的安全感；有些人則是成為家裡的怪咖。如果可以將這份不斷革新的特質轉化成讓家庭關係進步的方法，或是幫助他人從過往不舒適的記憶與執著中走出，這也是不錯的運用方式。

水星＝太陽／天王星

這個組合與象徵信息傳遞、接收、溝通、思考、心智活動的水星在一起時，可能會帶來很多靈光一閃的新想法。有些透過訊息中的某些字串，或是與他人對談時的觸發，帶出了他們內在的獨創性；有些人則呈現在快速或無法預測的行為或行動

上；或許也可能是個年輕的革命家或科技新貴喔。

金星＝太陽／天王星

自帶強化版電流的太陽／天王星，遇上金星時，可能會有突然爆發的情感、愛情、情慾，或是發生一見鍾情或特別戀情的狀況。有些人會對愛情、金錢、價值觀、自我價值、享受或愉悅的事有自己獨特的觀點；有些人可能透過這個組合發展出前衛或獨創性的美感。

火星＝太陽／天王星

帶有行動力、熱情、競爭、憤怒、征服的火星加入了革命家的行列，子彈與火力十足，讓這個組合威脅性或強度增加不少，一旦決定目標後便會快速地展開行動。容易有突然的動作或行為，常有不按牌理出牌的行動；常容易有意外狀況，或因為意外而受傷。

木星＝太陽／天王星

木星所帶來的資源、財富、好運與膨脹的情況，讓他們有更強大的力量去進行改革，而且成功機率會比較高。這個組合帶來了讓天馬行空的創意能夠被落實下來的智慧與知識，非常容易誕生發明家、研究員、創意工作者、新創產業、新主流科技，也可能為社會帶來突破性的信念或觀點。

土星＝太陽／天王星

土星的疆界、權威、規範、秩序與不改變，就像為太陽／天王星砌了一棟水泥屋，限制了所有無秩序的意志，框住了進步的可能性。因此，爭取自由的革命會更激烈持久，通常要更努力的去克服艱困的環境。這個組合有改變現況上的困難，抽離或放棄也是有可能發生的。

海王星＝太陽／天王星

當太陽／天王星進入了幻想、夢境、混亂、無邊界的海王星之海，同樣沒有次序與規範，但是卻會將麻醉藥打進他們的體內，模糊了太陽的目標，削弱了了天王

星的破壞力，讓整個行動無法照計畫執行，破壞力減弱，想衝也衝不出來，或是產生亂流的狀況。但是當雙方有共同目標時，海水加上電流威力卻會加倍且狂熱，例如宗教改革、身心靈改革、海洋資源科技開發等等。

冥王星＝太陽／天王星

對這個組合來說，冥王星的深入掌控、威脅、摧毀、調查或死亡，可能會帶來更深謀遠慮且隱忍的改革家，或是經不起深入挖掘內心深處的恐懼而崩潰。革命家們要先走過一趟內在生存之旅，重新整頓心態與想法，將不切實際的狀態重整，確保一旦計畫執行的成功率。這個組合要小心突如其來的危機，或是身體健康狀況突然的變化。

凱龍星＝太陽／天王星

凱龍星象徵著我們不被接受、理解，或局外人的狀態，這與太陽／天王星組合中因為獨特不被理解的部分有部分相似。一個是因為叛逆不想進入圈子，一個是格格不入而離開圈子，這個組合帶來了對傷痛疏離的態度，或是反過來壓抑自己的獨特性以避免再次受傷的狀況。

南北交點＝太陽／天王星

這個組合很容易快速的在過去與未來的狀態中切換，有些人會呈現的狀態是（不論主動或被動）突然切換環境、離開家、斷開聯繫或是做出衝擊舊有狀態的事，然後進入新領域、認識新朋友、嘗試從未經驗過的事。這是個經驗獨立、自由狀態的過程，透過震盪，激發出自己未知的可能性。

上升點＝太陽／天王星

對世界展現自己與眾不同之處，或是自我展現的方式充滿創意。誕生時的狀況可能是快速或意外的；能將自己改革創新的力量帶給他人啟發或改變。

天頂點＝太陽／天王星

被公眾看見自己的獨特性或創新改革的能力，或是經常進入新領域，渴望自己

成為獨樹一格被他人印象深刻的人；可能扮演挑戰公眾或社會的角色；在職業領域中的改革創新者。

太陽／海王星

當太陽象徵的自我意識、榮耀、成就與目標遇上了海王星時，那些消融、無邊界、夢幻的、混亂的、迷失與逃避的狀態就進入了太陽核心中，帶來了自我認知上的模糊。但是另一方面也帶來了海王星的高度感受力、同理心、慈悲心與理想化的部分。渴望成為一個救贖者，或活出一個理想性的人生；狂熱的追尋夢想，但這與真實的我是有落差的，所以常帶來自欺欺人、美化自我或自我逃避的狀態。父親的形象可能有慈悲、宗教家、神祕學家、藝術家、追逐夢想者、虛弱、救贖者或受難者形象，但有趣的是，我們可能不一定真的清楚這是否是父親真實的形象，也害怕理想中的父親形象被摧毀，對自己也是。在身體健康上要注意容易有虛弱或貧血的問題。

這個中點組合經常帶來敏感、纖細、與真實世界或物質世界保持距離、受苦、犧牲或是逃避的特質，虛弱的自我、迷失自我或是狂熱追夢的我，都可能會透過中軸星被觸發或看見。

月亮＝太陽／海王星

這個組合可能會帶來對月亮象徵的家庭、母親、照顧者、妻子、童年、情緒、感受與安全感等等的認知模糊或混亂的狀態。有些人可能在心中一直尋找過去曾有過或期待的美好家園。有些人對家庭、母親或妻子有自以為的理解，不接受對方真實的樣貌，堅持自己認知中美好幻想的家庭。還有些人因為有高度感受力，對他人的情緒起伏反應劇烈，分不清楚這份不安是自己還是他人的。

水星＝太陽／海王星

當水星的思考邏輯、心智、溝通與理解力遇上了這組中點時，不可避免的會帶入模糊、幻覺、消融與理想化的特質，所以在表達自己的意見與想法時容易有缺乏

邏輯、欺騙的、沒有重點、不客觀等等問題，有些人是說話聲音細弱無力，或是用不真實（例如卡通化或是模仿）的說話方式表現。但有些人則有透過話語來迷惑或鼓動他人的能力。

金星＝太陽／海王星

這是容易將自己的幻想、迷惘或犧牲帶入愛情、美麗、金錢或自我價值的組合，因為其理想化的特質，當沉浸在愛情中時更不會去考慮到真實世界的狀態，夢幻的愛，或愛上為愛犧牲的自己。有些人則沉浸在如何讓自己更美麗的夢境中，買很多化妝品跟衣服，甚至整形，因為無法忍受自己是平凡的。要注意在金錢關係中可能也有混亂的狀況。如果對藝術、電影或需要美感的工作有興趣，也可以嘗試發展。

火星＝太陽／海王星

這個組合會很明顯的呈現在體能上，可能有肌力或肌耐力差、運動神經反應慢、性生活少、活力低下等等狀況，其他方面則可能有意志力薄弱、承受失敗的能力差、競爭力弱等等狀況。但是千萬別忽略了當他們找到自己的目標後呈現出來的爆發力，那時的積極性將會很驚人。

木星＝太陽／海王星

當木星的資源、樂觀、自信、幸運與擴張的特質與太陽／海王星組合在一起後，雖然依然還是模糊、混亂，但幸運與樂觀會伴隨在後，到後來還是可以有不錯的狀態，有些人甚至迷迷糊糊就成功了。如果能將其靈性上的特質或是慈悲與藝術的能力，透過木星將信念傳遞、幫助更多人，那將會是很大的能量。

土星＝太陽／海王星

在極其混亂的時候，土星的限制、疆界、框架或結構或許可以帶來一些幫助。但不諱言的說，土星的實際與現實會讓真實世界逼近，被迫要去面對真相對他們來說是很不舒服的，容易帶來情緒的困擾與壓力。有些人透過反覆訓練讓自己可以將某些想像落實下來。在健康上要注意可能有抑鬱的狀況。

天王星＝太陽／海王星

容易因為天王星的突變、破壞、切割、冷漠、無法預料的變化帶來衝擊或啓發，迫使其必須因應未來做出調整與改變。這些變化帶來緊張、興奮、不安，讓太陽／海王星用犧牲、幻想、包容、救贖、狂熱等等不同方式去改變生活或是獲得成就。

冥王星＝太陽／海王星

冥王星喚起了隱藏在深處的陰影、壓抑、禁忌、恥辱與恐懼，這些正是太陽／海王星不想面對的眞實，甚至會將恐懼擴散、蔓延，帶來身體或情感上的不舒適與痛苦。其結果可能很兩極化，有些人是躲得更深，有些人則透過心靈成長或精神成長去面對。

凱龍星＝太陽／海王星

凱龍星象徵著無法痊癒的傷、被遺棄的、創傷治療之外，也有接受自己無能為力的特質，這與太陽／海王星的迷惘、奉獻、自我犧牲、救贖者的議題有相當多的關聯。有些人會因為創傷喚起了內在共鳴，或是因為自己的迷失、混亂、耽溺帶來了創傷，兩者之間可以嘗試透過療癒與探索更多的心靈成長、精神成長或藝術創作作為治療。

南北交點＝太陽／海王星

與南北交點的組合要注意別讓自己一直耽溺在過去的狀態中，甚至有消極或軟弱的現象，要理解如何讓自己擁有的直覺力、慈悲與心靈的影響力可以發揮甚至幫助他人，勢必得踏上自我整合的道路。

上升點＝太陽／海王星

向世界展現自己的方式帶有感同身受、理解、慈悲的態度，很容易讓自己融入外界，也容易被外界干擾，無法堅持自己的原則。有些人在母親生產時可能發生一些混亂或迷糊的狀況。要注意有時因為外界現實的打擊，產生消極逃避的傾向。

天頂點＝太陽／海王星

渴望透過自己的慈悲或宗教家、身心靈導師、藝術家、夢想家、救贖者形象贏得公眾的尊重，但有時也會因為無法處理自己的混亂、敏感、抑鬱或迷失，反而帶來負面的的看法。

太陽／冥王星

光明、熱情、正向的太陽被迎接進入了地底的冥府，所有的一切都被黑暗淹沒，恐懼讓隱藏在光明面具之下不為人知的部分浮現，那些我們無論有沒有意識到被藏起來的、覺得做得不好想掩埋的、認為罪惡的、偏執的、自私的、禁忌的、黑暗的自己，那些過去我們不被允許或認同的部分，特別是與父親之間的關係，都會在冥王星的挖掘之下被看見。但這並不是要消滅，而是要認清那些隱藏起來的東西，明白光明與黑暗的本質，也要理解這些都是生命中不可或缺的一部分，然後將其暴露在陽光之下，用新的角度重新賦予價值。

這個過程當然不會是輕鬆的，冥王星會直接且殘酷的拿走不該留下的，將藏在底層的毒素清出來，過程絕對是痛苦且無法逃開的，通過冥王星的洗鍊後，將會為我們的心智帶來強大的力量。

這個中點組合經常帶來對於權力的欲望，強大的心理素質，深度的操控，隱藏的危機、生與死的議題，自我摧毀的傾向，執迷或傲慢的狀態，我們可以透過中軸星看見觸發我們內在禁忌所在。

月亮＝太陽／冥王星

可能透過月亮象徵的家庭、母親、妻子、安全感、情緒等被觸發個人隱藏的恐懼或陰影面，月亮也與童年、記憶與過去的事有關，所以特別容易引起安全感上強烈的騷動。有些會呈現在強勢的父親與母親的互動狀態上。這個組合容易帶來情緒的強烈不安感，有些人容易有易怒或極力壓制情感流動的狀態。

水星＝太陽／冥王星

可以隨意進出冥府的水星，對那些冥王星的陰影、生存議題、恐懼與黑暗面其實沒有太大的排斥，相反的有些還引起水星的求知欲，想去探索人性的底層。他們能將其轉化成有影響力的發言，或者是進入了寶山，挖出了巨大的寶藏，帶來深入、嚴謹且影響深遠的覺察力與理解。不過也有些人因為無法接受或通過洗鍊的過程，反而容易陷入自己的黑洞中爬不出來。

金星＝太陽／冥王星

愛情關係其實很怕太過真實且赤裸裸的檢視，那些殘酷的真相最容易澆熄愛火，金星喜歡美好的、享受的感受，能在這個組合嚴苛的考驗之下走過來的絕對會是真愛，但多半非常辛苦。不過如果是從事藝術、創作、戲劇的人，卻有機會透過淬鍊，展現出巨大的光芒。至於金錢與自我價值的部分，我想你大概已經有會失敗幾次的心理準備，但是入寶山怎能空手而回呢？

火星＝太陽／冥王星

這個組合就好像在說不入虎山焉得虎子，不採取行動是無法爭取到自己想要的權利與操控權，他考驗著我們對生存的最大企圖心與底線，學習如何攻擊、防衛與保護自己。這也是持續打著生存之戰的組合，有些人實力不濟就會被無情地淘汰。有些人會經歷父親或他人因為權力、控制、暴力、性或其他陰影的攻擊，負面一點的發展出以暴制暴，或用更殘酷的方式反擊，有些人則開始挖掘隱藏在背後更深的意義。

木星＝太陽／冥王星

有了幸運星木星的加持，就像有了寶藏地圖跟挖礦工具一樣，成功的機率增加了不少。木星的資源、信念、樂觀、自信，讓行走在黑暗中的恐懼降低許多，也渴望追求更大的力量與財富。不過不可避免的是過度樂觀跟好高騖遠的態度也會帶來影響，萬一太困難時怎麼辦？有的木星會跟你說，何必硬碰硬呢？我們先回去多研究解決方案或多請教學習，下次再來挑戰吧。

土星＝太陽／冥王星

土星象徵著權威、長輩之外，也代表父親，與太陽象徵的父親有重疊的主題，童年時的嚴格管教或是一堆要求與限制，很多沉重、冷漠的、無聊的制約，讓人覺得永遠無法達到所以不被認同與滿意，也因此帶來極大的心理陰影，讓人想遠離那個家與童年的記憶。這同時也會帶來對傳統道德價值或權威者的反抗。那些深埋在心底深處的東西，可能會透過冥王星象徵的死亡、掌控、威脅等等浮現出來，讓我們重新檢視權威與限制的意義。那些會不會是來自於父親對於權威的陰影之下的產物，所以限制我們讓我們免於發生一樣的事呢？這個組合經常帶來與權威或社會的障礙、困難與限制。

天王星＝太陽／冥王星

象徵著突變、自由、創新、改革的天王星突如其來的打亂了深度自我挖掘的過程，讓我們被迫要增加新議題，可能是如何透過這些淬鍊過程後獲得新生命的自由，或是用創新的角度去找出新的發現，也可能是要加強自我改革的決心，讓我們更有彈性去適應外在激烈的生活變化。

海王星＝太陽／冥王星

海王星的消融邊界、混亂、幻想的狀態讓自我轉化的過程帶來了美好幻想，或是理想化自己的狀態，有些還會陷入迷失而帶來更深的恐懼，這些障礙可能會帶來迷惘、沮喪、沒有活力去面對真相，逃避成長等狀態。

凱龍星＝太陽／冥王星

象徵創傷、遺棄的凱龍星的到來，讓在黑暗中淬鍊自我的辛苦狀態雪上加霜，這些我們無法選擇也無法拒絕的傷痛，讓人不禁有被宿命推著走的感受，對於這些無法痊癒的傷痕，有些人會用接納與臣服的方式去面對學習與之共處，並透過這些心路歷程去幫助更多有受創經驗的人。

南北交點＝太陽／冥王星

這個組合容易讓我們遇見擁有強大心智力量、有權勢的人，或是生命中曾遭遇

重大衝擊後重生的人，例如政治家、大型組織或公司負責人、生意失敗後再爬起來或有過瀕死經驗的人等等。透過這些人帶來的心路歷程，讓我們更理解自我探索欲淬鍊的意義，使我們有動力往南北交點前進，並將自己的所獲回饋公眾。

上升點＝太陽／冥王星

面對人生的方式帶有強烈的自我保護色彩，會隱藏自己的狀態，不喜歡被看見或被操控。但是這狀況會隨著深度自我探索的過程而變化，有些已經走出黑暗深淵的或是已經獲得寶藏或權力的人，則能展現出強大的自信氣場。

天頂點＝太陽／冥王星

渴望成為一個有巨大財富或權力的人，希望自己的領導者身分被尊重。有些人可能是因為財富危機、暴力事件、犯罪事件或瀕死經驗等等被大眾看見。

太陽／凱龍星

凱龍星與被遺棄的、父母親或家族的傷痕有關，這與太陽象徵的父親、我，有著重疊的關係，所以在這個組合中，父親的創傷經驗可能也會為我們帶來影響。有些人會因為父親受創的經驗，對那些帶來傷害的人事物特別懷有戒心，有些則是父親受創後的情緒或事業狀態對我們帶來了暗示與干擾，對之後自己在經歷類似的過程時產生陰影或恐懼。

凱龍星帶來的創傷、受苦、被遺棄的、無法痊癒的傷痕、不被瞭解的、局外人、殘疾、毒素等等大多是由父母、他人或外界帶來的，這種非自願性的傷害會有著無法逃開的感受，我們只能接受並與之共處，觀察等待、感受、覺察、聆聽這些傷痛的痛苦經驗，用開放的態度看待這些過程。透過中軸星或許可以找出傷害的源頭，或如何從這些挫折或傷痕中療癒自我的可能性。

月亮＝太陽／凱龍星

有些人的創傷是來自於雙親或家庭，但也可以透過月亮象徵的家庭、童年、母

親、情緒與安全感的支持，來幫助自己或父親度過虛弱的創傷時期，或藉由家人的溫情撫慰去展開自我療癒的道路，並獲得成就。

水星＝太陽／凱龍星

創傷可能來自於兄弟姊妹或是口語表達能力，透過水星的理解與心智成長後，學習如何與自己的傷口相處，也能透過溝通與討論將自己的經驗分享給他人以彼此療癒。有些人因為父親的創傷是來自於經商失敗，害怕自己在經商上也會有同樣的議題。

金星＝太陽／凱龍星

可能在外貌、金錢、自我價值或是愛情關係中受創，有些人因為想維持和諧美好的關係自我壓抑，不斷配合他人而受苦；有些人則是因為與他人的金錢借貸或大環境的衝擊受到傷害。我們要接受這些發生在身上的事實，回過頭去面對自己的議題，重新學習如何透過這些傷痕成長。

火星＝太陽／凱龍星

可能因為火星的競爭、憤怒、暴力、運動、戰爭或意外帶來了身體或心理無法痊癒的傷痕，削弱了生存意志，或是不再為自己的權益發聲。我們要運用火星的勇敢、為生存而戰的力量保護自己，透過凱龍星不斷自我療癒後的經驗，為自己找到另一份才華。

木星＝太陽／凱龍星

木星帶來的創傷相較之下似乎是比較不那麼沉重，但其實不全然是，可能會因為信任他人或宗教信仰而受創，有些人則是社會政策之下的受害者，或是因為教育體制受創成為局外人。有些人在為自己奔走之後，發現可以為社會上某些弱勢團體發聲，或在受創的領域有著更大的成長與收穫。

土星＝太陽／凱龍星

象徵權威者、長輩、冷漠、孤獨、疏離的土星，與凱龍星象徵的父母帶來的傷

痕和局外人，有相似的主題。可能因為土星的高標準與各種侷限，限制了個人的獨特性而帶來了創傷，或是因為生活或物質上的匱乏帶來的傷痕；有些人則是受到傳統道德價值觀的傷害。這個組合要注意有皮膚、牙齒或是骨頭方面無法痊癒的傷，例如椎間盤突出。

天王星＝太陽／凱龍星

這三顆行星在占星學中與父親的關聯相當多，可能暗示著父親或自己遭受到外在環境突然變化的衝擊，或破壞、改革、科技、叛亂、脫軌行為的打擊與傷害，有些人則有父親經常突然消失、或不在身邊所帶來的孤寂，或被迫獨立的傷痕。要接受我們在人生中本就有許多無法預測，不論是父親或是自己的傷痕都不需要背在身上或是怨天尤人，接受生命中的無常就是自我療癒的開始。

海王星＝太陽／凱龍星

這組太陽／凱龍星的創傷來自於海王星象徵的犧牲、慈悲、無邊界、宗教、幻覺、酒精、毒品、上癮等等，不論哪一種現象都帶來與現實脫節、迷失自我的狀態，所以這種創傷就像慢性病一樣的侵蝕著個人意志，讓人沉浸在其中無法意識到問題。如果當事人沒有察覺到自己有受創的狀況，那麼便很難開始自我療癒的過程；如果是父親有這狀況，自己可能就會扮演要自我犧牲去照顧、療癒父親的人。健康方面可能與慢性病或流行性疫病有關。

冥王星＝太陽／凱龍星

冥王星帶來的創傷可能來自於生存與死亡議題、恐慌、壓抑、暴力、掌權者、破產、陰謀、醜聞、虐待等等，不論哪一種狀態都有無法選擇的宿命感般的創傷感受，而且會持續帶來很強烈的危機感，這需要透過長時間去挖掘那些受創與驚嚇的痕跡，是一條漫長的自我療癒之旅。

南北交點＝太陽／凱龍星

可能會遇見一些療癒者，例如薩滿、身心靈導師，或受到創傷的人。透過這些人去了解受創經驗與如何療癒傷痕，並在過程中找到自己遺失的一部分，讓自己完

整。

上升點＝太陽／凱龍星

被世界看見的自己是帶有無法痊癒的傷痕的人，也將自己療癒的經驗分享給其他人。感覺自己之於這個世界就像局外人一樣，找不到可以接納自己的不同的地方。

天頂點＝太陽／凱龍星

渴望自己的受創與療癒經驗被眾人看見，希望達到薩滿或身心靈治療導師的權威。有些人則是透過媒體報導被公眾看見受害者的狀態。

太陽／南北交點

南北交點的影響大多顯示在心靈層面，例如與自己的內在經驗、我們與他人或團體的關係，過去與未來，以及與我們相逢、結合或牽扯的關係等。當與太陽象徵的自我、意志力、榮耀、成就等產生關聯時，帶來的主題可能有我與公眾、團體、家庭的關係，追求與他人產生連結、接觸、互動的渴望，分享自己的經驗給他人等等。這個組合也探討我們體會到的父親或父權人物對我們過去帶來的影響，以及對未來成長與挑戰帶來哪些可以展現自我的領域。

因為南北交點為軸線關係，位置一樣，在中點圖上只標出北交點的符號，詮釋時建議可以參考南北交點落入的星座，也會暗示那些人與團體的特質。

我們可以透過軸線星去看見會遇見哪些人或團體？有什麼樣的關係？產生怎麼樣的結合？進而為我的內在經驗與存在的核心帶來什麼影響？我要如何努力與挑戰？

月亮＝太陽／南北交點

可能會透過月亮象徵的家人、母親、照顧者、女性、伴侶等關係的破壞或衝突，帶來對於情緒、安全感、歸屬感、內在需求的理解進而完整自我。有些人可能

會參與探討家庭關係、伴侶關係、飲食習慣、國土家園或內在情感交流的團體。

水星＝太陽／南北交點

這個組合會帶來很多的對話，水星象徵的年輕人、兄弟姊妹、商業夥伴、同學、鄰居、小孩、郵差、老師、新聞媒體、以文字說話溝通為行業的工作者或團體，透過大量的文字訊息與思想的刺激，為自己的口語表達能力、溝通、邏輯、文字或心智帶來啟發與成長。

金星＝太陽／南北交點

與金星象徵的女性、女孩、喜愛的人、金融機構專員、投資者、大使、藝術工作者有很多交流的機會，或是參加理財、探討愛與人際關係、化妝與服飾、藝術表演或創作的社團。透過愛情中自己對愛的感受與看法，或是透過了解如何讓自己更美麗、有錢、有價值、有創意的部分來強化自己與眾不同之處，增加自我價值。

火星＝太陽／南北交點

火星與太陽／南北交點的組合，透過男性、運動員、軍人、警察、外科醫生、武者，或是健身房、軍武、防身術社團來理解力量的本質，看見自己內在對於競爭、衝突、性慾、求生意志、生存危機的狀態，學習攻擊與防衛的方式。這個組合會積極的展現自己體能或武力值上的重要性，爭取公眾的重視。

木星＝太陽／南北交點

容易認識有資源的人、學者、外國人、思想家、名人、宗教人士、出版業工作者，或是參與宗教團體、學術探討、經濟發展研究、EMBA 等進修團體。尋找與完整自己在觀念、信仰、社會地位、文化上的見解，建立自信慷慨的特質，希望能獲得公眾認可，建立有智慧的、博學多聞、有遠見的社會形象。

土星＝太陽／南北交點

與土星的組合在年輕時是比較不舒適的，對於權威者、專業人士、父親、老人、老闆、警察、討厭的人所說的話與建議大多抱著排斥、拒絕或漠視的態度，更

不用說老是被逼迫去參加補習班或其他需要重複強化熟練度的團體。有些人的彈性與適應力也較弱，不喜歡被限制卻喜歡限制別人，直到逐漸年長，才會漸漸理解這些通過時間淬鍊累積的經驗，是強化與穩定自己內在結構與成就的重要特質。

天王星＝太陽／南北交點

天王星帶來的人，很多都是意料之外或很特別的，例如革命家、改革者、科學家、資本家、占星師，參加的團體也都較為獨特，這些特立獨行、天馬行空、未來科技、注重自由的思想，容易為個人內在意志帶來衝擊與改變，解放原有的思想窠臼，找出自己未來的可能性。但也因為天王星的專斷與破壞力，有些人不會去理會他人感受便自顧自決定未來行進方向，或不斷改變帶來他人騷動不安的狀況。

海王星＝太陽／南北交點

容易透過海王星象徵的藝術工作者、靈媒、靈修者、犧牲者、耽溺某些事物的人、酗酒或吸毒的人或團體，看見靈性的發展、藝術的靈感、夢境與幻想、混亂與毒害等狀況。檢視自己是否容易把事情想得太美好以至於對現實失望，或以自己的感受去判斷事情，帶來失焦或混亂的狀況。

冥王星＝太陽／南北交點

冥王星所帶來的特質都較容易讓人不安，例如控制者、威脅者、與死亡產業相關工作人員、間諜、神祕人物、洞悉者或是讓人害怕的人等，但也或許是隱藏的富翁。參加的社團可能有挖掘線索、權力掌控、神祕低調或是充滿禁忌類型。這個組合容易看見自己對權力、禁忌、死亡、性、控制或醜聞等隱藏的陰影，在關係上與社群中容易有強迫或操控的狀況，有時候容易帶來關係的中止。有些人則是容易感受或被捲入冥王星象徵的狀態中。

凱龍星＝太陽／南北交點

容易認識凱龍星特質的人，例如薩滿、新時代身心靈治療師、醫療人員、老師、弱勢團體等，也可能參加關懷弱勢團體、醫療救助、身心靈療癒團體。有些人與父親或父權人物之間有過往未完成的課題，可能是無法挑戰的傷痛。這個組合帶

來了無法痊癒的傷口，我們只能接受並與之共處，等待、覺察、聆聽這些傷痛的痛苦經驗，慢慢的將會尋回原有遺失的部分，往完整自我的方向前進。

上升點＝太陽／南北交點

對世界展現自己的成長狀態並分享經驗給他人。會希望接觸很多不同類型的人，了解他們過去熟悉和經歷過的事與未來靈性成長的方向。

天頂點＝太陽／南北交點

想被公眾看見自己內在經驗與心靈之旅的過程，或是成功的心路歷程，渴望認識很多追求靈性成長的朋友並與之往來交流。

太陽／上升點

這個組合暗示著我們最容易被世界注意的我，我們的行動與主動展現的特質，都會在太陽的照亮下清晰呈現，也是渴望獲得尊重與展現自己重要性的地方，會主動去開創事業、自己主導人生的方向。而上升與下降是軸線關係，所以這也等同太陽／下降點的組合，下降點象徵關係、合作、競爭對象與我們對事件的反應、回應的方式，與太陽的組合可能與「我要的關係、我要怎樣的合作方式，我如何從關係中獲得自信」有關。

如果出生時間不大確定，上升點便無法有確實的度數，這個中點組合可參考的部分會降低很多。同樣的也請參考上升、下降落入的星座，也會暗示著我用什麼方式去展現與回應。

透過軸線星可以知道從哪些人、事、物或狀態的觸發，讓我們的性格、事業或想要達到的狀態被看見，或是我想要的關係、合作是用什麼方式進行。

月亮＝太陽／上升點

最容易被注意到的是自己為了家庭、母親、情緒、安全感主動做的事，可能是為了家計主動出來開創事業，希望自己在家人面前是被尊重的。渴望透過照顧他人

的飲食或情緒的事業，展現自己的重要性。需要他人關照自己的情緒或安全感的關
係。

水星＝太陽／上升點

自己的心智狀態或口語表達能力被外界關注；主動尋求與他人溝通、心智交
流、學習的機會；透過優異的交涉能力展現自己的重要性。想要與年輕人、兄弟姊
妹、商業夥伴、以文字說話溝通為行業的工作者建立關係；需要他人聆聽、理解自
己想法的關係。

金星＝太陽／上升點

對世界展現的自我是充滿愛與依戀的。透過金星象徵的美麗、討喜、魅力、和
諧、享樂、舒適、懶惰、創造力的自我特質被外界關注。渴望透過自己的吸引力、
品味、讓他人愉悅或娛樂他人的事業獲得成就。需要充滿和諧、平等、不對立的合
作關係。

火星＝太陽／上升點

透過火星象徵的熱情、勇氣、冒險精神、魯莽、競爭、暴力、攻擊、防衛的自
我特質被外界關注。對世界展現的自我是充滿戰鬥力或積極的。會主動嘗試建立事
業；想要擁有共同目標然後一起奮戰的合作關係。

木星＝太陽／上升點

對外展現的自我特質是可信賴的或是讓人有信心的。透過木星的信念、自信、
成功、樂觀、幸運、理念或是博學多聞的特質被外界關注。透過對文化或宗教的真
知灼見獲得尊重；想要能共同探討人生意義的伴侶關係。

土星＝太陽／上升點

透過土星的謹慎、權威、經驗豐富、嚴格遵守規範、保守、抗拒改變、貧困、
限制的自我特質被外界關注。對世界展現的自我是負責任、有自制力、冷漠、嚴
苛、壓抑、害羞的；想要的關係是穩定、牢靠、可以一起努力的。

天王星＝太陽／上升點

對外展現的自我特質是特立獨行、有改革創新的能力的人，渴望透過自己對科技或發明的能力獲得尊重。透過天王星象徵的獨特、不尋常、破壞、叛逆、反社會、冷漠、專橫的特質被外界關注。想要的關係是充滿變化的，但常常帶給他人衝擊、驚嚇或焦慮的感受。

海王星＝太陽／上升點

對外展現的特質是模糊不清或是能感同身受的。這個組合帶來海王星的消融邊界特性，感受度強烈，所以常常分辨不出自己展現出來的自我是真實（幻想）的自己，還是接收對方釋放出來的特質。對關係充滿想像空間，但又不清楚自己或對方的需求，無法滿足自己的想像所以常對關係感到失望。

冥王星＝太陽／上升點

對世界展現的自己是充滿影響力、有權力或低調神祕的人。透過冥王星象徵的壓抑、低調的富人、掌控者、世故老練、破產、瀕死經驗、偏執、恐懼等特質被外界所關注。對自己、伴侶關係、合作關係來說，這個組合可能會帶來重大轉變。

凱龍星＝太陽／上升點

對世界展現的自己是療癒者、受害者或是薩滿。透過凱龍星象徵的弱勢者、局外人、被遺棄的、不被瞭解的、受苦的、自我療癒的特質被外界關注。想要的關係是能共同透過內在心靈成長的，或是能彼此療癒的狀態。

南北交點＝太陽／上升點

對世界展現的自己是不斷努力去挑戰困境、重視心靈成長，或是去反思過去並發掘未來可能性的人。想要的關係是希望對方也會努力往自己的目標奮鬥，一起成長；希望透過合作關係幫助對方，也為自己帶來知識；會希望透過認識更多的人，接觸到各種不同的生命經驗。

天頂點＝太陽／上升點

渴望自己能獲得公眾的尊重。希望自己的事業能獲得名聲與地位。父母期待我們達到的成就能透過充分展現自己的才華而獲得。

太陽／天頂點

當我們討論天頂點時也要將天底點一起放進去，這個軸線關係就像是一顆家族樹，天底象徵著父母或家族帶給我們的根，滋養、照顧、教導我們，也象徵我們的根源與帶來安全感所在。而天頂在星盤的最高點，象徵著父母期待我們在社會上成為的樣貌、社會地位、獲得讚賞的特質，還有我們渴望發展的方向。天頂與太陽形成中點組合時會重複強調生命的目標、要成就的方向、渴望得到社會的尊重或重視、為目標奮鬥的狀態。與天底的中點組合則會退回到內在狀態，注重私有領域，重視家庭或情感的歸屬。在詮釋時同樣的也請參考天頂、天底落入的星座，它會暗示我們用什麼方式去展現與回應。

軸線星暗示著我們透過哪些人事物的影響去決定我們的目標，和內在如何獲得庇護與滋養的方式。

月亮＝太陽／天頂點

這個組合重複暗示父母與天頂、天底的關聯，表示對當事人來說，父母、家族的歷史背景與童年的生活狀態，對他成就的方向與生命目標有很大的影響。我們渴望達成的，會以父母期待我們成為的為標準，或是透過月亮的潛意識、本能、安全感去感受自己的生命方向。

水星＝太陽／天頂點

家庭的照顧或滋養關係偏重水星象徵的思考、溝通與心智活動上的啟發，養成了沉思或學習的習慣。父母期待我們在社會上成為一個有獨立思想、擅長口語表達、有靈活的商業手腕或是文字傳播相關職業。

金星＝太陽／天頂點

我們渴望得到社會的重視與金星象徵的美、嗜好、才華、創造力、審美觀、藝術或運用金錢的能力有關，同時也會透過這些成就所獲得的自我價值，為自己的內在帶來舒適與和諧。

火星＝太陽／天頂點

展現在公眾面前的形象性格強烈鮮明、訂下目標會不計代價展開行動，積極追求。有些人是因為童年的家庭生活需要透過火星的競爭、戰鬥、保護或是防衛而形成直接或強勢的性格。

木星＝太陽／天頂點

家庭的照顧或滋養方式充滿木星的樂觀、注重信念的培養、鼓勵發展個人的人生觀或是提供各種資源，為生命目標帶來正面積極的生活態度，或是有理想、遠見的視野，與富足的心靈與生活。

土星＝太陽／天頂點

父母或家族議題環繞在土星的傳統道德價值、權威、嚴格、貧困、保守、責任、壓抑的狀態之中，所以對能否在社會上有所成就是悲觀、消極、壓力很重的狀況，有些人會帶來對自我的否定，或對於無法達到父母期待的罪惡感。但是有些人能透過長時間的學習與經驗累積，在專業領域上達到成就。

天王星＝太陽／天頂點

展現在公眾面前的形象或職業有獨特、叛逆、與眾不同或是帶有創新改革的特質，內在狀態是衝突、矛盾、不安分的，有些人可能在童年生活有與父母分離、情緒切割、或被壓抑其特殊性格的狀態。

海王星＝太陽／天頂點

海王星帶來多種樣貌的特質，渴望被公眾認可的成就或職業，可能有藝術工作者、心靈產業、影像產業或是宗教團體，都有很強大的渲染力或能帶來集體意識的

共鳴。但是也有些會呈現混亂、逃避、錯置或耽溺的形象。

冥王星＝太陽／天頂點

渴望透過擁有強大的的權力、影響力或控制力得到社會的認可或地位，透過冥王星象徵的神祕、壓抑、低調、暴力、世故老練、偏執、威脅感等特質被社會所關注。可能源自於原生家庭、家族或過往的經歷曾發生過危機、破產、醜聞或是重要的人過世後帶來的恐懼或陰影。

凱龍星＝太陽／天頂點

期待被公眾看見的形象是療癒者、導師、薩滿或身心靈產業工作者，有些人可能在原生家庭、家族或過往的經歷曾發生過身體或心靈無法痊癒的傷痕，透過長時間療癒傷痕的經驗心得，希望能夠幫助有相同經歷的人走過生命中的低谷。

南北交點＝太陽／天頂點

為目標奮鬥的道路上會傾向找自己熟悉的朋友或同事幫忙，也容易認識已經在業界成功或出名的朋友，並獲得學習的經驗。

上升點＝太陽／天頂點

渴望透過自我的呈現為自己獲得社會公眾的重視。我透過學習而來的行為模式就是我渴望成為的我；我經歷人生的態度為我贏得被社會尊重的特質。

月亮中點組合

月亮中點組合的主題包含了下列象徵：生育、扶養、照顧者、母親、內在的嬰兒、童年、情緒、感受、需求、餵養、滋養他人與被滋養的方式、飲食方式與習慣、情緒反應模式、安全感、保護、慰藉、同情、依賴、熟悉感、歸屬感、適應力、過去的記憶、家庭、居家生活、根源、日常生活、感受大眾的感覺、女性伴侶、月經週期、荷爾蒙、體液、淋巴系統、子宮、懷孕、消化、接收、反應、反射

等等。

所有的月亮中點組合都跟我們的過去有關，不論有沒有意識到，當下的情緒會被記憶下來，所以原生家庭對我們的影響是非常之深入到形成慣性而不自覺的。

月亮／水星

這個組合讓我聯想到一個母親在跟小孩說話的畫面，叨叨絮絮的叮嚀小孩這個不行做，那個不可以，要記得有禮貌等等，這些母親（月亮）叮嚀的話（水星）其實就是慣性的養成，讓我們學習如何與社會融入，理解每天生活中需要注意的常識，這就是月亮／水星的狀態之一。

水星象徵了口語表達能力、溝通、思考邏輯、心智活動、關係的連結、智力、信息的傳遞吸收與處理的方式、聆聽、理解、學習、反應、早期教育、短程課程、兄弟姊妹、基礎教育、交通工具、資訊、貿易、商業、交易、仲介、年輕人等等。

水星運用思考能力整合事實現象，加上月亮運用感受融合過去累積下來的經驗，兩者結合後帶來了通情達理的狀態，且善於觀察日常事務，常識豐富，透過交談與他人建立情感交流，透過書寫表達情緒，內心的感受與想法能和諧一致，也是內在意識與無意識之間的交流。但是這兩顆運行速度都很快的行星也暗示情感與思緒的快速變化，所以話題常常變換，如果兩邊整合不完整，有時就容易有情緒化的發言、愛說閒話、說謊的傾向、無法專注聆聽等等現象。象徵人物有女作家、年輕女孩、聰明的女性。

中軸星所象徵的人、事、物容易帶來閒聊的話題、該領域的常識、觀察重點、專注的部分、學習或溝通的重點或模式。

太陽＝月亮／水星

與父親、事業、成就、意志力相關的太陽形成組合，暗示著在這個組合中表達自我感受對自己是相當重要的，可能的現象有思考內在安全感如何影響著我的人格

特質，與母親討論未來的方向，透過與他人交談建立情感連結讓我覺得有活力。有
些職業也符合這組中點，例如童書作家、烹飪老師等等。

金星＝月亮／水星

　　金星象徵的享受、舒適、喜悅、愛情、金錢，在這個組合中，讓我不由得聯想
到在咖啡廳喝著下午茶閒聊的幾位女性，這是感受與思考美感與愛的組合，也注重
日常生活中的人際關係和諧美好；或是喜歡和伴侶在家聊天；理解女性的美爲我的
創作帶來靈感。

火星＝月亮／水星

　　火星帶來的熱情、活力、積極、有行動力的狀態，爲感受與心智活動帶來刺
激，有強烈的驅動力要將感覺表達出來，或是將其轉化成行動去執行。會積極地關
懷、建議他人，有些人對內在需求的想法會本能的表現出來，當情緒狀態不佳時，
可能會說出較具攻擊性的言論。

木星＝月亮／水星

　　透過木星的博學多聞、信念、樂觀、教育與遠見，拓展了水星的視野，也讓月
亮的感受變得正面樂觀，將滋養關懷的交流範圍擴大到更多人身上，有些人會透過
宗教或社福團體將自己的關心表達給他人，或是用更高的角度去思考家庭的意義，
當然不可避免的，木星的擴張或誇張也可能會帶來太多情緒或感受性的對話。

土星＝月亮／水星

　　務實、嚴肅又謹慎的土星帶來的家庭對話可能都很實際且規範較多，對於感受
的表達則是帶有壓抑、悲觀或緩慢的。與母親在親密關係的議題上可能帶有疏離感
或是過度限制保護的狀態，但這也是可以將心裡的想法踏實的執行完成的位置。

天王星＝月亮／水星

　　不按牌理出牌的天王星是溫柔的月亮不大喜歡的客人，但是對輕快的水星來說
倒是很刺激，所以帶來的狀況是充滿突然或獨立的想法。有時候會帶來魯莽、倉促

或緊張的情緒，或容易因為突發狀況帶來思緒與情緒的中斷或衝擊。有些人會透過學習占星探索心智與內在情感狀態，或是對親密關係的看法帶來劇烈的變化。

海王星＝月亮／水星

充滿夢幻無邊際的海王星對需要處理事實的水星來說有點危險，因為容易把所有的線索混在一起無法運作，但卻帶來了天馬行空不受拘束的想像空間，對月亮來說，就像進入夜晚的夢中一樣習慣，感受度加倍，有些人會因此帶來能觸動人心的寫作創造力，但是有些人則容易暴露在他人的謊言之中，或是自欺欺人耽溺在自己的世界裡不想面對現實。

冥王星＝月亮／水星

黑暗之王的冥王星為內在情感與思緒帶來了巨大的危機感或恐懼，迫使自己必須調整內在狀態與想法，以適應新的環境或狀況。有些危機是發生在家庭關係上，大家需要將心裡的感受提出來溝通探討以度過危機；有些則是需要探索親子之間隱藏的暗流。

凱龍星＝月亮／水星

與父母、創傷、遺棄、局外人有關的凱龍星，在這個組合中與月亮有重複的暗示，可能帶來對於家庭關係創傷的討論，或者是兄弟姊妹之間有情感創傷的議題。這是需要深入內心探討親密關係的傷痕的組合，但因為凱龍星的特質需要等待、觀察與覺知，所以對這些無法療癒的傷痕，我們只能慢慢地等待當事人有意識到才能展開對話。

南北交點＝月亮／水星

能夠運用水星的觀察入微能力與月亮的感受力，透過交談與他人建立情感交流或思想交流。這正好吻合了南北交點要在與很多人的相逢中學習領悟的方向，也能善用聆聽與通情達理的態度接觸他人。

上升點＝月亮／水星

對世界展現自己的方式是通情達理的，可以傾聽他人的內心話，表達出體貼與關懷並提供意見。喜歡跟他人溝通建立情感連結，但是當自己的內在情緒或想法有過度或失衡情況時，則很容易讓人看到情緒化的言語。

天頂點＝月亮／水星

渴望被認為是富有感受力的聆聽者，或是能說出女性心聲的人，有些人可能是處理伴侶或家庭關係的專家。在社會地位上的成就來自於對安全感、家庭或關係的深入理解。

月亮／金星

溫暖呵護的月亮與安逸舒適的金星組合，充滿了柔軟的支持，這兩顆行星都是陰性行星，探討的主題較偏向女性或內在的陰性原型，可能是女性對自我價值的看法，或是我們與周遭女性之間的關係。金星注重愛與美、喜悅、快樂、感官的、有創造力、親密感、金錢、價值、自我價值、和平、和諧、品味、藝術、音樂、禮節、社交、奉承、嫉妒、羨慕、虛榮、耽溺、懶惰、美食等等。

月亮象徵的感受力與安全感，為金星帶來了對他人好惡更敏銳的直覺，特別是對有沒有受歡迎或喜愛，或是被排斥與批評，情緒敏感、害羞內向，注重感情生活，害怕傷人或受傷。他們希望能達到完美，所以對別人的建議特別介意，看起來適應力很好，但內心可能有擔憂別人不喜歡而過度配合的狀況，或容易有被動、屈服某些強勢作風的人的問題。喜歡和諧、和平的感覺，所以善於合作，也在意公平與否。母親或家人可能都有藝術才華或創造力。

這個組合看似一切都很美好，但其實在對於家庭、母親或女性自身對於外界有過度美化、逃避醜惡一面的狀態，所以有時候會陷在假象的和諧之下，害怕關係出錯而妥協。在被愛的需求無法被滿足之下，容易轉向金錢帶來的安全感。有些人會在母親與愛人的角色之間擺盪，對於身為母親的角色與有魅力的女人是矛盾的，這

需要透過內在整合的過程，才能自在的展現自我的美好價值所在。

在中軸星象徵的人、事、物或領域中，容易帶來在哪些領域是有才華、創造力，或是渴望被愛、關懷呵護的部分。

太陽＝月亮／金星

對自我的認知來自於月亮／金星特有的敏感、要求自己要表現完美，對他人的批評會特別介意，容易覺得自己存在的價值受到挑戰，主要人格特質是溫和順從，喜歡舒適和諧的狀態。女性對於伴侶容易順從，以對方為優先考量。能將心裡對愛的感受表現出來，有些人會從事表演的行業。

水星＝月亮／金星

水星象徵思考、溝通、聆聽、學習與注重關係的連結，在這個組合中會帶來對愛情需求的反思，也注重關係中對彼此感受的表達，會希望把自己想要的和諧感受或愛的模式與對方一起討論。有些是兄弟姊妹之間的關係注重和平、和諧與互相關懷；有些人擅長書寫愛情或溫暖人心的作品。有趣的是這也是個能說出甜言蜜語讓對方感受幸福的位置。

火星＝月亮／金星

火星帶來的刺激與行動力對這個組合來說可能又愛又恨，有些人會勇敢的將自己愛的感受表達出來，甚至採取主動追求的態度；有些人則會因為火星太過直接、刺激或給予行動上的壓迫感，帶來不舒適甚至受傷害的感覺。這個組合有時會帶來對誕生愛情的結晶的需求。

木星＝月亮／金星

樂觀、開朗又大方的木星大概是月亮／金星最喜歡的組合了，能夠透過木星給予的資源、自信與幸運為其帶來內在的成長，增加自我價值感，更能帶來自信的魅力，不再惶恐不安，也被允許自由的表達內心的感受與愛而不被批評，充滿樂觀、幸福與豐富的感情生活或社交生活。但有些會有過度的現象，只要喜歡就會盡量滿

足需求，太多的金錢、物質與溺愛。

土星＝月亮／金星

這個組合帶來壓抑的、限制的、疏離的土星能量，讓感情生活帶來沉重、困難或約束感，或是悲情、困難的愛情生活，有些人會用負責任來表達愛的感受，或是用小心謹慎的方式去關懷呵護對方。有時會有無法一起享受生活的困難，可能是因工作帶來的分居狀況。

天王星＝月亮／金星

不按牌理出牌、創新改革的天王星對這個喜歡安逸舒適的組合來說有點無法消受，可能帶來很多驚喜（或驚嚇）的示愛，也可能突然消失不見，有些人可能突然的進入感情生活，或是內在對於自我價值或被愛的需求是獨特、與眾不同的。這個組合要注意可能會帶來賀爾蒙混亂或月經週期不穩定的狀況。

海王星＝月亮／金星

夢幻、無邊際的海王星帶來對感情生活的幻想，有些人會對其抱有高度期待，縱使察覺有異也不願意戳破真相，或為對方犧牲奉獻出自己的情感與金錢。這也是容易受到誘惑或誘惑他人的組合，將自己對愛的感受度擴散出去；有些人則是不清楚自己的魅力或是用錯誤的方式去表達愛與關懷。

冥王星＝月亮／金星

冥王星帶來了必須長大成人，放棄天真無邪的少女特質，這對月亮的母親角色與金星的少女角色有著相似的衝突。冥王星為這個組合揭開了真實的世界，需要經歷殘酷的真相，磨練自己的內在，克服內在的陰影與恐懼，可能透過一段刻骨銘心的愛情，或是外在環境帶來了無法抗拒的威脅，有些是家裡的經濟環境遭遇破產。不論哪一種，都暗示著我們必須要經歷人性的陰暗面與世界的真實樣貌，釋放與清除隱藏在家族或假象和諧之下的問題。

凱龍星＝月亮／金星

象徵遺棄、局外人或無法療癒的創傷的凱龍星與月亮／金星的組合，可能會帶給當事人是否能擁有溫暖美好的家庭、情感或金錢有所懷疑。有些人在家庭經濟破產後感覺父母可能會覺得自己是累贅，在情感上有被遺棄的感受；有些人是在親密關係中受到對方的傷害，不論哪一種都會無形的影響著自己的生活態度。

南北交點＝月亮／金星

這個組合暗示著可以將月亮在過去生活中累積的經驗與感受，透過金星帶來的美感、藝術、金錢與創作能力的才華發揮出來，有些人會遇到很多優雅、美麗、迷人的女性或是紳士，或透過社交生活、伴侶關係去理解如何重視、應用自己的價值所在。

上升點＝月亮／金星

對世界展現自己的方式是溫柔體貼、有藝術才華，帶有點陰性特質，喜歡享受美好事物，也希望帶給他人舒適和諧的感覺，希望大家都很愉快。

天頂點＝月亮／金星

渴望被公眾感受到自己的藝術才華，或是透過對居家裝潢的美感或創造力被社會認可，有些人則是出名的女性理財專家或是有魅力的女演員。

月亮／火星

注重情緒安全感的月亮遇到充滿戰鬥力與攻擊性的火星，容易為情緒帶來騷動與不安的矛盾感。他們的情緒活動比較頻繁，所以更增加了火星追求競爭、攻擊之間的整合問題，這個狀態可能與童年時期遭遇與生存議題相關的安全感有密切關聯。但同時火星也能為月亮帶來每天生活中的動能與活力，火星的行動力、精力與開創的特質，容易有強烈的欲望在家動手做東西或其他體能活動。

會興奮、積極的表達情緒，不大會隱藏真實感受，所以容易讓人感覺是誠實、

眞誠、充滿鬥志，但是也要注意容易有魯莽、衝動、易怒的問題。

其實這個組合還有一個很重要的部分，這兩顆行星都與基礎的生存本能有關，月亮需要被餵養才能活下去，火星需要性與戰鬥來延續與保護生命，所以這兩顆星產生組合時，我們可以透過中軸星來找到會觸發我們生存危機主題的人、事、物與領域在哪裡。

太陽＝月亮／火星

生存危機感來自於自我的確立，所以當感覺到有觸發生命危險的狀況時，原始本能會接手控管、快速行動。可能在童年時有遭遇到過度飢餓或是感覺危險時會被觸發，發生爭執或打架時也會特別容易自動升起防禦與攻擊姿態。這個組合容易因爲生存危機的感受，覺得需要建立自己的力量，所以會有目標、有意識的去規劃建置。有些人的母親或自己會勇敢爭取、追求另一半，或是要求被尊重。

水星＝月亮／火星

當情緒上感受到憤怒或受到威脅時，水星象徵的口語表達、智力、隨機應變、反應快速的能力就會變成攻擊、防衛的武器。有些人在情緒煩躁時比較難理性的思考，所以容易太早或太快就下定論展開批判或攻擊。有些人從事的行業則是能善用言語去鼓動人心；有些人的情緒刺激點則來自於兄弟姊妹。

金星＝月亮／火星

對於內心的感觸有強烈的驅動力，想透過金星象徵的藝術、創造力、音樂、美食去展現出來。當心理對某人有好感時也會主動示愛。這會是帶來熱戀、激情的組合，也會對生小孩產生渴望。有些人則是因爲內心的生存危機，會訂下努力賺錢的目標。

木星＝月亮／火星

木星帶來了信念與眞理，提升了月亮／火星奮鬥目標的視野，關心的層面擴展到更大的範圍，會爲了保護信仰、正義、自由、冒險而戰。不過也要注意木星帶來

的擴張或膨脹狀態，在需求、感受與憤怒、熱情方面帶來過度的問題。整體來說，這個組合容易呈現出一個內在充滿活力的幸運兒，或是成功的女性或母親。

土星＝月亮／火星

謹慎、壓抑、充滿限制的土星，對活潑、充滿動能的情緒來說，容易帶來壓制活力的狀態，甚至有沮喪的情況，也會限制激情與內在的欲望。有些人會因為現實生活的壓力意識到自己的低抗壓性，或無法承受失敗的感受。這個組合也容易帶來因為困難、困境而發生爭執的伴侶關係。

天王星＝月亮／火星

在這個組合中，天王星的破壞力與不規則的電流，刺激著月亮的情緒，也觸發了火星的燃點，容易帶來快速易怒、脾氣不穩定或暴躁的狀態。當感覺受到外界挑釁時可能會做出意外的回應或舉動。這個組合要注意因為情緒不穩或魯莽帶來的意外。有些女性在性的議題上有獨特的作風或是特殊遭遇。

海王星＝月亮／火星

海王星帶來了消融、無邊界與犧牲的狀態，容易削弱火星的動能或衝勁，但月亮的感受度卻增強，呈現出過多的擔憂但卻沒有解決事情的動能，有些人會呈現消極、軟弱又依賴的情況，或是感覺需要保護家人而犧牲自己。有些人會將照顧他人的熱情投注在慈善、義工或宗教團體上。

冥王星＝月亮／火星

冥王星有時被形容成火星的高八度狀態，主要環繞在生存議題上，在這個組合中，可能暗示著危機隱藏在家庭或母親的憤怒、爭執或暴力之下，需要找出來清除、宣洩或釋放。有些人需要去挖掘隱藏在性後面的真實需求；也可能會透過經歷生存的威脅，感受到自己的求生意志進而激發出潛力，積極改變自己原有的生活型態。

凱龍星＝月亮／火星

這個組合可能暗示著在童年生活中因為暴力或憤怒帶來的傷痛，或是曾發生感受到生存危機的創傷。當事人可能要花很多時間去學習如何表達憤怒的感受，並且照顧自己的情緒。

南北交點＝月亮／火星

可能會透過月亮過去累積的經驗與感受，理解與學習如何結合火星的勇氣、熱情、積極與保護的力量，將其運用在照顧公眾需求相關的工作上，從中找到自己的定位。會積極的想與他人建立情感連結。

上升點＝月亮／火星

對世界展現的自己，是直接且誠實的表達自己的感受，不論高興或憤怒。情感豐富起伏大，容易被挑起情緒，表達時帶有較多肢體動作，動作較為匆促或帶有吹毛求疵的傾象。有些人被認為是家中的保護者。

天頂點＝月亮／火星

渴望展現在眾人面前的自己是帶有強烈保護特質的人，能為家庭或女性團體發聲奔走。有些人則以室內設計師或居家照護者出名。

月亮／木星

幸運、富裕的木星為容易不安的月亮帶來許多資源，讓月亮的安全感是飽足、充沛、有幸福感的，讓他們會想將關懷、照顧的範圍擴大到很多人身上，形成超級母親的形象。

木星象徵的信念、自由、樂觀、自信、成長、擴張、膨脹、理想、智慧、教育、主流、智慧、想看見全貌的、貪婪、傲慢、奢侈、浪費、注重社會發產與文化等等特質，與月亮組成中點後，容易帶來幸福、善良、積極樂觀，有社會良知、想要保護、滋養更多人，有信仰或信念的需求、對人付出關心、慷慨大方，或是希望

每天的生活都能有所成長。但是也可能會有過度誇大感受、過度保護或照顧、感覺自己懂很多知識想教導他人，在飲食或需求上過度貪婪，感情用事與過度隨著心情行事等等，但是大部分來說，這個組合都比較容易受人喜愛。

我們可以透過中軸星去看見從哪些人、事、物或領域中感受到幸福，以及我們內在精神成長的方向。

太陽＝月亮／木星

象徵父親、我、事業與成就的太陽，在這個組合中能將滋養照顧他人的理想變成職業，也能從中獲得內在的自信與榮耀。有些人的父親注重家裡的思想或精神教育；或是透過母親正面樂觀的態度為我的人格特質帶來重要的影響。母親帶來的資源能幫助父親（我）的事業。

水星＝月亮／木星

水星與木星都與學習、教育有關，這個組合會更著重在女性主義或內在思想的拓展或教育上。有些人會將內在成長之路透過書寫或演說鼓勵更多人，但也有的是喜歡到處去說自己教育小孩的心得。

金星＝月亮／木星

金星帶給月亮愉悅的享受，也透過木星的資源學習到更多的創意，這個組合容易透過內在精神的成長帶來更高的才華或藝術創作，除了藝術家、表演家之外，也容易成為受歡迎的社會關懷者。但也或許是一個能享受愛情、財富的快樂女性。

火星＝月亮／木星

透過火星的行動力與開創力，能將內在的信念或理想付諸行動，或是勇於表達內心真實情感的人。有些人能運用家裡的資源為自己爭取想要的東西，但也有些是因為內心渴望自由而展開行動。

土星＝月亮／木星

對於想要完成的理想需要花許多的經驗累積才獲得成就，不過土星的壓抑、限

制與困難經常容易讓情緒感覺沮喪、不快樂。有些人會因為自我耽溺或感情用事受到現實的打擊，但也可能因為內在的樂觀積極而獲得權威者或年長者的欣賞。

天王星＝月亮／木星

可能透過女性的資源獲得意外的機會改變人生。有些人的內在信念會因為無法預料的狀況而被破壞，或因為對未來的期待去調整自己的習慣。或許也會因為樂於助人而獲得意外的好運。

海王星＝月亮／木星

海王星帶來的夢境與幻想，為這個組合帶來更多超越內在意識的感受，有些人可能會因為這樣獲得更高層次的啟發，用宗教或關照團體照顧更多人。但有些人容易陷入海王星的夢裡，模糊了信念也失去了樂觀、探索的心，耽溺在夢中。

冥王星＝月亮／木星

冥王星帶來的危機感，引發了內心對現有資源的擔憂，所以會更努力去挖掘更多。有些人會用積極、樂觀的心態去面對隱藏在內心或家中的陰影。母親或女性擁有的資源帶來巨大財富或權力的機會。

凱龍星＝月亮／木星

可能因為生活中的理念不同而帶來創傷，或童年生活中母親為了追求自由疏於照顧，讓小孩缺乏溫暖帶來的傷痛。但或許是木星的幸運特質，容易透過正面的想法去探索家庭的意義，或是找到自己的信念，進而將這些經驗分享給有同樣傷痛經驗的人。

南北交點＝月亮／木星

從過往的經驗中累積的智慧能對自己的成長更有幫助。有需要認識相同信念的人或團體的需求，透過與這些人想法的交流讓我們成長，並將自己的所獲回饋公眾。

上升點＝月亮／木星

展現在公眾面前的自己是快樂、自信，喜歡照顧陪伴大家，願意將自己的感受與資源讓大家知道，也希望讓自己的感動與想法能影響他人。有些人則是有宗教信仰方面的需求。

天頂點＝月亮／木星

渴望被公眾看見的自己是幸福的妻子或婚姻，有些人則以大眾的照顧者受到尊重，例如修女、教師、社福團體工作者等等。

月亮／土星

這個組合有強烈的自我保護傾向，容易克制、壓抑自己的情緒，讓自己待在某個熟悉範圍內來保持安全感，不希望改變。這個現象可能與我們童年生活或過往記憶中的情感需求受挫有關，我們以為父母不會改變的愛或是家庭堡壘，在某種狀態之下受到打擊，所以更收縮、壓抑自己的需求，避免再次遭遇相同狀況。

土星象徵的規則、限制、沉重、否定、界線、冷漠、責任、沒自信、與權威者的關係，帶給月亮安全感與穩定感，但是也限制了感受範圍，心裡可能會覺得遵守權威者的規則或許可以得到讚賞，如果沒有大概是你做得不夠好，無法顧及你的需求是因為我們負起照顧家庭的責任，你應該像我一樣認真負責，所以強迫自己長大跟上父母的腳步。但也因為沒有照著步驟來，沒自信、低自尊是很容易有的感覺，有些人會認真遵守，有些人則因為太過沉重選擇了疏離或冷漠以待，這種沉重的愛與被愛方式也容易在成年後的伴侶關係中被複製。

我們可以透過中軸星看到容易觸發我們的防衛機制，以及對我們帶來情緒上的痛苦、壓抑、焦慮或挑戰是哪些人、事、物或領域，當然也可能會透過反覆錘鍊帶來豐碩的果實。

太陽＝月亮／土星

當象徵太陽的父親、事業、成就受到影響時，容易帶來安全感的匱乏，或是家庭陷入困境的議題，可能源自於童年時父親爲了負起養育家庭的責任，對於工作看得很重要，能夠有好的事業也意味著可以對家人有所交代，也會爲自己感到驕傲。但是這個組合也暗示著事業或公司帶來的制度或制約讓當事人感覺受到限制，無法自由展現自己的光芒。

水星＝月亮／土星

在凡事都要謹慎小心的感覺之下，水星的溝通、思考、心智活動都被要求要反覆思量後才能夠發言或寫作，但有時候也容易因爲失言帶來自責與不安。有些人能透過嚴謹負責的心態去執行自己的承諾；要注意也容易有悲觀的傾象。

金星＝月亮／土星

有些人談起戀愛時才發現自己會壓抑感受或需求，怕做出讓對方不喜歡自己的事。在愛情關係中是低自尊或沒自信的，有些人會因爲不擅表達感受乾脆扮酷或裝冷淡。也容易對自己的金錢或自我價值感設下界線，認爲自己好像都做不好。有些人會選擇逃避，乾脆單身或當月光族就能眼不見爲淨。

火星＝月亮／土星

火星象徵的行動力、生命力、性、自信與勇氣，刺激了月亮的情緒，衝撞了土星的框架，結果要不就是依靠強烈的欲望去克服心理的界線，能堅持且穩健地走下去，要不就是偃旗息鼓乖乖的把戰鬥力收起來，懶洋洋的混日子。

木星＝月亮／土星

這是個能夠透過自己內在堅定、嚴謹的自制力，爲自己帶來成功的組合。對於童年生活中的限制或壓力大多能用正面樂觀的心態去面對，也能因此養成負責、嚴謹的心態，因此也容易受賞識，增加達到理想目標的可能性。

天王星＝月亮／土星

天王星常會戳破月亮／土星搭建的堡壘，將他們從自以為安全的小屋中拖出來。其實天王星的到來，只是讓那些躲起來不願意去看見的或面對的內在結構問題被打破，讓我們必須要解除狹隘的家庭責任或安全感範圍的定義，從獨特的觀點去破解傳統道德價值觀之下的家庭制約或責任的議題。

海王星＝月亮／土星

這個組合容易帶來為家庭承擔責任的犧牲感，或是認為因為要負起家庭責任而無法去追求自己夢想的感受。有些人會因此陷入抑鬱、憂鬱的狀況，因為土星象徵的現實壓力太過沉重，當情緒上有快無法承受的感覺時，會有想躲起來的想法。這個組合有時會瓦解土星的框架，造成情緒無所遵循、充滿焦慮、緊張不知所措的狀態。

冥王星＝月亮／土星

月亮／土星已經非常壓抑自苦，冥王星的加入更是帶來生存議題的恐懼。有些人在這樣強大的恐懼與壓力之下抑鬱的努力掙扎，也有些人在經歷過深刻的閱歷之後，選擇不斷地強化自己的內在力量，不願意向命運屈服，成為掌控自己人生的人。

凱龍星＝月亮／土星

在凱龍星帶來的遺棄傷痛中，這個組合要注意在成年後的伴侶關係裡，當感受到關係的變化時就會觸發情緒警戒線。有些人會更認真的經營關係以防遺棄情況重演，有些人則是乾脆先遺棄別人造成既成的事實，讓自己將傷害限制在某些範圍之內，然後縮回自己認為的安全堡壘中。

南北交點＝月亮／土星

由於強烈的自我保護傾向，只想待在熟悉範圍內來保持安全感的特質，對北交點的不熟悉大多抱著排斥的心態，也缺乏適應力與自信心，所以會想避開與人相遇的機會，這需要花很長的時間建立有安全感的關係，才能慢慢前進成長。

上升點＝月亮／土星

對世界展現的自己是肩負家庭責任，或是壓抑內向、孤獨、有界限感，或是生活辛苦但認真踏實。有些人則是呈現疏離冷淡的態度。

天頂點＝月亮／土星

渴望在公眾面前展現的自己是對家庭認真、負責，有自制力且行事作風謹慎小心的人。有些人會是家庭關係或女性議題的權威；但也可能被公眾看見獨居老人、或為生活所苦的狀態。

月亮／天王星

天王星為月亮帶來了創新、獨特、獨立的感受，讓依賴的情緒想要擁有空間與獨立性，但是也帶給月亮極端的、無法預料的衝擊，讓情緒容易緊張或是有興奮感，還有強烈的冷漠、切割、叛逆的特質。這種狀況可能來自於童年生活中發生過令他們感覺震驚或驚嚇的事件，讓父母的關注轉移，無法照顧小孩的情緒，使他們感受到冷漠或被排斥的感受。這種無預警的拒絕讓他們受傷的情緒產生了防衛，轉而用冷漠疏離的態度回應。這些缺乏安全感的狀態讓他們會對情緒的感受力更敏感，之後一旦感覺到有受傷的可能，就會本能的將感覺切割開來，避免自己再次受傷。有些人乾脆採取不合作態度，反抗那些想限制他們的人。

我們可以透過中軸星看到在哪些領域或人、事、物容易帶來震撼，或是激起我們的叛逆之處，也可能發現自己的內在擁有與眾不同的地方。

太陽＝月亮／天王星

可能因為母親的前衛思想影響了自己的人格特質，或是家庭生活可能有突發的重大事件改變了個人追求未來的方向。有些人則是非常注重伴侶關係中的自由空間與獨特性。

水星＝月亮／天王星

水星的思考、心智活動或是探索潛意識的特質，可能會受到月亮／天王星的創新、獨特感受力影響，而帶來強烈的直覺，或是容易有靈光一閃的想法，不過有些人倒是常常語出驚人。

金星＝月亮／天王星

對喜歡親密關係或社交生活的金星來說，這個組合帶來的距離感跟需要個人空間的狀態是很不舒適的，除非對方能尊重或是也喜歡有點距離的關係，不然容易帶來關係上的困擾。這也是擁有獨特美感或前衛藝術創作能力的組合。

火星＝月亮／天王星

火星的熱情、衝勁與行動力遇上了情緒上疏離、冷漠的感受，就像火球丟進冰裡瞬間劇烈碰撞，可能帶來更魯莽、暴力的行為，也可能會更積極的為家庭、母親或女性爭取改革現況帶來希望。

木星＝月亮／天王星

透過木星帶來的樂觀、自信與資源，對需要創新突破的生活帶來成功的可能性。接納各種不同形式或獨特的家庭關係，要注意有些人會過度擴張自己在家中獨特、專橫的地位，為其他人帶來不舒適感。

土星＝月亮／天王星

象徵限制、壓力、規範的土星對需要自由空間的月亮／天王星來說是很不舒適的狀態。土星的保護與天王星的改革帶來了兩邊的角力，這狀況對易感的月亮來說充滿了壓迫感，容易形成情緒上的極端狀況，可能有過度壓抑後突然暴衝，或是追求穩定關係後又突然分離的狀況。

海王星＝月亮／天王星

海王星帶來的消融、幻想、靈性、耽溺與逃避，可能為親密關係中的距離感帶來了模糊地帶，讓天王星的銳利度降低，但是也可能有電流亂竄產生讓人容易頭暈

目眩的毛病。有些人是一起追求靈性成長的獨特伴侶關係。

冥王星＝月亮／天王星

冥王星帶來的危機、恐慌、醜聞、死亡、陰謀等，可能爲家庭帶來重大改變，或是透過危機去挖掘家中不尋常的原因。有些人則因爲親人的逝去，理解到自己認爲童年受到傷害所帶來的叛逆，或許是因爲太需要對方的愛與關注。

凱龍星＝月亮／天王星

凱龍星與天王星都有疏離、冷漠的特質，在這個組合中被重複強調這些傷痛。有些人是因爲童年生活中父母曾疏於照顧，或在情感上感受到冷落而帶來被遺棄的感受；有些可能是因爲家中劇變帶來無法療癒的創傷。

南北交點＝月亮／天王星

從某個角度來看，天王星的創新特質或許是幫助我們往北交點前進的助力，這個組合暗示著我們擁有的改革態度，能幫助我們往成長的道路上前進；或是透過與特立獨行的女性相逢來理解天王星的力量。

上升點＝月亮／天王星

對世界展現的自己是讓人感覺有點距離或冷漠疏離。有些人容易表現出有點不安或躁動的感受，甚至是容易突然情緒激動。

天頂點＝月亮／天王星

渴望在公眾面前讓大家感覺到自己的與眾不同之處，有些人可能會透過成爲科技新貴、關懷人道主義者或是新時代女性的觀念被公眾認識。

月亮／海王星

象徵虛幻、幻想、模糊、混亂、靈性的海王星帶給月亮一個夢幻般的美夢，精緻又優雅，將現實中無法得到的或是有殘酷眞相的都排除在外，甚至用逃避的方式保護自己。海王星也將月亮的感受力發散出去，分不清哪些是自己的感受，哪些是

他人的，而且特別容易接收受苦的情緒，會同情弱者，在身體、心靈層面還有日常生活上，比起其他人更容易受到周圍環境的影響。同時也帶來難以捉摸的情緒變化，不只他人無法理解當事人的情緒，連他們自己都不清楚自己到底想到達何處。

他們可能在童年時感受到父母在某些方面的受苦或無力感，特別能認同母親的情緒與痛苦，但無法分辨也不能承受這些痛苦，所以會去尋求他人的慰藉與依賴。

我們可以透過中軸星看到我們可能在哪些人事物上帶有夢幻的感受，或是受苦、依賴以及不願意面對現實的部分。

太陽＝月亮／海王星

這個組合可能暗示我的母親是個情緒細緻敏感、有點迷糊的人，或者從事的職業是透過關懷照顧受苦的人，有些則呈現對想像中美好伴侶關係的追求。要注意可能會有自我感覺美好或迷惘的傾象。

水星＝月亮／海王星

象徵語言、思考、溝通的水星遇上了用感受來接收發送的組合，可能帶來具有同理心的對話，或是能說出引起他人情緒共鳴、感動人心的言論。但有些人則是心裡的感受無法清楚表達，或可能在日常生活中會依賴兄弟姊妹照顧或是為他們犧牲。

金星＝月亮／海王星

金星象徵美麗、享受、愛情與金錢，對某些人來說，面對愛情時是存有美好幻想的，甚至可以為愛犧牲的。這三顆星都很被動，會展現美好的一面吸引他人靠近；對金錢的態度也是，覺得有錢後就可以滿足需求想買什麼就買什麼，有的人則對數字概念相當模糊。有些人可以透過伴侶之間的心靈成長帶來美好舒適的愛的感受。

火星＝月亮／海王星

象徵勇氣、行動力、性、競爭與暴力的火星為這個組合帶來了刺激，讓高度敏

感的情緒產生不舒適感，可能會帶來易怒、緊張或煩躁的狀態；有些人則呈現行動力、勇氣、性能力或活力上的削弱感。但也可能會為了保護家人犧牲自己的權益。

木星＝月亮／海王星

木星帶來的願景、信念、成長與教育，為這個組合的夢想加上了翅膀，木星接納了需要超越限制的心，也幫助他們為了偉大的使命去冒險。有些人可能為了實現自己的理想而犧牲家庭生活。這也是能為內在豐富的藝術創作帶來成功的組合。

土星＝月亮／海王星

土星帶來了框架與限制，會試圖著把無邊際的感受收攏，讓月亮的安全感有所依靠。有些人透過土星的幫助去落實這些豐富的感觸並發揮在自己的作品上。當然不可避免的，當壓力過大時有些人會覺得需要躲得更遠一點。要注意有時有過度悲觀、沮喪或抑鬱的問題。

天王星＝月亮／海王星

象徵獨立、破壞、創新與改革的天王星，讓模糊、混亂的感受更無法預測，容易有突如其來的預感或是突然出神，讓人更覺得無法反應或有距離感。這個組合也可能會帶來在意外狀況之下要為家庭犧牲的狀況。

冥王星＝月亮／海王星

象徵生存議題、隱藏的、恐懼與禁忌的冥王星，為月亮／海王星帶來了烏雲。有些人會因為遭遇到危機，打破了原本為家裡規劃的願景；或者是因為經歷了死亡議題後，覺得需要透過幫助更多人累積福運。要注意的是，有些過度依賴小孩的母親帶來的掌控。

凱龍星＝月亮／海王星

原本就已經敏感自憐的月亮／海王星，遇到象徵創傷、遺棄或是有局外人感受的凱龍星，傷痛感加倍放大，有些人會透過藝術或接觸靈性團體，為自己找到療癒的可能，但也有人耽溺在某些狀況中逃避去感受傷痛。

南北交點＝月亮／海王星

可能會與一些情緒敏感或是感受力豐富的藝術家、身心靈工作者、想像力豐富的女性相識，透過他們理解天馬行空的想像力、同理心、內在靈性成長的愉悅等狀況，並找到適合自己的方向。

上升點＝月亮／海王星

對世界展現的自己是感受力豐富、情緒纖細敏感、容易感受到他人的情緒與狀態。有些人會看起來脆弱或需要被呵護，有些人則會去照顧需要被救贖的人。

天頂點＝月亮／海王星

渴望被公眾看見的自己是感受度高、有藝術天賦，或是能拍出感動人心的電影；有些人則以爲家庭犧牲的形象被公眾看見。

月亮／冥王星

象徵危機、生存恐懼的冥王星對需要安全感的月亮來說，容易將過去的、隱藏在記憶深處的情緒挖掘出來，有些人會很想深入去瞭解這些情緒的源頭，甚至將其清除掉，使得不再恐懼。有些則是完全不想去想起，因爲這些情緒可能還摻雜了原生家庭的不堪、黑暗或痛苦的事情。

我們可以透過中軸星去看見引發我們強烈情緒反應的是哪些人事物或是領域，也容易發現自己在這部分會有強烈情感互動的需求，甚至是容易被捲入家庭或親密關係的危機。有些人會覺得暴露情感是危險的，因爲當弱點被人發現後可能主導權就會落入他人手中。這個組合也可能是母親對小孩的隱形掌控，在家裡沒有祕密或私生活可言。母親、家庭或自己的情緒可能帶有摧毀性、掌控性、偏執的傾象。在中軸星的領域中，容易觸發情感生活中激烈的撞擊，或是用極端的方式表達情感，好像這樣才能看清對方心中眞正的感覺。

太陽＝月亮／冥王星

從事的事業可能與挖掘家庭、個人情緒的危機或信任議題有關。有些則是在童年生活中發生的重大危機，讓其養成了某些特殊的人格特質。這個組合可能也暗示著渴望在親密關係中有更深刻的結合。

水星＝月亮／冥王星

透過水星的思考、分析與理解去挖掘隱藏在家庭中的暗流。有些人會深入研究家族的禁忌或家庭暴力對個人情緒反應模式帶來的影響；也可能透過寫作或演講，展現出強大的操控人心的力量。

金星＝月亮／冥王星

有些人會因爲家庭發生危機而去做金錢的借貸，或要拚命努力賺錢補貼家用。透過愛情關係發現了自己對能否信任對方有極大的不安，可能在童年時父母有隱藏的戀情，因而帶來對感情的不信任。或是在愛情關係中需要完全掌控對方才能心安。

火星＝月亮／冥王星

火星象徵的生存議題在這個組合中被再次強調，可能會爲了家中隱藏巨大的暗流或危機，觸發了保護或防衛機制。有些人會爲掌控家庭主控權而產生競爭，或是爲了家族生命延續問題（生育）帶來爭執。這個組合也要注意有些人在伴侶關係中產生危機感時，會有性暴力或威脅的議題。

木星＝月亮／冥王星

木星象徵的樂觀、信念、教育與幸運，讓這個組合可以透過挖掘情緒恐懼的主題去探索與成長，也能透過更高的角度，去理解與接納帶來內在恐懼的根源。有些人從事研究人性內在的陰影獲得成功。

土星＝月亮／冥王星

象徵挫折、壓力、限制的土星，爲月亮／冥王星帶來艱困的挑戰進而引發家庭

的危機，也可能是現實生活中遭遇事業失敗、長輩健康或是來自權威者的壓力等等，容易為情緒帶來壓抑、恐懼與威脅感。

天王星＝月亮／冥王星

天王星帶來了無法預期的衝擊或破壞，引發了家庭或情緒隱藏的危機。有些人會因為原生家庭中的情緒暴力或肢體傷害，對家人採取冷漠、疏離的態度。或是感受到威脅時，會因為過度緊張而做出意外的行為或反應。

海王星＝月亮／冥王星

海王星的消融與擴散為這個組合帶來了幾種現象，可能分別發生也可能並存。有些人對恐懼與危機的感受更加敏感，情緒的反應會加劇，有些反而被模糊、消融，雖然不會帶來表面的劇烈反應，但是卻容易縮進自己的殼裡選擇遺忘。

凱龍星＝月亮／冥王星

月亮／冥王星的強烈情緒反應在遇上凱龍星的創傷或遺棄感時，可能會帶來更深沉的傷痛，對於自己的存在感容易產生懷疑，甚至容易陷入痛苦無法自拔。有些人會因為自己、母親或家庭曾經有過的傷痛經驗而去深入研究情緒與恐懼的議題，也將這些經驗分享給其他人。

南北交點＝月亮／冥王星

對於北交點的成長來說，克服情緒的恐懼需要挖掘得很深入，甚至要重複經驗後才能清除，所以很多人會傾向留在舒適的南交點，不想再去重複經歷那些過程。可能會認識一些經歷過內在淬鍊與轉化、或是歷盡滄桑的人，透過他們去理解如何善用內在的力量幫助他人轉化負面情緒，走過低谷。

上升點＝月亮／冥王星

對世界展現自己的方式是世故老練且擅長掌控他人情緒的，容易帶給他人情緒上的不安與受威脅感；有些人則帶給他人情緒充滿張力且反應激烈的印象。對外在環境的變化容易反應劇烈、情緒不安。

天頂點＝月亮／冥王星

　　渴望讓公眾看見自己在處理家庭危機上的能力，或是擅長掌控他人情緒。有些人則是被看見有強勢的母親。

月亮／南北交點

　　月交點的組成要素是由太陽、月亮、地球之間的運行軸線交會組成，這些交會點就像是一個入口，引導我們進入另一個意識層面，帶來支持我們發展未知潛能的可能性。這些影響大多顯示在與自己的內在經驗、我與自己的關係、我與他人或團體的關係，我們如何透過關係之間的結合產生出新的我，帶領自己跨越原有的意識界線。

　　當與月亮象徵的情緒、安全感、需求、母親、家庭、滋養等主題產生關係時，可能帶來我們在精神上與他人連結的需求，我對公眾、團體、家庭的情感態度，我在關係中的情緒反應模式，共同生活關係中的安全感狀態，或是如何有意識的感受自己的天賦，發揮新的潛能。

　　我們可以透過中軸星去感受哪些人或團體帶來什麼樣的主題？產生怎麼樣的結合？進而為我的內在經驗的成長帶來什麼影響？引發什麼樣的潛能？

太陽＝月亮／南北交點

　　我們可能透過與太陽象徵的父親、男性、領導者等之間的互動關係，帶來追求成就或權力的需求，或是英雄事蹟帶來的安全感，也啓發了我們追求內在對自己的認同。在伴侶關係中，追求精神上有著共同的目標。

水星＝月亮／南北交點

　　這個組合可能會帶來很多情緒交流的對話，或透過觸動人心的文字帶來思考與學習。親密伴侶關係或兄弟姊妹之間能透過溝通對談為彼此帶來心智的成長。

金星＝月亮／南北交點

在親密關係中的情緒反應是充滿愛與依戀，需要能夠不斷加深連結的伴侶關係。有些人會透過很多段不同的感情去理解愛的真諦；能透過藝術欣賞或與藝術創作者帶來創作靈感或熟悉感。

火星＝月亮／南北交點

象徵熱情、自信、有行動力、競爭、性與暴力的火星，帶來了熱情的伴侶關係或是激情的性的結合，當然也可能帶來暴力或需要保護自己的行為，讓我們從中重新認識自己的身體、性慾、生命力，學習勇敢表達情緒，不依賴他人的保護，能為自己的需求而奮戰。

木星＝月亮／南北交點

透過宗教團體、教育團體中情感的連結與彼此關懷幫助，帶給大家共同的成長。這個組合也比較容易加入有信念、遠見且對個人帶來幸福的團體。這也是容易從很多關係上得到資源與幫助的組合。

土星＝月亮／南北交點

在親密關係或共同生活中可能帶來土星的規範、限制、約束的狀態，在情緒上帶來壓力與限制，會壓抑個人感受去符合要求。有些人會透過關係中的責任、困難或痛苦的議題看見自己原有的框架，藉此去理解土星的核心價值，為自己帶來成為權威的潛能。

天王星＝月亮／南北交點

天王星的破壞、創新、獨特與電流的特質，對於情感與關係的連結都容易帶來不舒適的感受，很容易因為意外或突兀的表現讓關係破裂。但透過某些獨特才華的人，例如占星師、科技新貴等，可能可以將家庭或內在舊有的、不適合的做一番汰舊換新。

海王星＝月亮／南北交點

　　海王星帶來的夢幻、犧牲、無邊界的狀態提高了關係中的情緒敏感度，可能帶來連結力的削弱，或是無法從關係中獲得支持的力量。但也可能透過與藝術工作者、靈媒、靈修者的內在精神力量的連結，激發出更豐富的藝術感悟，或是獲得靈性成長。

冥王星＝月亮／南北交點

　　容易透過冥王星象徵的生存、危機、掌控或是世故老練的狀態，為親密關係帶來恐懼感或是威脅感，或是在關係中的情緒反應模式是激烈並帶有摧毀性的特質，可能會帶來關係的死亡或是進入更深度的糾結，如果能將陰影清除或釋放，將有助於關係的轉化。

凱龍星＝月亮／南北交點

　　這個組合帶來關係中無法療癒的傷痕或是局外人的感受，對於這些無法逃避又必須面對的問題容易引發情緒的低潮，甚至會拒絕與外界產生更多連結。嘗試接受自己的無能為力，並從挫折中找到與傷痕共處的方法，或許能透過這些經驗帶來精神上的成長，並幫助有相同創傷的人。

上升點＝月亮／南北交點

　　對世界展現的自己，是需要不斷透過與很多人的接觸去學習成長的人，或是對於女性的情緒與安全感的議題很瞭解；保持開放的心態去認識許多人。

天頂點＝月亮／南北交點

　　渴望被世界看見的自己是能在關係或團體中照顧滋養他人的人，或是以關懷社會弱勢團體出名的人。有些人可能是女性成長團體的工作人員。

月亮／上升點

　　這個組合暗示著我們與世界之間的情緒連結或反應的方式，我們的感受、家庭

狀態與安全感，容易在中軸星象徵的領域展現出波動，也容易在中軸星的領域帶給他人滋養與照顧，或是透過中軸星的刺激引發安全感防禦機制。

上升與下降是軸線關係，所以這也等同月亮／下降點的組合，下降點象徵關係、合作、競爭對象與我們對事件的反應、回應的方式，與月亮的組合可能與我如何從關係中獲得安全感、伴侶關係帶給我的感受、我需要的關係等等。

如果出生時間不大確定，上升點便無法有確實的度數，這個中點組合可參考的部分會降低很多。同樣的也請參考上升、下降落入的星座，也會暗示著我用什麼方式去展現與回應。

太陽＝月亮／上升點

對世界展現的自己是照顧者或是可以被依賴的人，會想要與外界建立情感的交流與連結，也容易透過關懷、滋養他人得到成就感，或是以照顧他人的情緒或飲食為職業。在伴侶或合作關係中需要被認同或尊重。

水星＝月亮／上升點

對世界展現自己情感或情緒的方式是運用水星的語言、思考、反應、或是溝通，可能是充滿關心的對話、情緒性的用語，或是對他人的情緒反應敏銳。有些人會善於交際或是講讓人開心的話，需要的伴侶或合夥關係是有趣多變的。

金星＝月亮／上升點

在愛情關係中容易對外界展露出自己的情緒，很容易因為感情狀態好壞而表現出依賴、嫉妒或強烈不安、滿足且愉悅等等的情緒；或是容易在金星象徵的美食、享受、金錢或是自我價值的主題上對外顯露情緒。需要的伴侶或合夥關係是快樂、和諧、愉悅的。

火星＝月亮／上升點

容易在火星象徵的競爭、行動力、憤怒、生存、性的議題上讓外界看見自己的情緒波動，或是引發強烈的不安全感，有些人會做出攻擊性的行為，或是吵架時會

有情緒化的表現，會攻擊對方情緒上的弱點。需要的伴侶或合夥關係是熱情、保護、征服等等。

木星＝月亮／上升點

可能會透過木星象徵的信念、自由、教育、追求人生意義等主題上讓外界看見自己情緒的顯露，或是以此去滋養、關懷他人。會表現出對日常生活中的教育的關心，或是對外表達對社會議題的感受。需要的伴侶或合夥關係是樂觀、成長、自由、有遠見等等。

土星＝月亮／上升點

容易在土星象徵的責任、制約、疆界、權威與否定等等主題上讓外界看見自己情緒的波動，或是以照顧他人為已任的態度去管別人，容易在接觸他人時用較壓抑或抑鬱的態度互動，有些人會透過共同的困境或痛苦的感受產生情緒上的共鳴。需要的伴侶或合夥關係是負責任、不改變、謹慎或以權威者為主。

天王星＝月亮／上升點

天王星帶來的意外、破壞、創新、切割或無法預料的狀況，容易讓情緒波動或家庭狀況對外展現，對他人的照顧、滋養方式是與眾不同或帶給他人興奮、不安的感受。需要的伴侶或合夥關係是不尋常、反社會、無法預料的。

海王星＝月亮／上升點

海王星模糊了個人與世界的界線，容易分不清楚我想對外展現的情緒是我真實的感覺，還是我接收到外界傳遞給我的感受，同理心會因此被擴大，但是也帶來或釋放出很多錯誤的情緒。需要的伴侶或合夥關係是救贖的、犧牲的、拯救的。

冥王星＝月亮／上升點

容易在冥王星象徵的恐懼、生死、壓抑、陰影等等主題讓外界看見自己情緒或家庭的波動，或是以控制、威脅、「都是為你好」的照顧方式被對待或是對待他人。這種高壓式的關懷常容易讓人感受到不舒適，甚至帶來關係的終止，除非當事

人能意識到自己內在情緒的恐懼主題，才能帶來轉化的機會。需要的伴侶或合夥關係是世故老練、調查、挖掘或是掌控的。

凱龍星＝月亮／上升點

透過凱龍星象徵的父母帶來的創傷、遺棄、局外人或是創傷治療的主題，讓外界看見自己情緒或家庭的波動，能夠用接納傷痛或是接受挫折的態度去關懷照顧他人。在伴侶關係、合夥關係上可能會帶來受遺棄的創傷，或是有局外人的感受。

南北交點＝月亮／上升點

透過認識很多人的情緒反應、安全感的來源、家庭關係、伴侶關係等等，來理解與學習如何建立一個健康的情緒連結、或親密關係間的情緒交流，懂得如何去觀照、滋養他人。需要的伴侶或合夥關係是能一起共同發展潛能與天賦的。

天頂點＝月亮／上升點

渴望自己展現在公眾面前的形象是具有愛心、能關懷照顧他人，被社會看見的自己是受到家庭或女性影響很深的。需要的伴侶或合夥關係是能被公眾關注、有名望或是受尊重。

月亮／天頂點

月亮與天頂點、天底點的組合重複暗示了家族、家庭、父母的主題，與天頂的組合讓家庭、父母、伴侶關係的狀態與特質被公眾所看見，也暗示著我們的情緒起伏與安全感滿足與否，都容易暴露在眾人眼下。渴望將自己的關懷帶給他人，人生目標的訂定與家庭、母親或內在體驗有很大的關聯，但是月亮的陰晴圓缺也象徵容易受影響、情緒多變的狀態，所以容易讓他人覺得目標一直在變化或是不可靠的感覺。與天底的組合象徵著透過父母或家族帶給我們的根，滋養、照顧與支持我們的情緒與安全感。

這個組合也可能表示我們能透過日常生活、親子關係、家居佈置、飲食習慣與

滋養他人的狀態被公眾認識，或是以此為發展目標，有些人甚至可以透過這些能力帶來成功與名望。詮釋時也請參考天頂、天底落入的星座，暗示著我用什麼方式去感受與反應。

中軸星暗示著我們透過哪些人事物的影響，被揭開自己的內在世界呈現於公眾眼前，以及獲得照顧與滋養的方式。

太陽＝月亮／天頂點

呈現在公眾面前的形象是積極進取且具有關懷者或照顧者特質，也可能以此為業。個人形象或成就，與家庭、母親、伴侶有很大的關聯，容易遷就他們的感覺而去改變自己的志向或個人性格；本能會運用的特質與父母或家族有很大的關係。

水星＝月亮／天頂點

被公眾看見的家庭、母親、伴侶關係或是個人情緒，帶有水星象徵的多變、很多的溝通對話、需要鬥智的、活潑的感覺，也容易有情緒化的言論。有些人會運用容易感覺到他人感受的能力，帶來在商業或貿易上溝通談判的助力。與天底的組合可能會常安排短程旅行，或有經常不在家的現象。

金星＝月亮／天頂點

被公眾看見的家庭、母親、伴侶關係或是個人情緒，帶有金星的享受、愉悅、美感、和諧、懶惰或有錢的形象，有些人則是表現在愛情或創造力的感受度上，容易讓人看見對愛情的態度與依戀。家庭提供的滋養是美好、舒適或是注重金錢的價值。

火星＝月亮／天頂點

被公眾看見的家庭、母親、伴侶關係或是個人情緒是帶有火星的勇氣、行動力、保護、吵架、暴力或是競爭的形象，有些人會採取行動去追求渴望的伴侶人選，或是運用容易感覺到他人感受的能力增加自己的競爭條件。家庭生活可能是充滿活力、熱情、保護或是需要為生存而戰。

木星＝月亮／天頂點

從公眾角度來看的家庭、母親、伴侶關係或是個人情緒，是帶有木星的樂觀、進取、幸運、有信仰或是有信念的形象，有深度且豐富的家庭生活或是靈性成長，有些人會渴望感受到宗教的洗禮，或是致力關懷社會發展而得到成就。家庭或家族注重個人思想教育、自由的環境，或是提供很多需要的資源。

土星＝月亮／天頂點

從公眾角度來看的家庭、母親、伴侶關係或是個人情緒是帶有土星的責任感、限制、權威的、保守、傳統或古板的形象，有些人會渴望透過對家庭、女性議題的經驗帶來權力或地位。家庭生活注重規矩、現實或是比較刻苦，感情的滋養方式是壓抑、悲觀或是有疏離感的。

天王星＝月亮／天頂點

被公眾看見的家庭、母親、伴侶關係或是個人情緒，是帶有天王星的與眾不同、反社會、疏離或是充滿未來感的，有些人是因為特殊的家庭結構或特別的家族成員被關注，有的則是因為家庭遭遇意外狀況被看見。家庭生活可能有很多不確定因素干擾，或是情感的滋養方式是帶有刺激、冷漠、興奮、緊張等不規則方式。

海王星＝月亮／天頂點

海王星的消融邊界特質可能會讓公眾看見的家庭、母親、伴侶關係或是個人情緒的變化帶來渲染力道，甚至會引發眾人的情緒共鳴，或是反過來渴望擁有夢想的家庭或是伴侶。家庭生活中可能注重靈性成長或是有混亂、謊言、逃避、欺騙或犧牲的狀態。

冥王星＝月亮／天頂點

被公眾看見的家庭、母親、伴侶關係或是個人情緒是擁有操控權力、世故老練的、有隱藏的恐懼或是危機的狀態，但也因為冥王星隱藏的特質，很多時候外界只會感覺到很神祕或是似乎有些暗流，並不會清楚的知道到底真實情況如何。家庭生活可能曾遭遇過重大事件帶來危機，或是因為生死議題帶來低潮，以至於在情感的

滋養上一直有很深的陰影與擔憂。

凱龍星＝月亮／天頂點

　　從公眾的角度來看的家庭、母親、伴侶關係或是個人情緒是帶有凱龍星的遺棄、局外人或是被傷害的狀況，有些甚至會複製父母之間的行為，在伴侶關係中因為害怕被丟下所以有先行斬斷關係的行為。月亮會緊抓著這些傷痕的記憶，可能會需要更多時間培養安全感之後，才能慢慢學會與傷痕共處。

南北交點＝月亮／天頂點

　　被公眾看見的家庭、母親、伴侶關係或是個人情緒，是能透過過去累積的經驗與天賦，帶來精神與靈性成長潛能的狀態，也能從很多人身上學習到如何讓自己懂得去觀照、滋養他人。

上升點＝月亮／天頂點

　　期待透過家庭形象、伴侶關係或是個人滋養照顧他人的能力，為自己獲得社會公眾的重視。我期待成為的我，是讓母親為我的成就感到驕傲的人；在家庭或女性議題方面有所成就是我想學習的方向。

水星中點組合

　　水星的中點組合主題包含了下列象徵：語言、說話、翻譯、溝通、思考、信息的傳遞吸收與處理的方式、信差、聆聽、理解、探索潛意識、智力、心智活動、學習、反應、關係、短程旅行、鄰近區域、鄰居、早期教育、學校、短程課程、交通工具、運輸、資訊、商業、貿易、股市、交易、交涉、協商、仲介、兄弟姊妹、年輕的、青春洋溢、說謊的原因與方式、電視、電話、電信系統、書籍、文具、神經系統、肺、呼吸器官等等。

　　水星的中點組合大多與心智運作的狀態有關，而且因為他是中性特質的行星，

會受落入的星座影響較大，要詮釋更細膩複雜的層面時建議可加入一起討論。

水星／金星

　　美麗、愉悅、快樂的金星與思考、口語表達的水星的組合，帶來了和諧的溝通、喜歡思考與說話、討人喜歡的話語，或是迷人的嗓音。金星也注重美感、創作力與才華，形成對美感、音樂與藝術的想法，靈感與傑出的技藝，特別是運用雙手的。不過很多人對金星的第一印象都是愛情、女性、親密感與關係，加上了水星的特質帶來了對愛、女性、親密關係的想法，當然也包括了愛情裡的甜言蜜語與情感交流的狀態，注重和諧的人際互動關係，兄弟姊妹之間的關愛，與和平平等的對談。

　　另外在這個組合中也相當重要的，是對價值、自我價值與金錢的想法，會去思考我是否有足夠的吸引力、能力與價值能讓人願意花心思靠近或是付足夠的酬勞給我，我值不值得被好好對待等等議題。

　　透過中軸星可以讓我們看到透過哪些人事物會展現出我們優雅機智的溝通技巧，或是觸發我們思考自我價值所在之處。

太陽＝水星／金星

　　太陽照亮了水星／金星的特質，成為眾人矚目的焦點，不論是反應機智、說話討人喜歡的特質、對美感與藝術的想法與技藝，或是使人愉悅和諧的互動與交流，都能為當事人帶來成就與被賞識的特質。

月亮＝水星／金星

　　溫柔、感受力豐富的月亮強化了金星的柔美與對愛和美的感受力，也帶給水星善於觀察生活週遭的能力，所以更容易感受到生活中美好的事物與他人內在更細緻的魅力。這個組合可能有繪畫的天賦，或是能帶給他人貼心、舒適、愉悅的對話與照顧。

火星＝水星／金星

象徵競爭、熱情、體能、爭執與暴力的火星對這個組合來說可能會帶來兩極化的呈現，一個是需要較多體能的藝術創作，或是有強大的創造動能，有些人能用讓人愉悅的話語說出激勵的話；另一種是火星的憤怒、攻擊或暴力的特質，這些特質對水星／金星來說是不舒適的，可能會透過爭執、吵架觸發我們思考自己對關係的認知與對自己價值的判定。

木星＝水星／金星

木星帶來的資源、樂觀、自信與信念，豐富了水星／金星的視野，讓思考的深度與對藝術、美感的理解冠上了豐富的文化背景，提高了層次與成功的機會，也可能深諳說話的藝術，或是在人際關係的互動交流上有很大的成長空間。

土星＝水星／金星

象徵壓力、困難、責任與制約的土星要求水星要不斷檢討自己的想法是否正確，也限制了金星的安逸與虛榮，低自信的現象會反覆思考自己是否真的值得被用心對待或是自己的價值所在。在藝術作品的創作上可能較艱困，或是需要長時間安靜沉思，但是也能透過長時間經驗的累積帶來專業領域的成就。

天王星＝水星／金星

天王星帶來了創新、改革、前衛與無法預料的特質，為藝術創作帶來許多無法預料的變化，可能會加入了科技、數位、強烈的節奏感或是特殊的素材。在人際關係的溝通交流上容易語出驚人或是反應迅速、跳躍。

海王星＝水星／金星

夢幻、模糊、融合與超越真實的海王星可能為這個組合帶來能觸動眾人心弦的藝術創作，但是也可能將這個能力消融，無法分辨靈感也沒有能力製作出來。在人際關係的交流上有強大的感受與同理能力，很容易說出一些無法分辨是自己的還是對方的想法。

冥王星＝水星／金星

象徵恐慌、威脅、偏執與隱藏危機的冥王星，為這個組合帶來了強烈的深層恐懼，有些人會擔憂自己能否說出讓掌控者喜歡的話，或是能否讓對方覺得自己是有價值的。可能在危機處理時能展現出自己討喜有魅力的溝通方式；藝術創作可能要經歷過很多低谷後，才能將體悟展現在作品上。

凱龍星＝水星／金星

凱龍星的遺棄、無法痊癒的傷痕與局外人的狀態，可能帶來兄弟姊妹關係的和諧或平等議題的傷害，或是因為愛情關係中的溝通問題，帶來了局外人的感受等議題。

南北交點＝水星／金星

可能會認識很多有藝術創作特質或是在關係上能和諧溝通的人，透過這些人的生命經驗，讓自己對自己所擁有的藝術才華或價值有更深入的理解，也為自己未來成長的方向帶來啟發。

上升點＝水星／金星

對世界展示的自己是讓人感覺舒適愉快、進退有度的舉止、溫和有禮的溝通方式、擅長與他人建立關係的天賦。有些人則展現出機智風趣的特質。

天頂點＝水星／金星

渴望展現在公眾面前的自己是對藝術有深刻理解的人，或是藝術創作家、擅長溝通處理人際關係、愛情關係講師或是受人歡迎的仲介。

水星／火星

象徵兄弟姊妹、溝通、思考、心智活動的水星，與火星象徵的競爭、防衛、熱情、攻擊組合在一起時，就像是把攻擊武器架在嘴巴和腦袋上，說話直接、簡潔、強勢或是帶有攻擊性，腦袋反應靈敏、機智、直覺力強，有時候會因為腦袋反應太

快就脫口說出一些還沒完善的想法，發生讓他人反應錯愕或是不舒適的狀況。有些人會喜歡與人辯論、爭吵，性格固執、任性，甚至會抱怨或吹毛求疵，但是當他們下定決心時則會展現出勇氣、果決、積極的行動力與力量，將想法付諸行動。

這狀況可能與童年的家庭生活或兄弟姊妹有關，有些是因為兄弟姊妹太多較難被注意到自己的想法，有些是父母會用比較的方式去讓小孩之間帶有競爭感，所以都會傾向以火星的原始本能去想辦法出擊與保護自己。在這種模式之下，形成了遇事會快速反應馬上展開行動的慣性，沒有時間完整思考或沉澱。

我們可以透過中軸星看到容易激起心智競爭感的、或是觸發當事人將想法與行動結合、把理念付諸行動的人事物或領域。

太陽＝水星／火星

象徵父親、成就、自尊與自我的太陽，在這個組合中可能暗示著父親或自己的溝通方式是明快果決、不喜歡囉唆或拖拖拉拉的行事作風，會企圖在兄弟姊妹之間的競爭中成為領導者。可以透過機智敏捷、諷刺性但一針見血的口語表達作為職業選項，例如評論家、辯論家、脫口秀演員等等。

月亮＝水星／火星

象徵母親、家庭、照顧或滋養的月亮與水星／火星的組合，可能暗示著家庭中的溝通方式都較直接、熱情、憤怒、競爭或是帶有攻擊性，或是容易因為兄弟姊妹之間的爭吵、競爭，帶來情緒上的不安與騷動。情感的起伏容易影響想法與行動。

金星＝水星／火星

當喜歡上一個人時會很快就採取行動表達交往的意願，愛情關係中的溝通方式直接或是喜歡拌嘴，但也有些人傾向於用強烈或尖銳的詞彙讓關係帶有刺激感。

木星＝水星／火星

木星的遠見、博學多聞、信念與資源為這個組合帶來水星想法上的完善，也提供火星正面積極的戰鬥力，能夠帶來有建設性的思維並展開行動。有些人能成為激

勵眾人的演說家，或是社會現象評論家。

土星＝水星／火星

土星帶來壓抑、制約與權威者的力量，限制了火星的攻擊性與水星的反應速度，能透過反覆訓練帶來專注力，但也可能讓思維與行動力都變緩慢，或是執行想法上的困難。

天王星＝水星／火星

水星／火星的組合加上了天王星象徵的獨特、創新、破壞與無法預測的特質，帶來更快速的反應與行動，或是不按牌理出牌的思考邏輯，有些人則是因為兄弟姊妹的行動帶來的衝擊與改變。

海王星＝水星／火星

夢幻的、無邊界的海王星消融了火星的戰鬥力，也模糊了水星的心智活動或口語表達，可能帶來了很多想要執行的計畫，但是卻沒有行動力執行。或者也可能因為海王星帶來蠱惑、刺激大眾想法的言論。

冥王星＝水星／火星

冥王星象徵的隱藏危機、恐懼、清除、生死，與火星的生存有相似的主題，助長了火星的攻擊力道，也讓水星的思考更能深入挖掘調查，帶來更敏銳、犀利、尖銳的溝通方式。這個組合暗示著兄弟姊妹之間在心智上的競爭之外，也可能因為有很深的危機感所以要爭取掌控大局的權利。

凱龍星＝水星／火星

凱龍星帶來的被遺棄的創傷、局外人的感受可能與兄弟姊妹之間的衝突或被排擠的感受有關，有些人可能在求學過程中的口語表達時曾受到創傷，或是來自學業成績上的攀比問題。

南北交點＝水星／火星

可能會透過與很多人或團體中熱烈的對話、辯論、爭執，逐步地建立、啟發自

己在思考上的完整性與在競爭、防衛能力上的逐步提升，也因為與這些人的思想衝撞，讓自己的天賦有更好的發揮。

上升點＝水星／火星

對世界展現自己的方式可能是善於將想法付諸行動，說話方式犀利、簡捷又直接的切入重點。有些人不大有耐心傾聽，有時易怒囉唆，或是帶有偏見。

天頂點＝水星／火星

渴望被公眾看見的自己是具有清晰明快的思考能力，或是溝通表達時是果決、機智，勇於說出別人不敢說的。

水星／木星

象徵擴張、教育、信念、自由、博學多聞、成長與自由的木星，與象徵思考、溝通、口語表達的水星形成的中點組合，帶來了宏觀的思考角度、對哲學的沉思、心智上的成長、說話的天賦，或是喜歡廣泛的學習。有些人則會呈現在聲音方面，可能是音域較為寬廣，或是聲音宏亮、音質特殊。兄弟姊妹之間的關係較為開放、自由、教導與提供資源的狀態。

但木星的膨脹、浮誇、傲慢與好高騖遠也會為這個組合帶來言詞上的誇大、思想傲慢自以為是、涉略範圍廣泛不深入等等狀況。

這兩顆行星都與旅行有關，不論是現實或心靈中的，所以可能會經常旅行，或是需要補充大量資訊豐富心靈。

我們可以透過中軸星象徵的人事物或領域，看見激發我們豐富思想或是心智上成長的方向。

太陽＝水星／木星

象徵事業、父親、成就與榮耀的太陽為這個組合帶來了活力，讓富有遠見的想

法、聰明機智、活潑健談與積極樂觀的學習態度能被大家看見，也能帶來成功的機
會。

月亮＝水星／木星

月亮象徵的情緒、滋養、安全感增加了水星／木星的感受性，能在溝通中敏銳
的抓住對方的情緒反應，帶來更多愉快的對話或是思想交流。有時會因為學習時收
集的資料不足而帶來焦慮或沒安全感。這也代表大方健談的女性或母親；旅行時注
重住宿環境的安全性。

金星＝水星／木星

金星帶來美好、舒適、愛情、自我價值與金錢的特質，讓思想交流充滿了藝術
性、創造力或是價值的探討。在藝術或創造上會收集大量參考資料，喜歡能一起思
考討論或注重成長的伴侶，對想研究的學問會願意花很多錢去購買參考資料。旅行
時注重享受，不喜歡有金錢壓力。

火星＝水星／木星

充滿行動力、競爭、勇氣與攻擊性的火星為這個組合加入了強大動能，將經過
思考研究後的心得透過演說或行動散播出去，會積極的與他人溝通交流自己的信
念。喜歡的旅行方式可能偏向消耗較多體能的，或是刺激、冒險的。

土星＝水星／木星

土星象徵的規範、否定、謹慎與責任感，壓抑了水星的機敏反應，也限制了木
星的擴張與自信，容易中斷思緒自我質疑，或是過度小心謹慎帶來溝通決策時的不
確定性，這個組合需要集中思考範圍然後反覆推敲研究才有成為專家的機會。旅行
大多只去一些較熟悉的地方或是跟團。

天王星＝水星／木星

象徵創新、科技、不尋常或是改革的天王星帶給了水星／木星新視野，改變了
原有的邏輯與架構，或是能從獨特的角度去思考與探索，但有些人則是受到天王星

的意外衝擊，在溝通表達時容易有思緒中斷，或是因為跳躍式的思考說出來的話也比較沒有連貫性。旅行地點或方式較與眾不同。

海王星＝水星／木星

海王星的夢境、幻想、混亂與消融爲這個組合帶來強大的想像力與直覺，如果是從事寫作或需要很多幻想能力，或是在溝通、口語表達時需要強大感染力的工作，將是非常有利的組合。反之則容易有想法過度空泛、不切實際的狀態，有些人會有自欺欺人或誤導他人的現象。旅行方式會隨時變化，或跟著一起旅行的人而改變。

冥王星＝水星／木星

冥王星的掌控、恐懼、隱藏與陰影帶給這個組合深入挖掘、探索與思考個人與集體意識的恐懼，有些人能因此展現出正面或負面的強大影響力。或是因爲發生了重大危機，衝擊了原有的思維與信念，需要花一段時間沉潛、挖掘與重建自己觀念與架構。旅行方式較爲低調或偏好古文明遺跡。

凱龍星＝水星／木星

象徵遺棄、受創傷、局外人的凱龍星在這個組合中暗示著可能有與兄弟姊妹在觀念、教育上的創傷或是被排擠的感受，有些人是在學時因爲與同學或老師在理念上的差異而受到傷害。

南北交點＝水星／木星

從過往經驗中學習到的智慧，能爲自己的靈性成長道路帶來更多心得與領悟，可能會認識很多擁有不同宏觀理念的人，透過與這些人的思想交流去啓發潛能。

上升點＝水星／木星

對世界展現的自己是注重心智成長，樂觀、積極且健談，涉略的知識範圍廣泛，有主見且擅長聆聽、溝通，對哲學、宗教、社會議題有興趣，喜歡旅行、閱讀。

天頂點＝水星／木星

渴望被公眾看見的自己是熱衷於學習、樂觀健談、涉略廣泛且能言善道，有豐富的知識與主見。有些人可能以演說家、教師、哲學家、政客、牧師、社會評論家、主播或是專業領域 video blog（視頻部落客）出名。

水星／土星

水星象徵的思考、智力、溝通與口語表達能力，與土星象徵的困難、壓力、限制與窄化形成組合時，暗示可能有思考上的侷限、害怕智力不佳、有學習上的壓力或困難、或語言上的障礙等。水星的輕快靈活在這個組合中幾乎無法施展，接收與傳遞信息時也會一再反覆確認沒有問題才會送出，當然在時效上就會帶來延遲的問題。

這些狀況可能與童年時的原生家庭狀況或學校教育有關，有些人是因為家裡採權威教養方式，必須要聽話照著規範執行，沒有培養獨立思考的慣性；有些人則是因為家中人口眾多或是家境較貧困，父母很少有機會溝通或是聆聽他們的想法，以至於讓他們對自己的口語表達或智力抱著懷疑、沒自信的狀態。

這個組合暗示著專注、集中的思考，保守、頑固的言論，會為想法下定義，但是也可能有負面思考的傾向，害怕犯錯所以不敢表達想法甚至畏懼思考。透過中軸星帶來的人事物的觸發，讓我們看見在哪些範圍必須藉由不斷反覆進行、累積經驗來辛苦的學習，也可能在這個領域有著縝密、謹慎的思考訓練而帶來專業領域的成就。

太陽＝水星／土星

象徵目標、成就、父親、我的太陽，為這個組合帶來了要將自己的思考、溝通方式建立結構且需反覆訓練的使命感。有些人可能有邏輯或表達上的障礙，或是在想法上有趨向難溝通、頑固、與他人疏離的狀態。

月亮＝水星／土星

月亮象徵的感受、情緒、母親與安全感，對這個組合帶來了情緒化的特質，可能對自己在思考或口語表達能力上的困難感到更自卑、沒安全感。有些人在感受度或直覺力上反應會較遲鈍且無法理解，或暗示母親的思維較為傳統、保守，或對女性的觀點也偏向傳統價值觀看待。

金星＝水星／土星

象徵愛情、美感、舒適、和諧的金星雖然為水星的思考邏輯帶入了柔和的特質，但是面對嚴格的土星也只能乖乖照著規則走，會用比較悲觀、壓抑、冷漠的觀點看待愛情，不大相信會有一夜致富或是一見鍾情的事。但如果是建立在研究、溝通共同議題的愛情關係上，可能可以獲得共鳴。

火星＝水星／土星

火星象徵的行動力、競爭、憤怒或暴力刺激了水星的靈活度，帶來了想法上的騷動不安，也激發了土星對於維護疆界、架構的動能，容易帶來對自己想法上的捍衛。有些人容易因此與他人發生爭執、衝突，或是乾脆採取相應不理的態度。

木星＝水星／土星

象徵樂觀、教育、信念、智慧的木星為水星的思考範圍提供長遠的視野與資源，也為土星帶來幸運、正面的能量支持，暗示著能透過建制完整思維結構的能力獲得成功的機會；或是能將探索後的經驗，思考後找到方法落實與應用。每一次的旅行都能帶來心智上的收穫與成長。

天王星＝水星／土星

這個組合暗示著水星的思考邏輯容易被天王星象徵的改革、創新、獨特與不規則帶來衝擊與改變，對不喜歡變化的土星來說更是不舒適，因為有太多不可預料的狀況無法掌控，讓土星焦慮不安，情緒張力變大，可能帶來快速的決策，突然開始或中斷的想法與規劃。這是適合從事科技、新發明研究的組合。

海王星＝水星／土星

海王星帶來的夢想、幻境、混亂與消融邊界的特質帶給水星更大的想像空間，但卻消融了土星的界限，瓦解了原有結構，容易帶來無法落實的想法或計畫，或耽溺在對自己想法否定的自我譴責或抑鬱狀態中，有些人會處於混亂但一直想搞清楚的內耗狀態中。

冥王星＝水星／土星

象徵掌控、恐慌、陰影與生存議題的冥王星，將水星的思緒拉進了隱藏在意識深處的陰影之中，加上與土星一起強調了恐懼與擔憂的主題，以至於想法與規劃都傾向於負面、悲觀或是宿命感，有些人對於現實或權威的想法容易從陰謀論的角度去揣測。

凱龍星＝水星／土星

凱龍星象徵的創傷、遺棄與局外人可能暗示著兄弟姊妹之間的界線、保護或冷漠帶來的創傷，或是學習上的壓力、遲緩或嚴苛、感覺受創；有些人則是受創於權威者的言論或想法。

南北交點＝水星／土星

可能會透過與一些權威者、專家、老師或是演講者的言論、著作或是溝通，了解如何不斷反覆學習累積經驗以獲得收穫的可能性；哲學上的探討可帶來心智上的成長，有些人則學習到如何為自己的想法制定計劃。

上升點＝水星／土星

對世界展現的自己是有著嚴謹、低調的言論，專注在自己的學習或是想法之中；有些人可能會有表達上的障礙或是沒自信。

天頂點＝水星／土星

渴望被世界看見的自己是有縝密思考、深入研究與豐富經驗的思想家、哲學家、專業權威人士、演說家或是教授；但也可能是被公眾看見有口語表達困難或是

不大與外界溝通的人。

水星／天王星

　　天王星象徵的創新、改革、獨特、不尋常與破壞力，刺激了水星的心智與思考方式，帶來了開創性、與眾不同或是革命性的想法。這個組合帶來了超越原有世代的思想，強大的直覺力、發明或創造性的才華、語言的天賦、不受拘束的想法、具有洞見的觀察力與言論的自由性，對物理、科學、數學、節奏方面有技術、能力或是興趣，但是也可能有偏激或極端的觀點，激進或古怪的思想，討厭一成不變與乏味的事情。

　　這些特別的狀況可能源自於童年時期對傳統兄弟姊妹要負擔的責任與要求感到不舒適，或是對學校的制式教育不滿，所以在關係上會抱持著冷漠、疏離的態度，同時也關切社會的改革與進步。

　　我們可以透過中軸星看到在哪些領域或人、事、物容易對想法帶來創造力，或是激起我們思想上的叛逆之處。

太陽＝水星／天王星

　　象徵自我、父親、目標與影響力的太陽，照亮了個人在思想上的與眾不同之處，或父親獨特想法的影響，也可能是自己在語言、創造力或科技技術上的天賦。同時可能也暗示著跳躍、反覆無常的思考方式、急躁、消極或突兀的決定或行動，或兄弟姊妹之間有突發狀況帶來重大的議題。

月亮＝水星／天王星

　　注重安全感的月亮容易因為天王星的刺激引起更大的情緒起伏，連帶的給予水星的感受力也變得混亂複雜，容易帶來想法和情緒的快速變化或劇烈反應，但也可能會本能的運用強大的直覺力。可能也暗示著母親、伴侶關係或家庭關係較為注重自由或是有疏離的狀態，溝通方式較為特殊。

金星＝水星／天王星

這個組合暗示著對藝術創作有獨特的、超越市場的想法或技術，或是因為優異的節奏感或體能律動上帶來在音樂、舞蹈方面的才華。在愛情關係中的溝通互動較為獨特，也可能有突然地疏離或復合的現象。

火星＝水星／天王星

火星象徵的行動力、勇氣、競爭與攻擊，搭配上水星／天王星的快速決策，帶來了在想法或計畫上的迅速執行，也可能暗示著激烈、攻擊性的批判言論，或是在軍事領域上有改革性的想法。

木星＝水星／天王星

木星帶來的幸運、樂觀、機會與信念，對這個組合來說是如虎添翼，能獲得機會、資源去支持研發或是革命性的想法。有些人的特殊觀點或是古怪想法也可能引起他人的興趣而帶來流行跟風。這也可能暗示著對社會、宗教議題有著自己獨特的看法。

土星＝水星／天王星

這個組合可能帶來兩種不同的狀態，土星象徵的壓抑、困難或限制，可能對不受拘束的想法帶來抑制或是壓力，或是改革創新的思想能快速找到突破點，克服困難，後續透過反覆驗證落實下來。不過土星與天王星都有冷漠、疏離的現象，也可能暗示著想法不被他人理解與接納的困難。

海王星＝水星／天王星

海王星象徵的幻境、夢想、混亂、消融邊界的特質，可能為這個組合帶來了對創新想法的願景，或是透過夢境、集體無意識，帶來了想法上的啟發或靈感。但也可能會讓思緒變得混亂更不規則。

冥王星＝水星／天王星

象徵危機、恐懼、挖掘與世故老練的冥王星，對需要大量思考的研發或創造性

的工作來說反而能帶來越挫越勇的力量，能在未知的道路上帶來支持。但對有些人來說可能容易察覺到政府、政黨、財團無形操控思想自由的危機感。

凱龍星＝水星／天王星

凱龍星象徵的遺棄、創傷與局外人的特質，可能暗示著兄弟姊妹之間的冷漠、排斥帶來的傷害，或是學習上的特殊狀況而受到排擠、不被團體接受的局外人狀況。這個組合也可能會因為戳破虛偽說出真相而被排擠。

南北交點＝水星／天王星

這個組合可能帶來與許多人的相逢或合作，理解了改革、突破的力量所在，進而對自己的想法帶來了革新或是鼓勵，有些人可能有機會將自己的獨特想法，透過與他人的合作帶來實現的可能。

上升點＝水星／天王星

對世界展現的自己是有獨特觀點的人、不受拘束的想法與溝通方式、有語言的天賦，或是帶點疏離感不常說話，但是開口時經常能語出驚人。

天頂點＝水星／天王星

渴望被世界看見的自己是有強大直覺力的人，或是擁有發明或創造性的才華，例如數學家、物理學家、科技天才等等。有些人能以精闢的洞見為人所知。

水星／海王星

象徵幻想、無邊際、迷失與狂熱的海王星與水星形成組合時，海王星強大的滲透力包覆了水星，也讓水星的思緒穿過了個人的意識進入集體意識中，讓水星的思考方式變成非邏輯性的感受、抽象、圖像居多，帶來了豐富的想像力或創作力、直覺式的思考、音樂或影像的才華、理解他人感受的同理心，與說出感動人心的話語的能力。但是也可能會有模糊、虛構、扭曲事實或資訊的狀態，與他人界線模糊帶來的誤會或困擾，混亂的想法與邏輯，錯誤的觀念，有些人有學習或閱讀上的障

礙、無法清楚的用口語表達描述，或是自欺欺人與對他人洗腦的能力。

我們可以透過中軸星象徵的人事物或領域，看到在哪方面擁有強大的語言渲染力，或是在這些領域的集體意識的感受力。

太陽＝水星／海王星

這個組合暗示著追求的方向可能是能擁有心智上的敏感性，或是在音樂、藝術、電影上的感悟與學習。有些人能透過在宗教或慈善事業上獲得啟發，進而投身參與並作為職志。

月亮＝水星／海王星

家庭、母親或伴侶關係之間的溝通方式大多較無邏輯，反而是以感覺想法、感覺感受的方式進行，而且常常會自動美化修飾。月亮的感受力受到海王星的強化之後更顯得敏銳，所以在每天的生活中或情緒、安全感上，都容易受到周遭環境中他人的感受影響。

金星＝水星／海王星

金星象徵的才華與創造力在這個組合裡被重複加強，帶來更豐富的創作思維與想像空間，對美與藝術性的感受度也更強烈。對愛情中的互動與溝通有很大的期待與幻想，會過度美化或要求關係中的和諧性，也可能會給予或索求太多愛。有些人對美、金錢與自我價值的議題能說出讓他人充滿憧憬的話。

火星＝水星／海王星

在這個組合中，火星的勇氣、競爭、行動力與憤怒較難有所發揮，畢竟受到海王星的消融，整個力道都被分散變得虛弱，除非是與宗教、藝術、或是具有犧牲奉獻的思維有關的事件，火星就會被驅使轉成行動力為夢想而戰鬥。

木星＝水星／海王星

象徵擴張、自由、信念與冒險的木星在這個組合中與海王星的無邊界形成了超越個人經驗的成長，讓直覺式的思考或是豐富的想像力都再次被膨脹，木星的智慧

與幸運也能在那些集體意識與生命的變換中找到追求的意義。

土星＝水星／海王星

　　土星象徵的規範、限制、壓抑與困難，為這個組合帶來了對思考與夢想的侷限，對想要的夢想是否能達到帶著悲觀的想法，或是偏向現實考量而去約束想像力的發想。有些人會因為自己的表達障礙或混亂的邏輯感到自卑或沒自信。

天王星＝水星／海王星

　　象徵極端、閃電、不尋常與破壞的天王海就像突如其來的落雷，竄進了水星／海王星的夢境之海，帶來了電光火石般一閃而過的靈感，充滿了新的或改革的思考角度。但有些人並不一定能統整這些訊息，反而可能會陷入誤區，形成跳躍、片段或錯誤的想像。

冥王星＝水星／海王星

　　冥王星的摧毀、危機、清除與禁忌，對這個組合觸發了潛意識中對恐懼的思考與想像力，卻也容易經常處於緊張或緊繃狀態。有些人可能因為遭遇生死議題或是重大事件的衝擊，帶來了對學習熱忱的改變。

凱龍星＝水星／海王星

　　凱龍星的遺棄、傷痛或局外人的特質，暗示著這個組合可能因為口語表達上的障礙，或是無法清晰的表達、描述想法而受到傷害；有些人可能會因為與兄弟姊妹在宗教信仰上的差異而受到排擠。

南北交點＝水星／海王星

　　可能透過與很多有豐富想像力、強大的直覺式思考或是有藝術才華的人相遇，透過與這些人的互動討論，豐富了自己在心智上的敏感度與靈性的成長。

上升點＝水星／海王星

　　對世界展現的自己是帶有語言的感染力，或是對藝術創作有所理解，有些人可能在商業、貿易、各種關係往來中很容易就融入打成一片；但也有些人常容易迷路

或是溝通不良聽錯話。要注意有些會有欺騙的狀況。

天頂點＝水星／海王星

渴望讓世界看見的自己是擁有豐富的想像力或是創作上的才華，有些人會因為對宗教、身心靈上的深入理解為人所知，或是在學習模仿或戲劇表演上出名。

水星／冥王星

冥王星象徵的隱藏、挖掘、危機與禁忌，引發了水星想要知道真正的真相的渴望，他們想知道隱藏在一層層話語裡真實的意圖是什麼，唯有清楚最糟的狀況是什麼之後，才能讓他們針對狀況應變，也才不會發生失控或危機的狀況。他們相信知識和語言的力量，也認同藉由文字或話語可以發揮多大的傷害，所以在想要了解更多的同時，會把自己的想法隱藏起來，甚至關閉溝通管道，避免他人有攻擊自己的機會。這些動機大多來自於自我保護，有些人可能在童年生活中經歷過重大的邏輯、心智或言語的打擊或控制，可能來自於家人、兄弟姊妹、同儕或其他關係，甚至經歷過生死議題的衝擊，所以對他人隱藏的動機與意圖會特別敏感。

但是冥王星也象徵人性的生存本能，為了活下去甚至會有陰暗、禁忌的思想。有些人能透過寫作或說話帶來對他人的影響，或從事專業領域的研究工作。

我們可以透過中軸星象徵的人事物與領域。看到我們在哪些主題上會有很強烈的觀察、探索與專注力，或是容易因為隱藏的意圖帶來不愉快的對峙或威脅。

太陽＝水星／冥王星

象徵追求的目標、自尊、父親與意志的太陽，讓這個組合敏銳的觀察力被看見，或是成為一個有深遠見解的人、令人信服的演說家，有些人渴望在自己研究探索的領域獲得權力與名望。

月亮＝水星／冥王星

這個組合帶來了對於情緒或安全感中莫名恐懼或危機感的探索，有些人對他人

的情緒中隱藏的信息觀察入微，甚至運用所挖掘的訊息去掌控人心，擁有強大的說服力，但也可能在情緒上因爲察覺到隱藏的意圖而容易騷動不安。

金星＝水星／冥王星

金星的負面特質在冥王星的挖掘中容易被展現出來，帶來對愛情或金錢中的嫉妒、佔有等陰暗思想，或在情慾或性慾上的享樂、耽溺想法。但有些人則專注在研究、探索人性的自我價值或愛情議題上，或是成爲受人喜愛的專業領域演說家或作者。

火星＝水星／冥王星

因爲火星與冥王星都與生存議題有關，所以特別容易察覺到隱藏危險的訊息，能運用語言、文字的力量，當作攻擊武器或保護自己的方法。有些人能透過對危機的理解與掌控，大膽展開行動或冒險出擊。

木星＝水星／冥王星

象徵信念、自信、樂觀或幸運的木星，爲這個組合帶來了在深度心理學知識領域研究的成功，可以用正面、樂觀的角度去探索人性底層的陰影，有些人會因爲理解個人與集體意識的恐懼，進而帶來更大的成長空間。

土星＝水星／冥王星

土星象徵的壓抑、限制、困難與自我否定，讓思考上本就偏向壓抑、恐懼的狀態更顯得沉重，有些人會更離群索居，拒絕溝通之外也不大與人往來，或是對危險的訊息抱持著謹慎小心的態度。但如果是從事專業研究工作的人來說，這個組合會願意花很長時間去反覆執行。

天王星＝水星／冥王星

這個組合暗示著可能遭受到外界的突發狀況或不同意見的挑戰與衝擊，帶來心智上的壓迫或威脅，或是因此引起隱藏在內心深處的負面想法。有些人可能會在思考邏輯上經過重大轉變後，做出有別於以往的改變。

海王星＝水星／冥王星

象徵夢境、混亂、無邊界與消融的海王星為這個組合帶來了界限的消融，可能將恐懼的訊息擴大，讓自己更惶惶不安，也可能將自己帶有強大掌控力的話語散播出去，但是要小心真相穿過海王星模糊或扭曲的力量後，是否還是我們原先所認知的嗎？

凱龍星＝水星／冥王星

可能因為兄弟姊妹、同儕或其他關係之間隱藏的控制或壓抑帶來創傷，或是因為他人攻擊性的言論、文章而受害；另外傷害也可能來自交通、學習、表達上有不可控或宿命感的無奈。

南北交點＝水星／冥王星

這個組合暗示著可能透過很多具有強大掌控者的思想言論，或是對人性、心理學有深入研究的人的溝通對話，來觀察、理解自身隱藏的陰影與恐懼，讓自己可以清除、釋放後，獲得心智上的成長。

上升點＝水星／冥王星

對世界展現的自己是帶有語言的力量，或能深入洞悉真相後點出問題點，有些人容易將察覺到他人隱藏的恐懼說出來，但要注意有些人會以此為控制、威脅或支配他人的話語。

天頂點＝水星／冥王星

被公眾看見的自己是有洞悉真相的思維，敏銳的判斷、辨別能力，或是有遠見且能深入規劃。有些人對說出口的話非常低調謹慎，是個能善用語言或文字威力的人。

水星／南北交點

水星與南北交點的組合，暗示著在成長過程中與他人思想上產生連結的需求。

我們與他人之間的思想交流對我帶來什麼樣的啓發與成長？我過去的經驗形成什麼樣的思考邏輯？我在語言或是學習上的天賦是什麼？我對自己在學習、溝通、智力上的表現有什麼看法？以及我如何透過這些關係中的溝通與訊息，刺激我的想法後整合出新的概念，以利我的潛能發展。這個組合也可能帶來渴望與他人或社團接觸建立關係，或是在商業上的聯繫或結盟。

太陽＝水星／南北交點

這個組合帶來了對心智成長上的追求，將建立許多思想交流的機會當做目標在進行，透過與很多出色人才的溝通交流中，慢慢的從不同角度檢視自己，逐漸努力發展出自己的人生哲學。

月亮＝水星／南北交點

與家人、母親或伴侶之間的對話或想法上的互動，可能可以幫助自己檢視過去建構的思考邏輯上的疏漏之處。有些人有與他人溝通交流的需求，或是希望能帶有情感支持的對話關係。

金星＝水星／南北交點

金星象徵的愛情、才華、創造力與藝術天分，爲這個組合帶來了豐富的創意對話關係，喜歡與他人分享對藝術的看法，或是一起爲創作腦力激盪。有些人可能透過美好的對話開啓了愛情關係。

火星＝水星／南北交點

透過火星帶來的競爭、冒險與行動力，觸發了激烈的思想交流，或是充滿熱情的溝通對話，有些人則會積極的尋求有共同想法的關係或團體。不過要注意有時會有攻擊性的言論。

木星＝水星／南北交點

象徵智慧、遠見、博學多聞的木星，爲這個組合帶來了宏觀的視野與社會關係的培養，也帶來對心智成長探索的欲望，期待帶來更多的經驗與心得。木星也擴張

了關係與社會團體的數量，帶來不同的對話內容與專業知識。這也是能帶來成功的商業關係或合作的組合。

土星＝水星／南北交點

土星劃下了界線，制定了規則，帶來關係的限制與思考邏輯上的制約，有些人是因為對自己的想法、溝通內容或說話方式沒有自信，所以不太敢跨出自己熟悉的範圍，對成長帶來困難。有些人可能會與他人透過經歷類似的困境、痛苦或匱乏的心得溝通後，逐漸找出能跨越自己界限的方向。

天王星＝水星／南北交點

象徵創新、突變、破壞與叛逆的天王星，為這個組合帶來想法或關係上的意外破壞或改變，也可能會突然冒出新的想法或計畫，突兀的結束舊有的，然後開啟新的合作。這些靈光一閃的想法、靈感或創意，會快速的打破原有的意識框架與界限，帶來想法上的獨特性。

海王星＝水星／南北交點

這個組合可能帶來了集體意識中的訊息，或是靈性、宗教上的心智昇華，帶來挑戰或更高的發展。但也可能是充滿模糊、混亂的想法，耽溺在自己的夢境或舊有慣性中，執著在原地不願意前進。

冥王星＝水星／南北交點

冥王星象徵的生存議題、掩埋、挖掘與掌控主題，帶給這個組合對於隱藏危機本能地感覺到不安，會想要挖出真相避免自己有發生危險的可能，所以會去挑戰自己的極限，企圖透過深入調查去清除可能的問題。

凱龍星＝水星／南北交點

這個組合暗示著傷痛可能來自於過去的熟悉領域、家族或是兄弟姊妹之間的思想差異，或是在努力挑戰靈性成長的道路上感到無能為力的狀態。可能在想法上需要放下執著，接受自己的無能為力，理解這些挫折與傷痕並學習接納。

上升點＝水星／南北交點

對世界展現的自己是注重在關係中的溝通、討論、交易與談判技巧，或是對智力的執著，並挑戰自己在思考邏輯上的極限。

天頂點＝水星／南北交點

渴望被公眾看見的自己是能覺知與思考自己的心靈成長方向，或是能在關係或團體中擁有話語權。在工作選擇上傾向選擇需要運用口語表達、溝通、資訊或商業的領域，並能不斷挑戰超越自我。

水星／上升點

這個組合暗示著我們與世界的溝通、對話方式，我的思考邏輯、心智活動狀態、與兄弟姊妹之間互動的關係、學習的方法、旅行的方式或是商業活動等等，都可以透過中軸星象徵的人事物領域被外界所看見，也能去影響他人。

因為上升與下降的軸線關係，所以我們同時也要參考水星／下降點的組合。下降點象徵關係、合作、競爭對象與我們對事件的反應、回應的方式，與水星的組合暗示著與他們之間的溝通與心智交流狀態，或是我對這些關係的看法。

如果出生時間不大確定，上升點便無法有確實的度數，這個中點組合可參考的部分會降低很多。同樣的也請參考上升、下降落入的星座，暗示著我用什麼態度去展現與回應。

太陽＝水星／上升點

在象徵成就、未來方向、自我與使命感的太陽議題上，容易被外界看見自己的思考邏輯或心智活動狀態，也傾向用正面、陽光的態度溝通對話，並且希望討論的內容是重要或是帶來啟發的。可能從事運用口語表達能力、文字工作者的職業。伴侶或合作關係中注重大量的對談並理解彼此的想法。

月亮＝水星／上升點

這個組合容易透過月亮象徵的情緒、需求、家庭、母親、女性的議題被外界看見自己的想法，在日常生活中注重情緒與感受上的溝通交流，也將其視爲滋養與愛的方式。伴侶或合作關係中需要關懷的話語與心情對話。

金星＝水星／上升點

金星象徵的愛情、藝術、美與和諧，觸發了這個組合想要與他人溝通的興趣，會喜歡與他人討論對愛情的想法或是創作的心得。喜歡充滿歡聲笑語的人際關係，也會對享受美好事物或理財的話題感到興趣。喜歡伴侶或合作關係中充滿和諧、有禮的溝通對話。

火星＝水星／上升點

火星的動能帶來了對溝通討論的欲望，會很積極的對外界表達自己的看法，喜歡強調自己的觀點，有時甚至會爲捍衛自己的觀點而發生爭執。有些人對軍事、武器、運動類型的話題有興趣。喜歡伴侶或合作關係中熱烈、熱情的對話或有話直說。

木星＝水星／上升點

對外展現了個人對社會文化、主流等方面的觀點與討論，或是透過社交場合表達對宗教、理想的看法。思想上的宏觀見解容易帶來對辯論、談判或是交易上的成功；喜歡伴侶或合作關係中充滿知性、自由的對話。

土星＝水星／上升點

象徵壓力、限制、貧瘠與自律的土星，帶來對外界展現想法上的侷限與困難，會在意自己的思想言論是否能被人接受，有些人會因爲過度謹愼、小心，覺得少說才會少出錯。伴侶或合作關係中的溝通對話較爲嚴肅或務實。

天王星＝水星／上升點

天王星象徵的獨特、突變，讓外界看到了有別於一般人的溝通方式或是對話內

容，可能是快速跳躍或不斷切換內容，有些人會突然開始或結束對話。伴侶或合作關係較注重各自的思考空間，談論的話題也與眾不同。

海王星＝水星／上升點

象徵模糊、夢幻或犧牲的海王星，帶來對外釋放信息的失焦，無法清楚的說出思考內容，或是容易說出不切實際的觀點。有些人還會有虛假、欺騙、毀謗的對話，但也可能是在宗教、藝術或身心靈成長上的心得溝通。

冥王星＝水星／上升點

容易透過冥王星的危機、挖掘、清除或掌控的議題被外界看見自己的想法，會希望自己的言論對他人帶來強大的影響力。他們很清楚語言的力量，有些人會嘗試操控輿論幫助自己達成目的。

凱龍星＝水星／上升點

凱龍星象徵的創傷、遺棄或是局外人的主題，可能讓外界看見自己在兄弟姊妹間的排擠或受苦的狀態，有些人可能是學習或口語表達上的受創，思考這些創傷的原因並學習與傷痕共處將是重要的主題。

南北交點＝水星／上升點

這個組合暗示著從過往經驗中形成的思考模式，透過挑戰與學習帶來的成長而受人關注。對外界展現出機智靈活的反應，和樂於與他人溝通交流的思想。

天頂點＝水星／上升點

可能以優異的溝通技巧或是卓越的心智能力被公眾所認識，被社會看見的自己可能受到兄弟姊妹影響很深，或是口語表達能力優異、善於協商與周旋在各種關係當中。

水星／天頂點

天頂點象徵著我們追求的人生目標，也與事業跟權威有關，與水星形成的中點

組合，暗示著如何將口語表達、機智靈敏反應、協商仲介等能力幫助我們達成目標或是應用在事業上，或是透過這些能力讓我們獲得成就與地位。也可以透過中軸星象徵的人事物與領域範圍，看見與權威人士溝通交流的主題。

太陽＝水星／天頂點

呈現在公眾面前的形象是聰明機智、反應敏捷且能言善道，也渴望透過這些特質帶來成就與榮耀。有些人則是以追求心智上的成長或是尋找自己的人生哲學爲目標。

月亮＝水星／天頂點

思維與人生目標可能會隨著內心的感受與情緒做決定，或是容易受到母親、家庭或女性的影響，以他們的看法爲主，達到他們期待的成就。

金星＝水星／天頂點

可能透過對藝術與美的觀點被公眾所認識，有些人可能以音樂、藝術或服裝評論家爲業，或是對愛情問題有自己的一套詮釋邏輯而出名。

火星＝水星／天頂點

呈現在公眾面前的形象是勇於說出自己的想法，而且能直接坦率地表達意見，不畏懼言論攻擊甚至會採取反擊，但是有時也會以咄咄逼人的姿態爲人所知。有些人會以積極的溝通方式爲業，例如業務員或是行銷等等。

木星＝水星／天頂點

帶有樂觀、自信與豐富資源的木星，爲水星帶來了宏觀的視野與豐富的人文思想，也可能幸運的以這些觀點獲得公眾的關注。有些人會以宣揚宗教思想爲職志，或是教授高等教育爲業。

土星＝水星／天頂點

土星象徵的壓力、抑鬱與限制，帶來悲觀的思想，對於自己能否達成人生目標感到懷疑與不自信。與權威的的關係也是嚴苛、實際的，有些人會畏懼於無法成功

達成，所以選擇放棄目標。

天王星＝水星／天頂點

　　呈現在公眾面前的形象是擁有獨特觀點或思考模式，或是以語出驚人、叛逆性的言論為眾人所知，有些人以研究新科技、新發明為職業。

海王星＝水星／天頂點

　　在這個組合中，有些人對自己的思維與人生目標都不是很清楚，或是帶有夢幻式的幻想，但如果是從事藝術、創作的人來說，這些非邏輯性的思緒抓取或許能碰撞出火花，帶來成就與貢獻。

冥王星＝水星／天頂點

　　冥王星深諳語言的力量對眾人思想的影響有多強大，有些人會被激起強大的野心，想運用人性弱點或恐懼去操控或獲得權力。有些人則是專注學習研究深度心理學或玄學而獲得成就。

凱龍星＝水星／天頂點

　　渴望透過對自己創傷經驗的理解和體驗去幫助、療癒其他有類似傷痛的人，或是以成為創傷治療方面的老師為人生目標。

南北交點＝水星／天頂點

　　想透過很多成功人士的言論、著作，或在權威者的建議中，思索出自己的天職或人生方向，也會渴望與很多人溝通互動，讓他們看見自己在語言、心智或是商業方面的能力與狀態。

上升點＝水星／天頂點

　　對世界展現的自己是從事口語表達的職業，或是商業、資訊傳播方面的權威；期待自己在探索潛意識、對關係的理解或商業方面的成就去影響他人。

金星中點組合

金星的中點組合主題包含了下列象徵：美、享受、快樂、取悅、喜悅、感官的、有魅力的、吸引力、討喜的、親密感、愛、愛情、愉悅的性、奉獻、給予、分享、回饋、才華、創造力、成就、金錢、自我價值、價值觀、自我評價、和諧、和平、平等、合作、害怕對立或不美好、成功的關係、品味、美感、藝術、音樂、娛樂、禮節、禮貌、奉承、嫉妒、虛榮、貪心、羨慕、渴望、耽溺、懶惰、被動的、美食、甜食、靜脈等等。

金星的中點組合大多在探討我們給予和接受愛的方式，我們擁有什麼特質讓人渴望，在哪些方面讓我們覺得快樂和興奮，還有我們透過哪些方式帶來金錢與自我價值感的提升。

金星／火星

這個組合充滿了吸引人的魅力，火星帶來了展開行動的力量，把金星迷人的特質推送出去，金星則修飾了火星的陽剛能量，帶來了對愛情的主動出擊，也會積極的表達自己的喜好和情感。火星象徵的競爭、熱情、征服、追求與性，對金星來說雖然有點魯莽、衝動，但也容易帶來激情與強烈的情慾，快速的將愛意推向高峰，但也別忽略火星的暴力與熱力過後快速冷卻的問題。

他們也很擅長將自己最好的一面展現在人前，不論是性格特質或是藝術、創造或是才華，也會積極地將自己保持在良好狀態，確保自己有足夠的競爭力能爭取到他人的注意。有些人則具有良好的社交技巧，知道何時該強硬，何時要釋放善意攜手合作。

太陽＝金星／火星

象徵活力、成就、父親或是主要人格特質的太陽，將這個組合的才華與魅力、熱力放送出來讓眾人看見，他們通常都具有美好外貌或吸引人的性格，也會積極的

追求愛情關係，情感表達直接或強烈。

月亮＝金星／火星

這個組合對愛情關係或是婚姻有強烈的需求，有些人可能因為母親或童年時期曾有過愛的競爭，所以年輕時就感覺該盡快爭取結婚、生子，讓關係定下來會較有安全感。

水星＝金星／火星

象徵思考、語言、關係與心智的水星，讓這個組合開始思考起愛情或婚姻的本質，或是會去探討情慾的問題，有些人會注重在愛情關係中的溝通交流，或是容易被對方的思維、話語吸引，但是也有些人當沉浸在愛中時思考邏輯容易受到影響。

木星＝金星／火星

木星象徵的自由、信念、冒險與擴張，無疑的宣告了在愛情關係上不受拘束的特質，想要探索各種不同的愛與情慾，因為這些體驗都能豐富他的靈魂，尤其對創作者來說，每一次的冒險感受都是養分。但有些人則專注在愛情關係中的成長，或是提升到對宗教的愛。

土星＝金星／火星

象徵抑鬱、限制、責任或是現實的土星壓抑了對愛的追求，也限制了愛情關係中的活力狀態，或是用謹慎、小心的心態去看待與互動，也不太擅長表達情意。這些狀態可能源自於對自己的不自信，不確定自己的性格特質是否能被喜愛，有些人甚至會不想展開追求，或是在關係中態度冷淡疏離。

天王星＝金星／火星

天王星的獨特、不尋常、破壞或是切割等特質，帶來在愛情關係中忽冷忽熱的態度，或是喜歡的對象都比較與眾不同，有些人甚至帶有發電機般的魅力，或是有一見鍾情的現象。這也可能與身體情慾的突然覺醒有關，或是對性突然熱衷後又不想接觸。

海王星＝金星／火星

海王星象徵的夢幻、混亂、無邊際與犧牲的特質，爲這個組合帶來了多樣面貌，可能會是個萬人迷、很多人幻想的愛情對象，也可能是愛情關係混亂，或是在愛中抱持著拯救、犧牲的心態；有些人可能在藝術、創作上充滿靈感。

冥王星＝金星／火星

象徵禁忌、偏執、生存與掌控的冥王星，挖掘出隱藏在愛與性背後的危機感或恐懼，對自己的外貌、性格特質與性方面的吸引力能否持續被愛充滿不安。有些人會出現愛與性方面的控制、威脅或調查，讓關係充滿強大的張力，或是用孩子來當作關係的牽絆。有些人會透過刻骨銘心的愛情焠鍊後，領悟或改變了對自己的認知。

凱龍星＝金星／火星

這個組合可能帶來在愛情關係中的創傷或遺棄的狀況，或是在藝術創作上受到打擊，有些人可能是在對外展現魅力的穿著打扮上感受被排擠，讓人沒有勇氣去爭取喜歡的人事物。

南北交點＝金星／火星

可能透過一段極具吸引力的愛情關係，重新學習理解愛情、愛人與被愛的感受，認識自己的身體與情慾需求，並探索自身的魅力與價值所在。

上升點＝金星／火星

對世界展現自己的方式是充滿性感魅力、活潑、溫暖、熱情並且能眞實表達感覺；對自己喜歡的人事物會展開行動去爭取。

天頂點＝金星／火星

這個組合暗示著可能透過才藝或藝術上的能力爲人所知，或是極具個人魅力特色吸引公眾目光，有些人則以羅曼史或婚姻出名。

金星／木星

象徵幸運、樂觀、膨脹與信念的木星擴張了金星的特質，帶來了優雅、機智的魅力，樂於助人、慷慨大方，且容易受到大家的歡迎，也因爲渴望受歡迎，所以不太會拒絕他人，讓人覺得隨和好相處。他們喜歡享受人生，所以在物質或金錢上的態度較爲寬待放任，有時甚至有虛榮、浪費的狀況，但的確也容易有金錢上的好運氣。木星的遠見也提升了金星的價值觀，追求精神上的自我評價與成長，有些人會將愛投入到宗教、藝術創作或社會議題上，有些人在藝術上的才華能帶領潮流，具有主流的審美觀，也熱愛冒險、探索、旅行與異國文化。

喜歡浪漫、輕鬆、不受拘束的愛情關係或是婚姻，注重外貌或聰慧，需要空間與自由，不喜歡太沉重、苦情的感覺，有些人較注重關係中的成長，但也有些人會有逃避、不負責或花心的狀況。

太陽＝金星／木星

象徵成就、自我、父親與目標的太陽，在這個組合中象徵著追求完美的理想、理念的主題。展現的自我是溫暖、善良，對人溫和有禮，性格討喜受歡迎，追求財務上的自由或是自我價值的成長。

月亮＝金星／木星

月亮象徵的情緒、感受、母親與家庭，爲這個組合帶來了讓人感覺溫柔親切的魅力，也容易在家庭生活中獲得和諧美好的教育與成長，或是家庭資源富足。有些人在藝術、創造力方面才華洋溢，感受力豐富。

水星＝金星／木星

水星爲這個組合添加了出口成章的才華，知識豐富且風趣幽默，溝通交流態度正面樂觀且注重雙方的和諧平等，有些人可能在口語表達相關行業、或是文字創作上的工作受到社會大眾的喜愛，甚至可能帶動風向潮流。

火星＝金星／木星

象徵熱情、行動力、勇氣與憤怒的火星，帶來了愛情冒險中的興奮與和諧的性生活，有些人會積極追求幸福婚姻生活與孕育小孩。這個組合也容易投注熱情在自我價值的探索與成長，或是喜愛旅行。

土星＝金星／木星

象徵保守、壓抑、規範與窄化的土星，帶來了愛情關係中的壓力與困難，但對這個喜歡安逸自由的組合來說，限制太多也太辛苦，保守安全也象徵著無趣，難免容易帶來疏離的狀況。

天王星＝金星／木星

天王星與木星都有自由、希望的象徵，所以在某方面來說步調較相近。天王星象徵的獨特、創新和與眾不同，對這個組合來說就像搭了雲霄飛車玩耍，充滿了無法預測的快樂冒險；能在愛情關係中保持各自的獨立性，並接納包容不同的價值觀。

海王星＝金星／木星

象徵模糊、混亂與無邊際的海王星，將木星的擴張更放大，帶來了對愛情關係的幻想，但是也因為太過不切實際，因此常容易帶來幻境破滅或謊言，或是為愛犧牲的情況。有些人則將這份美好幻想轉移到宗教、藝術方面發展。

冥王星＝金星／木星

象徵恐懼、陰影與危機的冥王星雖然帶來在愛情關係上的深度挖掘，但在木星的好運加持之下，經常能挖到寶藏，讓關係更加深入持久。這種好運當然也包括了豐富的財富、自我價值的成長、藝術感受的擴張或是面對危機的智慧。

凱龍星＝金星／木星

凱龍星象徵的創傷、療癒與局外人的特質，可能帶來了在原以為的幸福婚姻中受到創傷，或是在金錢上的擴張後帶來傷害，造成了不敢期待美好事物的狀況。

南北交點＝金星／木星

可能會與一些優雅機智、受歡迎、風度翩翩、藝術界名人或是婚姻幸福的人相逢，透過與這些人的互動，學習到接納與欣賞自己，或是伴侶關係的和諧與成長。有些人則可能拓展對藝術、宗教或是高深學問上的觀點，並能與他人分享美好快樂的事物。

上升點＝金星／木星

對世界展現的自己是機智優雅、有自信、善於交際，能讓他人感覺愉悅，有些人會期待自己的才華或智慧能獲得他人喜愛，或是在穿著打扮上能獲得欣賞甚至引領潮流。

天頂點＝金星／木星

以藝術、美感、品味、美食上的觀點出名或帶動潮流，或是具有受公眾喜愛歡迎的特質，有些人則以幸福美滿的婚姻為人稱羨。

金星／土星

象徵壓力、規範、傳統與謹慎的土星，對金星帶來了自我批判與壓制的狀態，暗示著在情感狀態上的困難與阻礙，或是為愛受苦，壓抑自己在感官、享受、愉悅上的需求。有些人則是對愛情採取否定、疏離或不願負責任的態度，或是傾向尋找成熟、穩重、勤儉、忠誠、經濟穩定、年齡較大的對象。因為他們在心理上有自我價值低落的狀況，不相信自己可以得到愛，縱使有人愛他，也會一直擔心自己的魅力消退不再被愛，所以會限制自己只能尋找安全、不太有變化的對象，對親密關係的交流互動較為不熟悉也不自在。

但是土星也暗示著透過長時間持續的檢視自己在價值上的擔憂與需求，並透過反覆練習的經驗，提升自己的自信，建立自己在感情關係、金錢、藝術上的成就甚至成為權威。透過中軸星象徵的人事物或領域，可以看到觸發我們感受到自我價值的匱乏之處。

太陽＝金星／土星

象徵自我、權力、成就與父親的太陽，可能暗示著對長久穩固、負責任的愛情關係的使命感，不會輕易許下承諾，但一但締結關係則會壓抑自己的需求，追求忠誠的伴侶關係，但有時難免有點嚴肅或給雙方壓力。

月亮＝金星／土星

這個組合暗示著家庭、伴侶關係上的愛與責任、金錢是相關聯的，有些人則是需要穩定、忠誠的愛情關係讓他感到有安全感，但是也可能對自己的價值與能否被喜愛的議題是沒安全感的。

水星＝金星／土星

會去思考或談論存在於愛情關係中的困難或壓力，或是自我價值上匱乏的議題。有些人可能具有某些與雙手有關的專業技藝和才華，或是能透過商業貿易帶來穩定的金錢收入。

火星＝金星／土星

象徵行動力、熱情、憤怒或防衛的火星，可能暗示了某些困難的愛情關係帶來的不滿與爭吵，或是因爲性、生小孩方面的議題帶來愛情關係中的壓力與責任。有些人可能因爲從事運動、從軍等工作需要，不斷訓練並限制自己的享樂且不允許懶惰。

木星＝金星／土星

象徵自由與信念的木星與限制、權威的土星經常處於拉扯狀態，容易在愛情關係中遭遇壓力時想逃走，或是乾脆選擇疏離愛情一個人自由的過。有些人能透過規劃，將藝術或創造才華落實而出名。

天王星＝金星／土星

天王星象徵的破壞、突變、獨立與不規則，爲穩定、保守的愛情關係帶來了意外的變化，可能突然出現他人介入，或是因爲突然的分離帶來關係中的變化。有些人可能透過科技或創新的想法，將過去舊有的美麗物品賦予新樣貌。

海王星＝金星／土星

海王星象徵的消融、混亂、無疆界與犧牲等多樣貌的狀態，可能暗示著對忠誠、負責任的愛情關係的犧牲奉獻，或是因爲同情或同理心瓦解了原本制定好的理財計劃；有些人可能在藝術上能具體的把腦中影像呈現出來。

冥王星＝金星／土星

象徵結束、生存、恐懼與危機的冥王星，可能帶來在原本穩定的愛情關係中的危機或是隱憂；有些人可能會受到自我價值架構的衝擊，需要不斷挖掘與反覆淬鍊。這個組合也可能暗示愛情關係中制定規則的人有強烈的掌控欲。

凱龍星＝金星／土星

這個組合可能暗示著自我價值被否定的創傷，或是在努力、認眞付出愛的關係中受到遺棄的狀態；有些人可能在落實財務規劃上感受到無力感。

南北交點＝金星／土星

這個組合暗示著不要對過去固有的價值觀緊抱不放，可能會透過與一些能在各自專業領域上擁有才華的人的相遇後，理解與學習如何制定能對未來帶來收穫的規劃，或如何發揮自己的潛能。

上升點＝金星／土星

對世界展現的自己可能是羞怯保守、拘謹有禮、外貌姣好但有冷漠感等等；有些人可能有藝術方面的專業技能，或是會一步一腳印的規劃實踐自己的財務計畫。

天頂點＝金星／土星

渴望展現在公眾面前的自己是在藝術、外交或財務規劃方面的權威，有些人容易被公眾看見愛情關係中的責任、困難或抑鬱的地方。

金星／天王星

天王星象徵的獨特、叛逆、突變或破壞，與金星的組合帶來了不受拘束、開放

式的愛情關係，暗示著在愛情關係中的獨立性、自由度、刺激感或忽冷忽熱的態度，或是容易衝動進入一段關係。有些人可能有遠距離的戀愛，或是出人意料之外的對象，有些帶有反傳統但令人興奮的感受。

這個組合也暗示著在自我價值、品味、美感、喜好與創造力上的與眾不同，他們較能誠實、直接的展現自己，不太理會他人的看法或觀感，也不會去解釋自己的行為，更不喜妥協或配合他人，所以有時會讓人感覺有些怪僻、任性、冷淡、疏離或自我中心的傾向。

透過中軸星象徵的人事物或領域，暗示著他們在愛情關係、情慾、自我價值與金錢上的豐富實驗精神或是自我中心的部分，可能在金錢上的收入較無規律，或容易有意外開銷；有些人具有較前衛的藝術天賦，或是豐富的原創力。

太陽＝金星／天王星

象徵自我、成就、光榮的太陽，為這個組合帶來想要追求個人獨特魅力的渴望，或暗示著個人在藝術創作上的創新與改革，能為個人帶來成就或影響力；有些人可能以與眾不同的穿著打扮或品味吸引眾人目光。

月亮＝金星／天王星

月亮象徵的安全感、家庭、母親或是情緒，在這個組合中可能容易因為愛情關係或財務上的改變，引發情緒上很大的起伏，過度興奮或悲傷，甚至歇斯底里都有可能；有些人可能會對社交關係上的冷漠、疏離特別敏感。

水星＝金星／天王星

象徵思考、邏輯、說話的水星可能暗示著容易透過溝通交流激發出藝術上的靈感或創意；或是在談話中因為某些邏輯的共鳴觸發愛意，突然興起追求的念頭。

火星＝金星／天王星

火星象徵的行動力、競爭、開創與憤怒，為這個組合帶來了強大的驅動力，對突然喜歡上的人、事、物容易感到興奮且反應快速的展開行動，但也要注意可能會

有熱度突然消散的狀況；這也容易帶來藝術創造力上的刺激與動能。

木星＝金星／天王星

象徵擴張、自由、探索與機會主義者的木星，為這個組合帶來了豐富的資源，可能暗示著增加許多獨特或不尋常的愛情關係的機會，或是能從與眾不同的愛情關係中獲得成長。有些人能幸運的被激發藝術或創造力方面的能力。

土星＝金星／天王星

土星所象徵的實際、保護、限制與權威，限制了天王星的變化範圍，也為金星加入了將創意落實的特質，抑制了愛情關係中不可控的變化狀態，但卻也因此容易帶來關係中的疏離，或不願輕易給予承諾的現象。

海王星＝金星／天王星

海王星象徵的模糊、混亂與無邊界的狀態，為這個組合帶來了迷幻或更為奇特的愛情關係；有些人會展現出在愛、藝術上的獨特美感，或是從宗教或身心靈上獲得自我價值上的改變。

冥王星＝金星／天王星

象徵恐懼、生存議題或偏執的冥王星，暗示著有些人可能在開放式的愛情關係中伴隨隱藏的危機或是禁忌。這個組合也可能因為重大的衝擊帶來了在財務、自我價值、愛情關係中的破壞或變化。

凱龍星＝金星／天王星

這個組合可能暗示著愛情關係突然變化帶來的創傷，或是原有的財務狀況受到意外衝擊而帶來傷害；有些人可能因為社交關係上突然地被切割或疏離而帶來了無力感。

南北交點＝金星／天王星

這個組合暗示著可能受到某些擁有特殊創意或才華的人吸引後，改變了原有的美感或自我價值上的認定，也藉此進一步的學習成長。

上升點＝金星／天王星

對世界展現的自己是擁有獨特的品味與美感，但又有點疏離且不在乎他人觀點，有特殊氣質且容易吸引他人眼光。有些人則容易被看見在愛情關係上的變化，可能是突然墜入愛河或是特殊對象。

天頂點＝金星／天王星

這個組合帶來渴望透過與眾不同的品味或美感以獲得名聲，或是因為其獨特的藝術天分被眾人所看見，有些人則以特殊的愛情關係而出名。

金星／海王星

在金星中點的組合中，這是很特殊的一個組合。海王星象徵的夢想、幻境、無邊界與犧牲，為金星帶來了對浪漫愛情的幻想、脫離現實的愛情關係、柏拉圖式的愛、祕密戀情或是容易為愛犧牲、受騙的狀況。由於對關係抱持著高度理想化與夢幻，無法接受不美與現實狀態。這個組合也容易帶來愛情上的誘惑力或是對愛狂熱的情況，容易引誘人或被引誘，可能不斷的換伴侶或不願進入真實關係，但是當真的進入關係之後，容易理想化他們的對象，拒絕看見關係中的實際情況，直至後來願意接受真相時又會覺得幻滅。

對於自我價值的認定或金錢的態度也容易混淆不清、優柔寡斷，可能把自己看作是少數具有慈悲與同理心的人，所以會願意為別人犧牲奉獻，或是覺得自己是受害者，需要他人的關懷與照顧。海王星也帶來了在音樂、藝術、美麗、影像上更強大的接收能力，容易創作出帶來集體意識共鳴的作品。

透過中軸星象徵的人事物或狀態，可以讓我們看見自己在哪些領域容易帶有情感、價值觀、藝術、宗教上的幻想、犧牲包容或是無界限。

太陽＝金星／海王星

象徵主要人格特質、父親、成就與自我的太陽，在這個組合中暗示著個人特質

帶有過度浪漫和魅惑力，也可能在人際關係上有很強的包容或仁慈，有些人則從事與影像藝術或是追求身心靈和諧方面的工作。

月亮＝金星／海王星

象徵安全感、情緒或家庭的月亮，為這個組合帶來了更敏感的感受力，可能暗示著母親或伴侶關係的感情生活都帶有夢幻或理想化的狀態，或是對金錢概念較為迷糊，甚至有受騙的現象。

水星＝金星／海王星

水星象徵的語言、溝通或思考，在這個組合中暗示著對藝術與美感上的理解或學習，有些人可以將自己對浪漫愛情的幻想書寫或填詞，或是說話具有引人想像的能力。

火星＝金星／海王星

象徵行動、熱情、攻擊或是憤怒的火星為這個組合帶來了動能，暗示著能為理想的愛情關係展開行動，也容易將對愛的狂熱展現出來，或是著迷在情慾之中。

木星＝金星／海王星

木星象徵的膨脹、信念、自由或是資源，與海王星的無邊際、理想有類似的特質，加上金星更強調了完美、理想或是美好的主題，對理想的愛情關係有豐富的想像力，或是對美與藝術多種樣貌的接納。

土星＝金星／海王星

土星象徵的實際、嚴謹與困難，為浪漫的愛情關係帶來了挑戰，讓漂浮在空中的愛情泡泡被現實戳破，回歸到真實世界。有些人則有為愛犧牲受苦的狀態，或是在犧牲的愛情關係中受到冷漠、疏離的對待。

天王星＝金星／海王星

象徵破壞、突變或是獨特的天王星，為這個組合帶來了無法預測的變化，可能是突然之間出現了符合理想愛情關係的對象，或是因為意外衝擊帶來分離，使得在

愛中有犧牲感。

冥王星＝金星／海王星

　　冥王星象徵的恐懼、死亡與威脅引發了隱藏在自我價值、愛情或金錢上過度理想化的危機，有些人可能過度美化愛情關係，不願看見控制或暴力的問題，或是因爲財務上的迷糊而受到嚴重打擊。

凱龍星＝金星／海王星

　　象徵父母的遺棄、創傷或是局外人的凱龍星，可能暗示著因爲對愛情抱有過度幻想帶來的創傷，或是自我價值上的混淆帶來的傷害，有些人可能在藝術創作上不被接受或受到排擠。

南北交點＝金星／海王星

　　北交點暗示著可能在過去經歷過迷糊或混亂的愛情關係，或是在愛中的犧牲與包容後，經歷了對愛的幻滅與失望，改變了原有的感情態度或自我價值上的認定，也藉此進一步的學習成長。

上升點＝金星／海王星

　　對世界展現的自己是充滿魅力與對他人的包容與關懷，有些人則展現出藝術上的魅力與天賦，或是在愛情關係中的理想性特質。

天頂點＝金星／海王星

　　渴望透過高度的藝術天分獲得成就，或是因爲浪漫的愛情關係爲人所知，有些人則因爲投身於熱愛的宗教、心靈領域而出名。

金星／冥王星

　　象徵死亡、恐懼、挖掘或是掌控的冥王星，爲金星的自我價值、愛情、金錢與關係帶來深度的檢視與淬鍊，將我們自以爲美好的假象揭開，看見自己在何處隱藏了強烈的被愛與被關注的需求，或是害怕失敗、被拒絕的恐懼。原因可能來自於對

自己的價值有否定或是負面想法，所以容易用強烈、極端或控制的方式證明愛或自己存在的價值。這種狀態容易帶來強烈的愛憎情仇、強迫性的關愛、強烈的吸引力或性愛關係，或容易受孕的情況，有些人會運用在金錢或權力上的掌控來證明或展現力量。

我們可以透過中軸星象徵的人事物或領域，發現隱藏在自身中強烈的嫉妒或佔有欲，或是在自我價值上有需要被挖掘、清除、釋放的部分，並學會接受自己的不美好之處，從痛苦的經驗中獲得力量。

太陽＝金星／冥王星

象徵自我、意志力、成就與目標的太陽，在這個組合中暗示著個人性格特質在情感表達上深沉且強烈；有些人則展現出個人在金錢上的危機掌控能力，或是透過追求在藝術上的深刻挖掘帶來偉大的創作。

月亮＝金星／冥王星

象徵安全感、情緒或家庭的月亮，對這個組合帶來了敏感焦慮的狀態，可能暗示著母親、家庭或伴侶關係之間隱藏著情感操控、金錢危機、或是自我價值上的壓抑等情況。有些人可能對組成家庭和生兒育女有強烈的情感需求。

水星＝金星／冥王星

這個組合暗示著可能在兄弟姊妹、智力、學習或口語表達上的議題，帶來自我價值上的打擊或摧毀，有些可能會有金錢借貸的情況。這也可能帶來對藝術的深度理解或天賦，或是在說話技巧上具有魅力且深諳人心。

火星＝金星／冥王星

象徵體能、熱情、憤怒與競爭的火星為這個組合帶來了活力，可能暗示著愛情關係中強烈的感官特質，或是具有攻擊性的佔有的愛；在某些祕密或禁忌的愛情關係中，可能透過刺激或暴力的性關係維繫或是受到摧毀。

木星＝金星／冥王星

木星象徵的資源、信念、樂觀與自信，爲這個組合帶來正面積極的能量，可能暗示著在深入緊密的愛情關係中獲得快樂，或是在藝術深度鑽研中幸運的找出自己的風格或方向；有些人能透過內在自我價值的自省與淬鍊成長。

土星＝金星／冥王星

象徵壓力、規範、權威與責任的土星，暗示著可能帶來了在強烈的愛情關係中的壓抑、痛苦，或是祕密、禁忌戀情中的罪惡感。有些人可能在挖掘探索內在價值時，給自己帶來沉重的壓力或恐懼。

天王星＝金星／冥王星

天王星象徵的破壞、突變、革命或冷漠，可能暗示著因爲意外的突發狀況導致財務危機，或是突然陷入祕密或禁忌的愛情關係中，有些人可能會經歷不尋常的強烈愛情，或甚至因此突然覺醒。

海王星＝金星／冥王星

海王星象徵的無界限、混亂、犧牲或夢幻，強化了對深刻戀情的想像，或是狂熱的深陷愛情關係之中，但也要小心在控制的愛中成爲犧牲者。有些人會對隱藏的財富充滿幻想與期待。

凱龍星＝金星／冥王星

象徵遺棄、傷痛與局外人的凱龍星，在這個組合中暗示著創傷可能來自於自我價值的壓抑或摧毀，或是在深入的愛情關係中遭受到遺棄或傷害；也要小心在金錢借貸方面受害。

南北交點＝金星／冥王星

這個組合暗示著可能透過每一段深刻的愛情關係，去看見自己的佔有、欲望、恐懼、嫉妒及控制等特質，進而帶來成長也找出自己的潛能。有些人能因爲深入理解而帶來世故的魅力，且對他人帶來影響力。

上升點＝金星／冥王星

對世界展現的自己是充滿神祕迷人的魅力，或是深情的人，讓人想一探究竟；有些人容易讓他人感受到擁有隱藏的才華或創造力。

天頂點＝金星／冥王星

渴望透過對藝術或創造力的深度挖掘得來的才華而獲得成就；有些人可能因為經歷了愛情、金錢或人際關係上的危機而受到公眾關注。

金星／南北交點

金星與南北交點的組合，暗示著在成長過程中與他人產生愛、喜悅、親密感、和諧與關係等等連結的需求。透過每一次的愛情關係，看見自己過去慣性的影響並獲得啓發與成長，或是從與他人的人際關係互動之中，學習到對方在人我關係、藝術、創造力、財務方面的經驗。

這個組合同時也帶來親切、熱情、開朗、隨和且樂於助人的特質，待人有禮且討人喜歡，他們也喜歡和很多形形色色的人交流，享受關係中的美好與喜悅，並且了解自己喜歡什麼樣的愛人與接受愛的方式，或是自己受人喜愛的特質，進而強化了自我價值感。

太陽＝金星／南北交點

象徵自我、成就、啓發與生命力的太陽，為這個組合帶來了榮耀與影響力，為努力付出學習愛情、自我價值與關係的成績被看見；有些人可能透過觀察父親、上司在人際關係或金錢上的發展為自己訂定了目標。

月亮＝金星／南北交點

月亮象徵的情緒、家庭與母親，在這個組合中暗示著可能有與他人建立親密關係的需求，或是在每天的生活中學習如何建立舒適美好的關係，並透過很多人際關係的交流與連結，學習如何被滋養與關懷他人。

水星＝金星／南北交點

這個組合暗示著可能透過大量的溝通對話或文字，探討愛情關係中的問題，或是透過愛情、人際關係中的互動狀態，思考愛或關係的意義。有些人能將開朗隨和、親切討喜的潛能發揮在商業上。

火星＝金星／南北交點

象徵行動、憤怒、防衛與攻擊的火星，在這個組合中暗示著有強烈的本能驅力去挑戰愛情關係，並滿足在性愛、生育與激情方面的衝動。有些人可能透過運動、軍事方面的領域產生愛情或人際關係方面的交集。

木星＝金星／南北交點

這個組合暗示著可能透過愛情關係中的衝擊與挑戰，帶來靈性上的成長，或是能幸運的遇到適合的對象；有些人能從愛情或人際關係的深入發展中獲得資源、財富或自信。

土星＝金星／南北交點

土星象徵的規範、界線、現實或責任，在這個組合中可能暗示著愛情關係的發展或挑戰帶來的困難或壓力，有些人可能容易透過愛情或人際關係中覺知到現實的殘酷。

天王星＝金星／南北交點

象徵破壞、革命、創新的天王星，為這個組合帶來了意外或無法預料的愛情或人際關係，或是因為突然的衝擊帶來了在自我價值上的挑戰並激發個人潛能。

海王星＝金星／南北交點

海王星象徵的無邊界、夢幻、模糊或犧牲，在這個組合中暗示著從愛情關係中的挑戰帶來覺知與靈性的昇華，或是對愛情、人際關係的發展沒有符合理想狀態的失落。

冥王星＝金星 / 南北交點

象徵生存、恐懼、清除或釋放的冥王星，在這個組合中暗示著在愛情、人際關係中的挑戰帶來本能的恐懼或是隱藏的陰影，甚至帶有宿命感或是強烈且深入的連結。

凱龍星＝金星 / 南北交點

象徵傷痛、弱勢與局外人的凱龍星，在這個組合中暗示著創傷可能來自於成長中與他人產生的金錢、愛情或社交關係中，有些人則是在探索自我價值的成長過程中感受到無能爲力的狀態。

上升點＝金星 / 南北交點

對世界展現的自己是能透過愛情、藝術、創作力、金錢或人際關係獲得成長的狀態；有些人則是以出名的情感對象被大家認識。

天頂點＝金星 / 南北交點

這個組合帶來渴望透過藝術創作的啓發與成長被眾人關注，或是愛情關係的昇華讓人印象深刻；有些人可能因爲在人際關係中的長袖善舞而出名。

金星 / 上升點

象徵愛、美感、和諧、才華的金星，和我們與世界連結的上升點形成組合時，讓我們與外在環境的互動戴上了討人喜歡的、具有魅力的、有藝術或創意、善於運用外交手腕的特質。這個組合喜歡和周遭環境的互動是舒適、愉悅、和平、溫和、避免爭執或競爭、願意妥協並且喜歡受人歡迎。他們不希望表現出醜陋的樣貌，所以大多表現出善良親切的態度，注重外表的漂亮整潔和行爲舉止進退有度，並且待人有禮的形象，同時也會注重他人能否也是如此。

我們可以透過中軸星象徵的人事物與領域，看見我們在哪些領域特別注重關係，能否受人歡迎，或是會努力維持和諧美好的互動關係。

太陽＝金星／上升點

象徵自我、父親、成就與目標的太陽形成組合時，暗示在人格特質上注重與外界保持和諧的關係，或是追求讓外界產生接觸的人都能喜愛自己，能發揮長袖善舞的魅力，讓自己受大家歡迎。

月亮＝金星／上升點

對家庭、伴侶關係的互動會運用妥協、合作的方式去維持和諧的氣氛，需要在關係的互動中是以平等、愉悅、親切的方式互動。當關係互動方式不和諧時，容易引起情緒上的起伏或不安，或壓抑自己的需求去換取美好的關係。

水星＝金星／上升點

這個組合帶來了與周遭環境溝通交流對愛情、藝術與品味方面的想法，能說出讓周圍人感受愉悅的話題，有些人可能擔任評論他人穿著打扮的工作。

火星＝金星／上升點

象徵動能、憤怒、競爭與保護的火星，在這個組合中暗示著會主動對外展現個人魅力，或是會為了喜愛的關係展開行動，也會運用自己的魅力與優勢去建立關係。

木星＝金星／上升點

這個組合帶來了很多展現自己親切、有魅力的機會，可能是社交範圍廣泛，或是活躍在宗教信仰團體中，有些人能在與他人的愛情、人際關係、藝術、財務上獲得資源或好運氣。

土星＝金星／上升點

象徵限制、沉重與界限的土星，帶來了與周遭環境保持和諧關係的困難，或是因為害羞、性格內向，需要花較多時間熟悉周遭環境才能展現出個人魅力；有些人可能懷疑自己能否受到他人歡迎而縮小、疏離交際圈。

天王星＝金星／上升點

天王星象徵的創新、破壞與改革為這個組合帶來了意外且無法預料的特質，可

能會突然吸引到周遭環境的關注，或是以獨特的魅力與他人互動；有些人則可能意外的進入愛情關係中。

海王星＝金星／上升點

這個組合帶來了很多在愛情、人際關係上互動表達的模糊或混亂的狀況，但有些人卻很容易融入周遭環境受人歡迎。海王星同時帶來了在愛情關係中的夢想與過度理想化的特質。

冥王星＝金星／上升點

冥王星象徵的隱藏財富、恐懼與危機，暗示著這個組合在對他人的吸引力上具有危險、神祕或強烈的特質，或是在人際關係的互動上表現出世故老練的樣貌。

凱龍星＝金星／上升點

在展現自我價值時容易受到創傷，或是要表達親近、和善的待人態度時，容易被對方無意的反應傷害。但有時我們需要回過頭來思考自己對價值定義的公平性，這是否對他人來說也具有同樣價值？這份創傷要帶給我什麼樣的反思呢？

南北交點＝金星／上升點

能透過與周遭環境互動和諧、仁慈、親切、受歡迎的過程中，學習到人際關係的精髓，展現出對個人價值的尊重，並藉由這些關係激發自己的成長與潛能。

天頂點＝金星／上升點

對愛情、美感、自我價值、藝術或是品味的喜好與態度容易被公眾看見，可能是自己的創作品，也可能是愛情關係的對象。

金星／天頂點

象徵名聲、社會地位與人生目標的天頂與金星產生中點組合時，暗示著個人的公眾形象與事業，可能與愛、美、品味、藝術、金錢、感官、創造力、音樂、娛樂、社交、外交與形象等相關，或是注重和諧、自我價值、合作、享受與美食的領

域。不論在哪一種行業，都能將和諧的天性與擅長人際互動往來的專長帶入工作當中。有些人則以自己的愛情關係或浪漫形象出名。

我們可以透過中軸星象徵的人事物與領域，看見自己能夠被公眾關注的美好形象、職業與人際關係範圍。

太陽＝金星／天頂點

象徵自我、事業、目標與成就的太陽與天頂象徵的事業，都重複暗示了個人在藝術、品味、美麗、創造力等金星的職業趨向，或是自己的愛情、金錢、虛榮與自負等行為，都很容易被公眾看見。

月亮＝金星／天頂點

可能透過月亮象徵的家庭、伴侶關係與照顧他人的工作中，被大家看見自己的魅力、親切、熱情與價值所在；或是從事與金星相關的職業是源自於家庭或母親的期待。

水星＝金星／天頂點

象徵溝通、思考與商業的水星，暗示著這個組合可能透過出名的藝術、創作、外交、娛樂或財務方面的著作、評論或教學為職業；或是個人出名的愛情關係常被眾人討論或出現在媒體上。

火星＝金星／天頂點

火星象徵的行動力、暴力、攻擊或是防衛的特質，在這個組合中可能暗示著透過運動、軍事、競爭或冒險方面的工作，被公眾看見自己的魅力、才華或是價值所在。有些人則可能以熱烈、激情、性或暴力的愛情關係出名。

木星＝金星／天頂點

可能透過象徵信念、教育、資源或出版方面的工作，被公眾看見自己對愛、美、和諧等金星的觀點，或是展現出豐富的情感，能將自己對美好事物的態度與信念傳遞出去。這個組合能透過展現在公眾面前的才華，輕鬆幸運的獲得資源與機

會。

土星＝金星／天頂點

土星象徵的限制、壓抑、責任與匱乏，可能暗示著從事與金星相關的職業，在初期可能會帶來很多的挑戰與挫敗感，必須透過反覆的累積經驗之後才能逐漸散發光彩。有些人則以抑鬱、困難或責任性的愛情關係被眾人所知。

天王星＝金星／天頂點

這個組合可能暗示著透過科技、環保、創新產業或與眾不同的職業，被公眾看見自己的價值或人際互動往來的能力。有些人在藝術創作上的名氣是透過獨特的個人風格而來。

海王星＝金星／天頂點

象徵混亂、夢幻、理想的海王星重複暗示著藝術方面的才華能帶來名聲，但是也可能以從事宗教、身心靈、影像方面的職業被眾人看見自己在分享、回饋與奉獻等金星特質上的展現。有些人可能以夢幻或犧牲的愛情關係出名。

冥王星＝金星／天頂點

這個組合可能暗示著被公眾所知的愛情關係帶有強烈的吸引力，或是摻雜了許多愛恨情仇、宿命般的感情關係。有些人可能從事需要透過危機、釋放、恐懼或是挖掘隱藏財富等較危險但高收入的職業。

凱龍星＝金星／天頂點

象徵遺棄、無力感、創傷與局外人的凱龍星，在這個組合中可能暗示著被眾人所知的愛情關係是帶有創傷或無能為力的感受；有些人則以治療師、薩滿的職業受到公眾喜愛與評價。

南北交點＝金星／天頂點

這個組合暗示著可能透過藝術、品味或是創造力方面的事業，與很多有這方面專長的人相遇，並透過這些互動交流過程中的學習與挑戰，發覺自己更多的潛能。

有些人則從有名氣的愛情伴侶關係中獲得靈性上的成長。

上升點＝金星／天頂點

這個組合可能透過出名的藝術、創作與才華影響周遭的人，或是以受大眾喜愛的親切、溫和、和諧、美麗或具有魅力的形象帶來自我認同。

火星中點組合

火星中點影響了我們對於行動的表現，是不顧一切積極展開行動。還是會謹慎評估之後而為？亦或是瞻前顧後猶豫不決？當生活中受到威脅侵犯時，是否能夠有效的捍衛自我？會以什麼樣的方式來保護自己都受到這些相位的影響。

火星／木星

對於自我的人生目標，是否有追求的勇氣，還是只是停留在紙上談兵的階段，永遠欠缺跨出那一步的的動力？當他人質疑我們的信仰信念時，會跟著產生懷疑，還是鼓起勇氣捍衛自我的信念？脾氣與怒火往往較為澎湃，一旦發火很難停下來，可以試著從中點的行星來找出控制脾氣的方法。

太陽＝火星／木星

面對心中所仰望的人物時，常會遇到考驗，第一反應通常是感到憤怒，並且想要直接反擊回去，讓對方知道我們的重要性。當能夠捍衛自己的理念時，不論其他人如何評斷，自己就能夠肯定自我的表現，並且感到非常的自豪。

月亮＝火星／木星

不習慣將自己對於未來的想法與計畫輕易的告訴他人，總覺得在沒有真正展開行動之前，把夢想揣在懷中是最安全的做法。母親的脾氣起伏激烈，與之相處是有壓力的一件事，嘗試理解母親的種種要求是帶著希望激勵我們邁向更好的未來，可

有助於緩解雙方的緊張氣氛。遇到讓自己非常憤怒的事情時，能夠運用同理心，站在對方立場想一想，可以更有智慧的化解僵局。

水星＝火星／木星

對於自己所相信的事物會四處宣揚，特別是親朋好友，更會叨唸不停，直到確定大家都清楚明瞭為止。與兄弟姊妹之間時常因理念不同而有爭執，而且爭執的火氣往往一發不可收拾。能夠學習到有些時候並沒有絕對的是非對錯，真正傾聽對方的想法與緣由，可以有效解決衝突。

金星＝火星／木星

認同捍衛理想的意義，當有勇氣去追求夢想時，對於自己的價值會有更多的認可。金錢觀念是不花則已，一花驚人，越是稀少搶不到的商品，願想要不惜代價得到手。有著一發不可收拾的脾氣，面對身邊的人再度生氣時，可以提醒自己，生氣的真正原因是出自於對對方的愛，產生了恨鐵不成鋼的火氣，隨時想起莫忘愛的初衷，便知道如何做出調整。

土星＝火星／木星

對於享樂活動，偶爾會有過度放縱的行為，卻往往容易在這種時刻遭遇到現實的考驗，使人感到挫敗。而這些打擊的背後目的，在於讓我們學會以踏實的方式來落實目標，不能逃避取巧。懂得以嚴謹務實的態度來邁向人生的夢想。

天王星＝火星／木星

時常有著出人意表的行為舉止，強烈的說做就做、說走就走的個性，心中有了想法念頭，無法等待細心規劃，便會即刻展開行動。當所認定的事物遭到旁人的質疑或攻擊時，會用出其不意的方式甚至是猛烈的攻擊，來捍衛自己的信念。

海王星＝火星／木星

有著非常遠大的夢想，並且帶著極大的善心來看待這個世界，希望透過自己的作為，為眾人帶來更美好的未來。問題在於，雖然很勇於做夢，卻有著行動力不足

的困擾，許多事情都停留在想像與構思當中，缺乏眞正挽起袖子動手做，邁開腳步向前行的部分。另一方面，當眞正展開追求目標的行動時，容易不小心迷失了方向，要懂得隨時提醒自己，不要忘記最初的感動與渴望是什麼。

冥王星＝火星／木星

每當貿貿然採取行動時，容易在無預期的情況下遭遇到震撼性的事件，顛覆了原本的信念。當事件涉及到根深蒂固所相信的事物時，會抱持著拚了命也要捍衛到底的態度，與反對者抗衡。

凱龍星＝火星／木星

在義氣相挺或是感到憤慨的情況下，會有一發不可收拾的激烈行爲，若拿捏不好尺度，容易導致自己或身邊人受傷害。時常因爲捍衛理念而感到孤獨，而在此時依舊能夠爲了目標，勇敢奮鬥到底，將能學習到更多的智慧。

南北交點＝火星／木星

當心中有些不滿意的脾氣產生時，很容易激發成火花四射的怒火，需要學習如何收放脾氣，在該展現勇氣的時刻挺身而出，應該要寬恕的時刻，也能夠有智慧放下憤慨。

上升點＝火星／木星

容易在缺乏謹愼思考的情況下，因爲一股衝勁而展開新的行動，若能夠發揮堅持到底的毅力，能在目標達成時，收穫到許多當初沒想到的友誼。時常遭遇到需要與他人抗衡來捍衛自己理念的情況，這也是讓自己反思，當初所訂下的目標，是否有需要調整修訂之處，還是應該要爲之奮鬥到底。

天頂點＝火星／木星

能夠堅持自己的目標，持續不懈的努力，就算受到他人的質疑與反對，仍能夠有勇氣告訴世界自己的理想，也因這樣持之以恆的毅力，可以得到眾人的崇敬。

火星／土星

在不熟的朋友眼中是位好好先生或好好小姐，似乎沒有太多的火氣。事實上，脾氣與怒火不是不存在，只是較為壓抑，時常猶豫在直接說出憤怒，還是考量現實狀況先忍下來，在天秤的兩端猶豫不決。此時參考火星與土星的中點行星，可有效找出協調之道。

太陽＝火星／土星

非常想要去爭取心中的渴望，又擔心能力是否不夠，躊躇猶豫裹足不前。每當貿然行動，便會受到現實殘酷的打擊。與權威之間時有衝突，如何與父親、男性長輩和解，是人生當中困難但需要完成的課題。

月亮＝火星／土星

在生活當中，若行動受到質疑考驗時，靜下心來，傾聽內心的聲音。若心情無法寧靜，甚至產生焦慮不安的情緒，很容易導致身體上的不適。懂得發揮以柔克剛的天賦，可以解決許多生命中的考驗。

水星＝火星／土星

若是從童年時起，每當事情的進展不如自己預期時便可能勃然大怒，指責這世界不公平，或是對他人或對自己的內心，展開責備和攻擊。過度壓抑亦或澎湃激昂都屬不妥，需要學習如何理性且適當的抒發自己的情緒。

金星＝火星／土星

當遇到阻礙時，能夠展現勇氣去面對挑戰，並且以穩健的腳步慢慢克服困難時，除了激發出自己過去都沒想到過的潛力之外，亦能更具自信的認可自我價值。另外，當整個人懶洋洋缺乏活力時，找到自己有興趣的嗜好並且投入其中，可以有效提振士氣。

木星＝火星／土星

當面對生命中的挑戰時，容易因為缺乏直接面對的勇氣而選擇逃避的方式，以為視若無睹，那些問題就不存在，而自己就可以不用承擔起責任；也容易因一時的衝動而造成難以收拾的結果。能夠學習到真正紮實的能力，而非表面功夫，自己也會更加有信心去解決種種難題。

天王星＝火星／土星

持續壓抑的火氣會在沒有想到的時刻，因為某件可大可小的事件便引起激烈的爆發；或容易因為出奇不意的行為受到考驗。特別需要留意交通方面的狀況，輕忽不在意的時刻便容易有意外發生。

海王星＝火星／土星

從小身體健康方面便需要多加留意，容易有抵抗力不足的狀況，導致三天兩頭就掛病號。成年之後，也是喜愛動腦勝過活絡身體，寧可在精神、宗教、靈性等世界遨遊，也不願意走入健身房。要知道健康的心靈與健康的身體是一體兩面密不可分，能夠踏實的培養良好的體格，可以擁有身體與心靈都更加寬廣的天地。

冥王星＝火星／土星

生命的考驗一波接著一波，當努力的克服障礙，覺得即將要雨過天晴時，未知的暴風雨正在遠方醞釀。要知道生命沒有過不了的難關，種種試煉只是為了激發出自己都沒想到的巨大潛能。懂得記取生命旅途中點點滴滴的經驗，找到能夠激發強烈熱愛的人事物，可以活出無人能比的精彩人生。

凱龍星＝火星／土星

留意因為高溫、高燒、燒燙傷等狀況所造成的傷害。遇到生活中的挫折時，很容易勾起過往類似經驗的不愉快回憶，甚至陷入其中而無法自拔。需要懂得化阻力為助力，將過去的經歷當成進步的動力，便能更踏實的走在人生旅途上。

南北交點＝火星／土星

遭遇到困難時，習慣性的回到自己熟悉的舒適圈，雖說是準備靜待時機再次出擊，事實上容易產生退縮之心，告訴自己原本的環境就很好，不見得需要突破。然而，心中那份想要克服困境，呈現自我的驅動力依舊存在，能夠多方學習吸收經驗之後，有機會展現勇氣眞正面對考驗。

上升點＝火星／土星

給人的印象帶些謹愼，不會衝動行事，又或是對於權威者抱持著對抗的意識，有股少年老成，但又看得出些許莽撞的衝突感。當猶豫時提醒自己可以多一些勇氣，而急躁時多想一下實際情況，便能夠更加平衡的踏出人生的每一步。

天頂點＝火星／土星

工作上總有股綁手綁腳不能好好施展的情況，上司的個性較爲直接，甚至可以稱之爲情緒管理不佳，也因此與主管們時有衝突。當能夠展現突破自我的勇氣來克服職場上的困境時，可以得到眾人的肯定。

火星／天王星

個性實屬耿直，很難理解什麼叫做婉轉的藝術。心中一旦有什麼樣的想法形成後，很難再做改變，若尺度拿捏不當，很容易就變得主觀且一意孤行，無法聽進旁人的意見。從火星與天王星的中點，可以提醒我們，從什麼樣的角度來中和衝動行事所造成的困擾，也能更加明白生命會想要爲之奮鬥的目標具有何種特質。

太陽＝火星／天王星

從小崇拜的偶像就是那種會打抱不平，維護社會公理的英雄，自己也以勇敢、果決並且充滿正義感爲做人處事的目標。當面對困境而找不到突破的方法時，可以試著想想看可以運用何種創意的方式來完成。

月亮＝火星／天王星

內心深處非常渴望能夠展現出自己與眾不同之處，可是到了真要表現時，容易害羞膽怯，明明應該要勇敢登場，卻又習慣退回到熟悉的地方，或是以傳統固有的方式行事。遇到意見不合的衝突時，試著去同理對方，並且也讓對方明白我們的心意，有助於改善僵局。

水星＝火星／天王星

對於自己的想法，有著異於常人的堅持，崇尚理性思辯，能夠在道理上說服自己的觀點，也會欣然接受。另一方面也有著不輕易屈服於權威的叛逆，一定要對方能夠說服自己，才會接受他人的種種要求。

金星＝火星／天王星

遇到溝通上較為衝突的場面時，能夠採取和緩氣氛、再慢慢溝通的態度，能夠化戾氣為祥和。反之，在互動冷漠疏離時，若懂得激勵對方，提振彼此的心情與士氣，更有助於突破關係的僵局。

木星＝火星／天王星

對於自己所相信的人事物，都抱持著生死與共的強大堅持，不需要到批評的程度，只要有人稍微顯露出質疑，便會發動所有能攻擊的方式來強力反擊，以捍衛自己的信念。提醒自己，凡事都留有一些討論的空間，可以讓關係更加和緩，自己也更為輕鬆。

土星＝火星／天王星

頗有理想性，從小便在心中勾勒出如同柏拉圖所描繪的理想世界。要知道理想非常重要，但這只是第一步，如何踏實的建構在我們現實的生活當中，是自己必須完成的目標。當覺得發展已到瓶頸，能夠有勇氣衝破限制，找到一片新的天地。

海王星＝火星／天王星

與四周的人相比，一直懷抱著巨大的美夢，認為透過自己與眾人的努力，世界

一定會變得更加美好。遇到任何意外挑戰，只要想起心中那遠大的夢想，就像立刻
充飽了電一般，能夠擁有再次面對重重關卡的勇氣。

冥王星＝火星 / 天王星

對於人生規劃總是帶有一些衝動，迫不及待的想要快速的完成目標，也因此導
致許多不必要的挫折與失敗。要學會放慢腳步，累積眞正的實力，便能夠掌握自己
的人生。

凱龍星＝火星 / 天王星

直接了當甚至較爲犀利的言行舉止，總是傷害了身邊的人，也讓自己感覺受
傷。能夠記取教訓做出相對的調整，可以緩解衝動的後果。在交通方面需要特別留
意意外的發生，行車絕對不可以過快。走在路上不要三心二意，需要多注意其他車
輛的狀況，便可避免意外的發生。

南北交點＝火星 / 天王星

碰到理念不同的夥伴，不見得願意說出想法來做溝通，時常是習慣性的與其保
持距離，甚至是不相往來。尊重他人的意見是優點，若能夠互相激勵出新的火花，
可以替彼此都帶來更寬闊的視野。遇到任何的挑戰，能夠運用出乎意料的創意想法
來解決面前的危機，贏得眾人的注目。

上升點＝火星 / 天王星

認爲生命就是一連串的驚喜，每當解決完一件難題之後，仿佛怕我們閒著無聊
似的，又會出現另外一個關卡，需要爲之奮戰。留意是否做事情稍嫌衝動，而缺乏
全盤性的考量，能夠懂得以第三人的角度，綜觀全局之後再做出的決定行爲，可以
幫助我們有效的完成每一件工作。

天頂點＝火星 / 天王星

家庭成員較爲熱情，互動上也帶有些火藥味。成長的過程中需要努力奮鬥來打
拼出屬於自己的一片天地。事業環境也充滿著競爭性，上司們的個性直接，並且期

待部屬能夠透過彼此的競爭，激發出更多的潛力，邁向更高的事業成就。

火星／海王星

行事作風溫和有禮，容易讓人感覺缺乏競爭力，也缺少一份對於生命的熱愛。事實上，擁有火星與海王星相位的人，對於人生帶有崇高的理想性，不只是滿足於個人的小情小愛，能夠做到具有普世精神的大愛更是心中的渴望。透過中點的行星，可以幫助我們找出面對夢想時會遭遇到的困境，以及如何解決困難的方法。

太陽＝火星／海王星

會描繪出一位完美的對象、一份完美的工作、一個美好的將來。如何眞正追求到心中渴望的人事物，是長久以來激勵自己不停前進的一大動力。在築夢的過程當中，遭遇到的困境，能夠拿出決心一一克服，直到完成目標。

月亮＝火星／海王星

天生的夢想家，擅長編織各種人生的夢想，並且能夠打動身邊的人，得到他人的認可。當覺得失去奮鬥的目標，前途茫茫不知所措時，靜下心來去傾聽自己內心深處眞正的聲音，便可以找到方向。

水星＝火星／海王星

心中的渴望不要只是藏在心底，懂得適時的分享出來，不僅可以獲得肯定，也會對生命感覺更有意義。與兄弟姊妹之間時常有雞同鴨講的狀況，聯繫時最好能夠明確說清楚，以免造成誤解，又導致口角爭執的發生。

金星＝火星／海王星

從小身體狀況較多，小病小痛不斷，抵抗力確實較爲薄弱，需要懂得以實際的方式，不論是飲食的改善、適當的運動、規律的作息等等，重視健康的維持與增進。能夠找到願意投注心力的興趣嗜好，可以爲自己創造豐富的金錢以及肯定自我的價值。

木星＝火星／海王星

對於宗教領域有著強烈的追求與感受性，在其中能夠找到生命的方向與意義。只是要提醒自己，投入某個信仰團體之前，保持一定程度的理性，做出謹慎的觀察與判斷，才能保護自己不要受到傷害。

土星＝火星／海王星

心中所勾勒出的理想境界，執行起來容易遭遇現實的考驗，而帶來強烈的挫敗感。懂得從挫折當中看見不足之處，做出適當的修正調整，讓執行的方式更符合實際的狀況，便能夠將夢想落實在生命當中。

天王星＝火星／海王星

認為夢想是遙不可及的，人要活在當下，不要去追逐那天邊的雲彩。但若有機會在夜深人靜時面對自己的內心深處，捫心自問便會發現，其實心中帶有極高度且純粹的理想性，只是害怕無法在生命當中完成這個理想，因而做出種種否定的行為。嘗試在現況當中以創新的思維來規劃，便有機會邁向夢想之境。

冥王星＝火星／海王星

對於自己所渴望的夢想會深深的藏在心底，不輕易讓人知道。這樣的渴求有可能成為牽絆著自己前進的阻礙，也可以成為驅動成長完成夢想的強大力量。懂得看見那份火花，便可以細心呵護慢慢加溫，使之成為激勵自我成長的熊熊火焰。

凱龍星＝火星／海王星

容易因為不懂克制的激烈行為，帶來生命當中難以磨滅的傷害。若有上癮的習性，長此以往容易導致身體健康方面的損害。反之，能夠適度的拿捏好對於嗜好的投入，並且持續耕耘，可以在相關領域成為一方之師。

南北交點＝火星／海王星

對於喜歡的人事物，很容易產生強烈的保護欲，不能夠接受絲毫的批評，一旦覺得受到威脅，會展開無止境的怒火反擊。能夠學習到以柔克剛的藝術，便能夠化

干戈爲玉帛，彼此都有獲益。

上升點＝火星／海王星

身爲眾人眼中的林黛玉或是賈寶玉，在年少時有著體弱多病的情況，或是不知道該如何保護自己，成爲某些事件的受害者。千萬不要因爲過去不愉快的經驗，而對於未嘗試過的事物裹足不前，懂得做好自我的保護，知道退讓也有個明確的底線時，便可以展開雙手迎接生命當中更多美好的到來。

天頂點＝火星／海王星

從事的工作與藝術或宗教、靈性領域有關，在事業上偶有小人出沒，遭受到一些莫須有的攻擊。我們不去主動侵犯他人，可是當受到他人的擾亂時，如何保護好自己，捍衛自己的名譽及地位，需要多用點心思。

火星／冥王星

象徵行動力、開創、競爭的火星與象徵恐懼、死亡、威脅的冥王星都與生存議題有密切的關連，冥王星掩蓋了火星的狀態，讓憤怒、性、保護與防衛等等現象較不易被自己意識到，也不大容易被他人觀察出是否源自於能否存活的恐懼。展現在外的大多是對自己有極大的自信，或是有很深的執著，有些人會有強烈的求勝心與戰鬥力，要求事情在自己的掌控下進行，或是無意識中要他人遵照自己的想法行事；有些人甚至爲達到自己的目的不會顧及到他人的感受，表現出自私、無情或是殘暴的一面。但也可能有無能爲力，無法捍衛自己的權利，對強權感到畏懼，覺得自己無法戰勝所以放棄抗爭等等狀態。這些無法和自己的憤怒連結的狀況，可能會吸引帶有暴力、欺壓、性、控制、生死存亡等人物或情境的到來，逼迫他們發展出強大的力量，挖掘出勇氣、自我保護與反擊能力。

我們可以透過中軸星所象徵的人事物或領域，找出重要的線索。

太陽＝火星／冥王星

　　這個組合帶來了在象徵父親、男性伴侶、事業、自我意志的太陽方面的存亡挑戰，有些人會因為更高的權力干預而受到攻擊與傷害，或是發生重大事故，帶來意志上的衝擊甚至瀕臨崩潰。但同時也會觸發強勁的求生意志與執著感，會用強大的毅力與力量去度過每一次的淬鍊。

月亮＝火星／冥王星

　　需要安穩情緒與安全感的月亮對危機與威脅的嗅覺非常敏感，而這個組合容易帶來在家庭、母親或每日生活中的生存議題、危機感或是權力上的爭奪與掌控，導致情緒上的焦慮與壓力不斷。有時容易情緒爆衝帶來衝突，但對有些人來說因能洞悉隱藏在恐懼背後的議題，轉而用積極與挑戰的態度去面對，將會發揮出強大的力量與決心突破困境。

水星＝火星／冥王星

　　在這個組合中，暗示著可能會透過兄弟姊妹、生活周遭環境、溝通或心智活動帶來隱藏的競爭，或是感受到衝突與威脅。有些人會運用語言來作為防衛或攻擊的武器，或是深入思考、挖掘危機感與恐懼的來源。這股強大的力量或是執著，有時也會成為推動實現自己計畫或想法的重要動能。

金星＝火星／冥王星

　　透過金星象徵的愛情、自我價值與金錢中察覺到深度的執著或是強烈的危機感，愛情關係中充滿激情、刺激、性與強烈的佔有欲，有些甚至有隱藏或是競爭的複雜關係。對自己的價值與金錢狀況較為敏感或是恐懼不足，可能有強大的動能去挖掘隱藏的財富，需要經過多次的淬鍊去確立自己的價值所在。

木星＝火星／冥王星

　　這個組合帶來了在信念、信仰、自由與資源方面的競爭或威脅，有些人對於自己所相信的帶有極大的自信，也較清楚知道為了增加生存機率與排除危機，需要讓自己設定目標前進與成長，才能免於被淘汰的可能。

土星＝火星／冥王星

土星象徵的規範、時間、壓力為這個組合帶來了框架，讓憤怒與陰影有可能被限制在某些範圍，也可以透過長詩間的探索與學習去面對自身的恐懼。但也可能吸引權威者去挑起個人的生存危機感，進而被迫挖掘自身的憤怒與保護的課題。

天王星＝火星／冥王星

象徵改革、破壞與變化的天王星為這個組合帶來了無法預料的變化，可能是因為外在環境產生劇烈變動引發了生存的危機感，或是與遭遇社會變動後產生的不公義事件對抗，有些人可能在科技或網路上展現卓越的黑客技能，或是容易發生突然爆起的憤怒或殘酷行為。

海王星＝火星／冥王星

夢幻、無邊際、耽溺的海王星可能帶來消融或虛弱生存危機意識的狀態，或是對挑戰調查隱藏的事物感到狂熱，有些人會展現在宗教上很深的執著。要注意的是這個組合也暗示著化學藥劑、毒品、病毒帶來的重大傷害。

凱龍星＝火星／冥王星

象徵局外人、遺棄、弱勢族群的凱龍星，在這個組合中可能暗示為了生存奮力抗爭而受到的創傷，或是受到來自強大權力者的操控傷害，有些人則可能是禁忌或暴力陰影下的受害者。

南北交點＝火星／冥王星

這個組合暗示著可能透過帶有暴力、攻擊、性、操控、生存危機等人物或議題的相逢，認知到自身的恐懼，帶來挖掘與淬鍊勇氣、自我保護與反擊能力的機會與潛能。

上升點＝火星／冥王星

對世界展現的自己是充滿強大的自信與力量，或是擁有權力去操控他人，有些人可能帶給人強勢、危險或是有暴力傾向的感受。

天頂點＝火星／冥王星

渴望透過對力量、行動、體能上的高度掌控力獲得公眾的認同或是成就，或是在危機處理的世故老練獲得社會地位；有些則以殘暴、無情的掌權者為人所知。

火星／南北交點

這個組合暗示著在生命成長過程中與他人在競爭、征服、冒險、攻擊、生存、性、防衛等關係連結的需求，且透過關係之間的互動與撞擊，帶來對力量的重新認知，並對自身在憤怒表達與抗壓力上帶來啟發與成長。也容易展現出勇氣、熱情、積極、高度抗壓力、自信、具有行動力或體能運動方面的出色特質，或是魯莽、暴力、衝動、無法控制自身憤怒的狀態。

太陽＝火星／南北交點

象徵事業、生命力、自我的太陽為這個組合帶來了未來方向的指引，透過領導者、父親或在某些領域有名望的人身上學習到冒險、勇氣、行動力與對生命的熱情。

月亮＝火星／南北交點

象徵安全感、母親與滋養照顧的月亮，在這個組合中暗示著追求成長的需求，或是透過母親、家庭、伴侶關係去學習保護、捍衛自己的內在安全感或是滋養方式。

水星＝火星／南北交點

這個組合暗示著可能透過生活周遭或是兄弟姊妹之間的互動，學習到競爭、攻擊或是防衛的進階能力，或是對生活的熱情與自信。有些人會運用邏輯思考與溝通能力為自己成長的目標訂定計畫展開行動。

金星＝火星／南北交點

金星帶來了舒適愉悅、有吸引力的關係，刺激了關係之間的熱度，也帶動了關係中成長的積極性。這個組合也可能暗示著對金錢或是自我價值上的熱切，並且願

意展開行動嘗試各種可能性去開拓財源與新的能力。

木星＝火星／南北交點

象徵擴張、資源與遠見的木星帶來了許多的社交關係與成長的資源，讓發掘未來可能性的行動開展更事半功倍，也較容易與他人分享快樂、熱情、有生命力的關係。

土星＝火星／南北交點

象徵疆界、窄化、時間的土星限制了成長的積極性與熱情，並為關係的活力帶來了困難與匱乏感，或是有過度小心與保護的現象。有些人對挑戰不熟悉的領域較為抗拒，寧願照舊有的經驗行動，但是要注意可能會帶來關係中活力或熱度的虛弱消退，導致分離的情況。

天王星＝火星／南北交點

不受控或是特立獨行的天王星可能容易帶來關係熱度的突然變化，過度刺激或興奮，或是突然的冷漠態度，也暗示著經常改變過往的慣性經驗與追求未來可能性的積極度。有些人可能會藉由外在環境的變動，挖掘出競爭力或開創能力方面的才華。

海王星＝火星／南北交點

夢幻、消融、耽溺的海王星可能會削弱對挑戰未知領域與成長的動力，或是模糊了焦點，可能是對自己動能狀態的過度幻想或是搞不清楚如何施力。但是也可能會對提升體能、性能力、戰鬥力的潛能有狂熱的傾向。

冥王星＝火星／南北交點

這個組合可能會透過經驗到外在環境的摧毀或是強權者的掌控或威脅，強化了對無法擁有競爭力、對抗暴力與攻擊的危機感與恐懼，有些人會下定決心展開對自身戰鬥力或抗壓力的磨練，努力挑戰自己的極限。

凱龍星＝火星／南北交點

帶來遺棄、創傷經驗的凱龍星，在這個組合中暗示著創傷可能來自於成長中與他人的競爭關係，或是可能在關係中成為攻擊、暴力、非自願性行為等的受害者。有些人會接納傷痛，積極地將傷害轉化成成長養分，進而幫助、療癒其他有類似經驗的人。

上升點＝火星／南北交點

對世界展現的自己是能透過競爭、抗壓力、優異的體能或戰鬥力中獲得成長，或找出自己前進方向的人；有些人則是以積極熱情的交友狀態或合作關係被他人認識。

天頂點＝火星／南北交點

渴望被公眾看見的自己是充滿勇氣、自信、熱情且樂於參與團隊合作，或是樂於建立充滿活力關係的狀態

火星／上升點

象徵熱情、行動力、競爭、戰鬥力的火星與上升點形成組合時，感覺就像穿上了軍裝或運動服，陽剛氣味撲面而來，讓他人一看就是充滿動能與力量感，縱使是女性也能讓人感覺到充滿活力。這個組合與外在環境的互動狀態偏向主動出擊，好惡與憤怒的表達明顯直接，如果火星落於強勢星座，甚至容易帶給他人壓迫感或征服的感覺，也能展現出優異的領導力；如果是弱勢或強硬相位的火星，則可能展現出無法順暢表達憤怒、沒耐性、低活動力、魯莽、抗壓力差、好鬥、愛爭執或是帶有攻擊性的狀態。

他們較注重自己的直覺與感受，也偏向直接了當的行事作風，我們可以透過中軸星象徵的人事物與領域找到線索。

太陽＝火星／上升點

象徵自我、父親、成就的太陽照亮了原本就已經展現出來的競爭感與熱情活力，讓個人的戰鬥力、領導力被更多人看見，但是也容易將激情、憤怒、爭吵與暴力等等現象眞實呈現。有些人能學習善用自己的體能或積極性運用到事業發展上。

月亮＝火星／上升點

這個組合帶來了學習將憤怒表達出來的需求，或是如何在每天的生活中用熱情、果決、積極的態度去互動，也可能暗示著母親或自己的情緒，容易眞實直接的表現給周遭的人看見。

水星＝火星／上升點

象徵溝通、口語表達、思考的水星，在這個組合中暗示著將想表達的立場與想爭取的事物，運用語言當作武器去展開競爭與攻擊，有些人則展現出言詞上的銳利或快速，也對聊天、溝通或討論充滿熱情與精力。

金星＝火星／上升點

金星柔和了火星的攻擊性，讓熱情的性格與充滿活力的態度吸引大家的關注與喜愛，也能帶動關係中的積極性；或是對金錢與自我價值上的達成有強烈的驅動力，對自己心儀的對象展開熱烈追求時較容易達成關係的建立。

木星＝火星／上升點

象徵資源、信念、幸運的木星爲這個組合帶來目標與行動上的一致性，增加了計畫成功的機率，並且能有良好的領導能力與魄力去完成使命。這也是有利於追求與征服的組合。

土星＝火星／上升點

土星象徵的規範、窄化與困難，對生命力的自我展現帶來壓力與限制，無法以正確或流暢的方式表達自己的積極性與競爭力，甚至在憤怒的釋放時帶來挫敗感，產生抑鬱或無力感。

天王星＝火星／上升點

　　無規律、突變、改革的天王星爲這個組合帶來了性格上焦慮不安的狀態，稍微受到刺激就容易引起爭執，甚至有威脅或暴力的情況，但也可能容易因爲突發事件或是意外帶來傷害。

海王星＝火星／上升點

　　海王星象徵的混亂、幻想、無邊界讓行動或憤怒的展現失去焦點，也削弱了競爭力，甚至有容易疲勞精力不濟的狀態，或是無法清楚的確立自己，不知道自己的立場與態度，也讓他人不知道該用什麼態度互動。

冥王星＝火星／上升點

　　象徵恐懼、陰影、掌控的冥王星強化了火星的生存危機感，所以會傾向先採取行動來控制或征服他人，有些人甚至帶有強迫或威脅的方式進行。但也可能因爲原有的外在環境或條件的結束，被迫必須重新展開冒險尋找新的機會。

凱龍星＝火星／上升點

　　這個組合帶來了對外表達憤怒的弱勢狀態，或是在展現攻擊、防衛的能力上有障礙。有些人則是在確立自己的過程中受到創傷，可能需要透過較長時間的自我觀察、等待與接納，慢慢培養勇氣與自信。

南北交點＝火星／上升點

　　可能會透過許多關係的連結重新理解力量、生存與競爭的特質，在邁向成長的道路上能否積極的展開行動，學習如何將自己的憤怒、競爭力、勇氣表現出來，將會是重要關鍵。

天頂點＝火星／上升點

　　這個組合暗示著人格特質中的勇氣、耐力或是積極度容易被公眾看見，或是渴望自己在運動或體能上的優點能被大眾認可。

火星／天頂點

象徵行動法則、熱情與抗壓力的火星，與象徵名聲、社會地位與人生目標的天頂產生中點組合時，暗示著個人的公眾形象與勇氣、冒險、保護、競爭力、軍事、運動、暴力或反社會行為有關；或是渴望達成的事業與天職是需要競爭、冒險或是開創方面的特質。有些人會呈現在優異的領導力或決策力上，這個組合也帶來了想確立自己的人生目標的意識，會積極的爭取成功的機會。

有時候難免會有衝動下的決策或是躁進的問題，我們可以透過中軸星象徵的人事物或領域找到重要線索。

太陽＝火星／天頂點

太陽象徵的成就、目標與事業，在這個組合中重複暗示了渴望透過競爭力或是領導力等火星特質，成為重要的人或獲得社會地位的狀態，對成功或擁有權力有強烈的意志。

月亮＝火星／天頂點

象徵母親、安全感、家庭的月亮，對這個組合帶來了追求人生目標或是社會地位的需求，有些人的母親可能以行動力、競爭力或壞脾氣或其他火星特質出名。

水星＝火星／天頂點

這個組合可能暗示著兄弟姊妹中有人以運動員或優異的領導者獲得大眾的注目，或是運用口語表達能力為業，積極的爭取成功的機會。

金星＝火星／天頂點

透過金星帶來的藝術、美、享受與愉悅的特質，運用在追求實踐人生目標的道路上，例如演員、模特兒、畫家等等。這個組合也可能暗示著有魅力的、著名的運動員或是成功人士。

木星＝火星／天頂點

象徵信念、資源、智慧的木星，爲這個組合帶來了有遠見、客觀、明確的人生目標與意識，並且容易在爲事業奮鬥的道路上獲得成功。

土星＝火星／天頂點

土星象徵的壓力、現實與權威，在這個組合中暗示著追求社會地位的困難或限制，但同時也對成爲被公眾認可的權威者或是專業人士有強烈的驅動力。

天王星＝火星／天頂點

象徵革命、破壞、改變的天王星強化了火星的速度特質，會想要更快速的往訂定的人生目標或事業前進，但決策魯莽粗糙沒有思考規劃，所以容易因爲計畫不夠周全詳細帶來挫敗感，導致脾氣暴躁易怒。

海王星＝火星／天頂點

海王星象徵的迷幻、消融、混亂特質，讓確立自己的人生目標的工作更加困難，也模糊了對成功的野心與動能；但也可能透過對宗教信仰上的狂熱，找到適合自己發揮的舞台。

冥王星＝火星／天頂點

冥王星象徵的恐懼、威脅、禁忌等特質，爲這個組合帶來了強大的控制力道，對可能發生的生存危機都會再三檢視，排除可能的威脅，確立自己的人生目標或事業方向都能在掌控範圍內進行。

凱龍星＝火星／天頂點

象徵遺棄、創傷與局外人的凱龍星，在這個組合中暗示著渴望在公眾面前展現出競爭力或領導力卻受到挫敗，可能需要思考自己是否有躁進或沒有經過仔細規劃的決策，才會發生這些衝擊。

南北交點＝火星／天頂點

可能會從很多優秀的決策者、領導人、勇於開創自己的事業的人身上，學習到

如何更深入挖掘自己在力量、熱情、驅力與行動力上的成長空間，並將這些能力統整吸收後，找出事業奮鬥的方向。

上升點＝火星／天頂點

讓周遭的人看見的自己是積極的、想確立自己的人生目標的意識狀態，會認為自己在事業上應該擁有優異的領導能力，並爭取成功的機會。

木星中點組合

木星中點的主題，影響著我們對於自由的定義、什麼事物、什麼領域能夠拓展我們的視野，帶給我們成長。人生的理想是什麼、個人的道德觀、接受高等教育時的氛圍、關於信仰的定義、人生的信念為何。當然，也可以觀察在哪些領域特別容易得到幸運與財富。另一方面，也可以觀察出我們對於哪些事物容易輕忽、過度樂觀將會造成什麼樣的後果。

木星／土星

這兩個特質截然不同的行星，不只是前進與後退的拉扯，其中點亦可象徵著如何透過規律的計畫來完成個人理想目標，在困境當中能否堅持自己的信念。過於盲目樂觀的態度，會帶來什麼樣的挫折與挑戰。

太陽＝木星／土星

遇到阻礙時，總是能夠輕鬆順利的化解困境，度過難關，也因此很容易有著盲目的樂觀，甚至認為自己事事都有神助，無所不能。而真正的考驗往往在這般心態下才會真正顯現，越輕忽局面，越容易摔上一大跤。能夠懂得拿捏樂觀與謹慎之間的尺度，是一生的學習與探索。與男性的關係，容易擺盪在保有當下的自由還是平淡安穩的兩端。

月亮＝木星／土星

面對困難時的第一反應通常較為退縮，習慣性回到自己熟悉的環境，甚至有些盲目樂觀的鴕鳥心態，期望問題能夠自行解決。也會採取比較保守的策略，先觀望周遭的情況，再好好思考該如何處理。心情容易在積極振作與消極保守兩種極端的情緒當中，若能夠找到平衡點，將過去的經驗運用到當下的局面並顧及到未來的目標，將更能夠發揮自我的潛能。

水星＝木星／土星

習慣將日常生活當中，點點滴滴的壓力與挫折，四處與人訴說不停。但也能夠在與朋友互吐心事之間，得到許多思想上的啟發，協助自己克服難關。兄弟姊妹之間的互動，要嘛是能夠在熟悉的、感到安全放心的環境當中，享受輕鬆愉快的氣氛；要不然便是如同公事一樣視為一種責任的對待而嚴肅冷漠。

金星＝木星／土星

重視生命當中的挑戰，認為所有的困難都是有價值的，能夠砥礪我們成為更好的人。人生的信念亦抱持著吃苦就是累積日後的經驗，能夠將失敗當作成功之母，記取教訓讓自己的歷練更加豐富完整。

火星＝木星／土星

相信生命中的自由需要依靠自己拚搏才能獲得，確實容易在一切順遂的時刻，遭遇到打壓，或是需要承擔起更多的責任，而不能夠恣意施展自己的抱負。懂得不要輕易放棄，亦不要做無實益的發怒，將心力放在如何改善現況，朝著心中的目標前進，便能夠突破阻礙，擁有自己的一片天地。

天王星＝木星／土星

人生的終極信念，便是生命需要不停的追求探索、持續成長、追求進步。不時的會以第三人的角度，來檢視自己許下的理想目標，要完成理想需要什麼樣的步驟與規劃。另外一方面需要留意是否過於理想化，帶著不切實際的樂觀信信，而忽略了現實的情況。

海王星＝木星／土星

當滿心以為順利沒問題的時刻，只要遭遇到一點點現實的挑戰，很容易展露出逃避的傾向，甚至退縮到小說、漫畫、電影等非現實的世界當中，尋求安慰，閃躲應該承擔起的責任。反之，如果能夠運用同理心，來評估所遭遇到的情況，找出對於彼此都更有利的平衡點，便能夠做出格局更寬闊的選擇。

冥王星＝木星／土星

對於自己的目標與生命當中種種事物，都有著強烈的掌控性，希望一切都能夠按照既定的計畫來進行。一旦發生預期外的狀況，很容易不做任何努力乾脆直接放棄。若能夠了解自己有這樣的盲點之後，在做任何規劃時，盡量想得更深入，看得更長遠，就能夠更加從容不迫的持續朝著目標前進。

凱龍星＝木星／土星

面對理念與現實的夾擊時，總是會勾起過往的不愉快經驗，進而產生退縮不願面對的心態。過度恣意放縱或是心存僥倖時，容易遭遇到殘酷現實的打擊，金錢上、健康上、心理上的創傷都有可能發生。能夠記取過去的教訓，便可以有效的避免此類問題的出現。

南北交點＝木星／土星

習慣性的承擔起所有責任，仿若身邊每個人的事情，都該由我們來處理，而面對不是自己該負責的事情，也不知道要如何拒絕。另一種極端的情況，則是會很滑溜的技巧性閃避掉每一個該肩負起的責任。如何找到兩者之間的平衡點，便是能夠得到成長，讓自己更加成熟的契機。

上升點＝木星／土星

輕忽了眼前的問題，盲目樂觀的隨遇而安，或是過度放大面臨到的狀況，做出不必要的擔憂，並且以極度謹慎保守的態度來看待，兩種看似兩極化的反應，卻都是擁有這一組中點的星盤，會展現出來的特質。

天頂點＝木星／土星

在人群面前能夠懂得拿捏好謙卑與激勵他人的尺度，並且將過往的經驗運用到日後的規劃當中，再一步步落實自我的計畫與願景，有助於贏得眾人的推崇，並且攀上事業的高峰。

木星／天王星

崇尚理性思維，相信所有新科技、新的技術與發明，能夠帶領人們迎向更加美好的未來。在生命的不同階段，個人的信念會遭遇到截然不同的顛覆，透過一次一次的思想翻轉，將可提升視野，看見更加不同的天地。

太陽＝木星／天王星

個性當中滿滿的冒險因子，沒人做過的事物就會想要去嘗試，將還沒有朋友去過的國家城市，當成旅行的目的地，當然，幾乎不可能跟團旅遊，一定要做個自由自在的背包客，才有探險的感受與快樂。能夠將樂觀的態度與更多人分享，甚至是對於他人的目標與計畫，有著正面的助力，就算不是自己的成功，也覺得與有榮焉。

月亮＝木星／天王星

不論是宗教信仰還是人生的信念，在生命當中，都經歷過幾次劇烈的翻騰。甚至在每天的生活當中，也會不停的去改變自己所認定事物，隨著經驗的累積，做出相因應的調整。另一種情況，則是對於種種新的改變，充滿著擔憂與不安，認為凡事還是待在相對穩定的環境當中比較安全。

水星＝木星／天王星

對於自己所認定的事物、所相信之人的言行，都會不停的加以傳頌，希望更多人能夠理解並且產生認同。若過度展現，容易產生自以為是的盲點；反之，能夠敞開耳朵與頭腦，去真正聆聽他人對於同一件事物的不同觀點，能夠讓自己的視野更加寬廣。

金星＝木星／天王星

感情觀念上，抱持著許多理想性，認爲一段能夠替雙方都帶來啓發的互動，才是有價值的戀情。另一個層面上，不願意受到拘束與牽絆，很享受自己所擁有的一片自在天地，就算投入兩人的世界，也需要保有相當程度的自主性。在一段感情互動中，能夠找到自己獨特的價值所在，便能夠給予彼此更多的信任與自由。

火星＝木星／天王星

對於自己的目標與理想，有著十足的勇氣去追尋。需要留意的是，有行動力是一件好事，但過於魯莽而欠缺計畫，則容易因爲過度樂觀而忽略理性的叮嚀，最終只能夠虎頭蛇尾的結束。在這樣的情況下，能夠有面對問題以及處理狀況的勇氣，也是一種成熟的表現。

土星＝木星／天王星

將每一種創新的事物、每一件從未嘗試過的挑戰，都視爲一種危機，並且對此抱持著一動不如一靜的態度，認爲堅持傳統才是邁向美好未來的不二方法。會用層層藩籬隔絕自己，與他人拉開一段距離，不僅讓他人難以接近，相對的也容易限制了自己的發展。

海王星＝木星／天王星

認爲透過心性的提升，能夠讓我們擁有更和諧與寬廣的未來。對於宗教、藝術與服務的領域，特別有著崇高的理想。需要留意在選擇夥伴時，不要過度美化了對方的行爲舉止，多一些理性的判斷，可以避免許多遭受欺瞞的情況。

冥王星＝木星／天王星

在貫徹自我理想與追求這方面，有著強大的意志力，就算途中遭遇到難以預料的阻擾，也不會輕言放棄，且更加深了要力拚到底的決心。懂得低調行事，並且了解周遭人們的眞實想法，有助於完成自己的目標。

凱龍星＝木星／天王星

往往會礙於過去受到挫敗的經驗，而不敢再一次跨出舒適圈，去接受新的嘗試與挑戰。過度天眞樂觀的行事作風，沒有理解到他人的想法，都容易導致失敗的情況發生。懂得從過去的教訓當中學得經驗，便可以拋下過去牽絆，開創一番新的局面。

南北交點＝木星／天王星

習慣性的站在人群之外，以理性的角度來做思考判斷，需要學習多幾分同理心，去感同身受對方。抑或是另一種極端情況，遇到事情時，便會過於情緒化，必須要學習抽離當下，冷靜下來之後再做決定。

上升點＝木星／天王星

看待生命當中的諸多事務，都帶有一定程度的理想性，認爲透過分享自己的理念，可以讓這世界更加美好。經由網路的學習與運用，可以秀才不出門，便知天下事。

天頂點＝木星／天王星

公眾的形象是在親切和藹當中，帶有一絲高冷的個人魅力。透過堅持信念以及散播理念，得到眾人的景仰。從事的工作，與航空、航太、科技以及海外事務有關。

木星／海王星

如何找到心中那份難以描述的理想，是一項不容易的考驗。精神層面具有高度理想的大愛情懷，期盼能夠在生命當中呈現出來。只是對於自己信念容易產生懷疑與不確定，透過中點行星的幫助，有機會找到確立與落實的方向。

太陽＝木星／海王星

對於生命抱持著熱忱，將心中的夢想當成長期的目標，願意花上一生來追尋。

在尋夢的路途中，確實也容易遭遇到困難與挑戰，能夠一次一次突破困境，就算是向前邁進一小步，都能夠感受到自我光芒的展現。

月亮＝木星／海王星

家庭關係與家人間的互動，帶有一定程度的藝術性與宗教色彩，也使得自己在每天的生活當中，實際展現出良善的慈悲心與對於眾生的大愛。伴侶關係容易陷入迷惘，將自己的想像投射在對方身上，或是受到伴侶的欺騙而無法察覺真相。幫助他人是善心的展現，但在前提是要先保護好自己，才能夠讓慈愛的展現更加久遠。

水星＝木星／海王星

容易因為說話太過太滿，而造成許多誤會。在與人溝通時，也要多加留意彼此真正要表達的意思是什麼，時有雞同鴨講的情況出現。另外，因為沒有看清楚真相，時常在生活當中產生自己誤導自己的事件，因此造成不小的困擾。

金星＝木星／海王星

能夠看見夢想的價值，認為不論大小，每個人的每一個夢想都是有意義的。對於金錢比較沒有概念，總是搞不清楚錢包裡有多少現金，也說不出帳戶裡面存款的數額。消費習慣方面，屬於吃飯不知道米價的人，需要留意不要造成透支甚至是負債的情況出現。

火星＝木星／海王星

有著一發不可收拾的脾氣，平時是什麼都可以的好好先生好好小姐，但是當某個很個人的點被踩到時，就會如同火山爆發一般，怒氣沖天，讓身邊的朋友無所適從。若能夠將行動力與勇氣，展現在實踐自己心中的理想規劃方面，也能夠有十足的爆發力，並且願意為之奮鬥。

土星＝木星／海王星

每當他人聊起人生夢想時，總覺得這道題目太難了，要嘛是想太多實際層面的考量，要嘛是真的找不出有什麼特別的渴求，更有可能是根本不敢去做夢，總之，

很難快速的回答出自己的夢想是什麼。雖說需要花上比他人更長的時間，才能夠確立自己心中的渴望，只要確定好目標，能夠不顧一切阻撓，無論花上多長的時間，都要落實夢想。

天王星＝木星／海王星

從小對於未來就有著天馬行空的想法，就算說出來的時候受到其他人異樣的眼光，但是能夠不顧他人的想法，堅持目標努力不懈。當對於自己的夢想感到迷惘時，不妨跳脫出現有的局面，以第三人的角度來評估，可以找到新的著力點。

冥王星＝木星／海王星

聊到未來這件事，總有種說不出焦慮與恐懼，認為只有現在才是可靠的，未來的變數太多，誰知道會出現什麼不可掌控的突發狀況，讓安定的生活遭到翻天覆地的打擊。只要懂得深耕的道理，每一步都腳踏實地，擁有紮實的能力，便能夠越來越懂得實現自我規劃的奧妙。

凱龍星＝木星／海王星

經歷過築夢失敗的挫折，或許因為傷太深太重，仿佛永遠無法真正康復，這樣的挫折深深影響了自己的信念，而不敢再次追夢。俗話說久病成良醫，重點在於是否從挫折當中記取經驗，只要能夠不再犯同樣的失誤，放下內心當中的自我懊悔，便可以找到更適合自己的未來規劃。

南北交點＝木星／海王星

容易與現實世界有一段落差，美其名是要跟隨內心的渴望，追求人生的夢想，事實上卻是習慣性逃避該承擔起的責任；另一種情況，則是過於看重現實，忘記了聆聽內心深處的聲音。兩種極端只要找到現實與理想的平衡點，便能夠創造出一番更寬廣的天地。

上升點＝木星／海王星

對於世間萬物都抱持著高度的理想性與大愛情懷，相信每個人都是良善的，那

些爲非作歹之人，一定都有其不得已，更希望能夠透過自己的服務與付出，讓世界更加美好。做事情會有拖拖拉拉和不夠嚴謹的情況出現，多一些細心觀察，試著從理性客觀的角度來觀察身邊的人事物，都能夠讓我們處事更加成熟有智慧。

天頂點＝木星／海王星

不論與家人之間的互動如何，在外人眼中，絕對是好人好事好脾氣的代表。從事的工作與教育、慈善或是宗教領域有關；能夠激勵身邊的人去追求屬於他們自己的理想，將可以得到大家的崇拜與景仰。

木星／冥王星

只要抱持著打混或是賭一把的心態，很容易就遭遇到嚴重的打擊。偏偏個性過於樂觀，事情過了就忘記教訓，很容易重蹈覆轍；又或是因爲一次的挫折，就因噎廢食，過度擔心再次遭遇相同失敗，而事事裹足不前。利用中點的行星，可以幫助我們找到整合前述兩種極端特質的方法。

太陽＝木星／冥王星

個人長久以來的信仰，在深信不疑的時刻卻受到突發事件的影響，而對於過去長期根深蒂固的想法，造成了巨大的衝擊，但是重新再找到可以讓自己信服的理念，仍舊是心中不會放棄的目標。另外，生命中遇到激烈危機事件時，樂觀的個性可以幫助自己度過難關，成爲生命的鬥士。

月亮＝木星／冥王星

容易放大生命當中的種種變化，小小的事件也看作是重大的危機，進而時常感到擔心害怕。母親塑形了我們內心深處堅信不移的信念。能夠懂得運用過去的經驗來面對危機，便可以找到讓自己安心的方法。

水星＝木星／冥王星

兄弟姊妹或是朋友之間，因爲想法上的差異而時有衝突。若能夠放下情緒，用

理性去理解對方的思維邏輯以及爲何會有如此的判斷，除了避免不必要的紛擾之外，更能夠讓自己的視野更加深入與宏觀。日後自己所思所想，也將更有深度。

金星＝木星／冥王星

財運往往形成兩種極端。不論出身環境如何，對於金錢的態度容易揮霍，賺多少花多少，缺乏危機意識，甚至有透支破產的可能。但是在遭逢劇烈的財務震撼之後，能夠學會愼重看待每一塊錢的重要性，亦有東山再起的時刻。另外一種情況，則是雖然擁有巨大的財富，依舊以持續累積金錢爲樂趣。

火星＝木星／冥王星

當自己的信仰受到他人的質疑時，反應會非常激烈，直接反擊回去算是稀鬆平常，找出對方的弱點，不惜長期與之抗衡，甚至是傾生命全力來對抗都在所不惜。衝動的個性與消費習慣，也容易造成危機事件的發生。並非要刻意壓抑，但需要多用點心來調適脾氣的拿捏。

土星＝木星／冥王星

確實經歷過不少生命當中的激烈波折，擁有多數人難以想像的人生歷練，也因此看待生命的態度很難輕鬆樂觀，總是煩惱擔憂的比他人還多。隨著年紀漸長，擁有更多的專業性與經驗之後，能夠對自己更加肯定，找到自己比他人更加專精之處，擁有他人難以取代的優勢，方能夠稍微釋放一些壓力，找到讓自己輕鬆的方法。

天王星＝木星／冥王星

若是過度樂觀，忽略了生活當中關於危機的暗示，很容易在措手不及的時候遭逢激烈的打擊。另一方面也要提醒自己，不要因爲偶爾發生的挫敗就過度煩惱擔心、事事再三思考計畫，對人對事都不願意再輕易投入感情。

海王星＝木星／冥王星

內心深處渴望能夠成爲在幕後掌握極大權力的重要人士，但是對於如何完成這

樣的夢想，又缺乏持續努力的動力。不清楚自己擁有什麼樣的才能，需要立下決心，並且花上多一些的時間，才能夠找到發揮天賦的方向。

凱龍星＝木星／冥王星

容易因為過去的經驗，而有過於樂觀粗心大意，或是太過謹慎事事小心，兩種極端的態度。在追求人生的目標時，能夠參考以往挫敗的經驗，可以找到自己巨大的潛能，讓他人刮目相看。

南北交點＝木星／冥王星

生命的體驗，總是徘徊在輕鬆自在與面對挑戰兩者之間。找到生命深刻的意義，是自己一直努力追求的項目。而能夠在困境當中看見希望，亦帶給他人許多啟發。

上升點＝木星／冥王星

面對生命總是有股說不出的宿命感，每當有新的展望，決定要好好發揮表現時，就遇到不知應該要責怪誰的意外，而阻礙了自己的發展。一次又一次受挫的經驗，提醒著需要在樂觀之餘，不要只看到眼前的事物，必須預先設想到二步三步之後的可能性，並且提早做好準備。

天頂點＝木星／冥王星

留意事業上的危機，若已經有些跡象時，千萬不可輕忽，一味的心存僥倖，很容易帶來嚴重的後果。能夠堅持自己長久的目標、持續努力，有機會邁向人生的巔峰，並且成為眾人崇拜的對象。

木星／南北交點

透過開啟他人視野，引領人們走向更自在寬廣的天地，能夠得到眾人的注目。如何展現自我的熱情，熱心付出固然值得欽佩，但是違背他人意願就太過度了。當自己意氣風發時，是否懂得留意言行的尺度，不要有大頭症出現，這些都是需要學

習並且找到平衡之處。

太陽＝木星／南北交點

成為某個領域的老師，是自己心中的嚮往。而如何站在眾人面前，恰當展現自己獨特的風格，不過度炫耀也不至於害羞膽怯，確實需要一些經驗與學習。能夠找到平衡兩者之處，就能夠展現獨一無二的光芒與魅力。

月亮＝木星／南北交點

習慣性的待在所謂的舒適圈，在熟悉的環境當中，與相識多年的朋友相處，都能夠讓內心充滿安全感。矛盾的是，另一方面又渴望離開日復一日相同的環境，結識更多的朋友，探索未知的世界。

水星＝木星／南北交點

非常享受學習這件事，離開校園之後，依舊定期學習各種事物，並且樂在其中。可能從小就很愛講話，總是忙著說出自己的意思，而忽略了去聆聽對方的心聲。在人際互動當中，如何做到真正的溝通，需要多加用心。

金星＝木星／南北交點

見到美麗的物品，大至藝術品、小到生活當中的各種物品，都會有著忍不住想要擁有的心情。有著樂觀正向且熱情的價值觀，也需要留意是否過度膨脹了自己的重要性，懂得收放的尺度，更能在群體當中展現個人魅力。

火星＝木星／南北交點

個性上直來直往，不會拐彎抹角，脾氣來得急去得快，在尚不懂得控制怒火的年紀，時常因此與人產生衝突。隨著人生視野越來越開闊，懂得轉化火氣為勇氣，依舊保有仗義執言的個性，但是能夠懂得正面激勵的藝術，更能夠贏得人心。

土星＝木星／南北交點

有種天生的好運，當遇到困境時，時常能夠有貴人出手相助。也因此容易有偷懶的個性，或者凡事抱持著賭一把看看的心情，雖然心性樂觀，卻也缺乏積極謹慎

的處事態度。若能夠懂得累積自己的實力，能夠有機會找到更高更大的舞台。

天王星＝木星／南北交點

對於未來的目標，有著與一般人不同的想法。只要是自己認定的方向，亦不會受到他人的左右，能夠有著千山我獨行，也要走到底的毅力。當展現自己獨特的觀點時，有機會帶給身邊的人不一樣的視野，也進一步讓更多人知悉我們的獨特性。

海王星＝木星／南北交點

非常熱切的想要將自己的夢想與大眾分享，或許在朋友的眼中，是一位愛做夢的人，但是自己心裡明白，不只是做做白日夢而已，而是以自己的步調慢慢的朝向夢想持續前進。在過程當中，需要學習如何彈性的調整夢想，用更能夠打動人心的方式呈現出來。

冥王星＝木星／南北交點

總是有種說不出的不安全感，因此對於生命當中的許多事物，不由自主展現出過度的控制欲，需要學習如何適度的放鬆自己，也適當的給予他人空間。

凱龍星＝木星／南北交點

能夠透過自己的熱情以及更宏觀看待事物的角度，來讓身邊的人忘卻傷痛的事件。另一方面在思考關於自我的人生目標與計畫時，容易受到過往挫敗經驗的牽絆，而裹足不前。

上升點＝木星／南北交點

展現自信樂觀，甚至是不拘小節的個性，能夠有機會贏得大家的目光。雖說從小就有著說不出的幸運，但要學著不浪費這樣的好運道，並且懂得將幸運與他人分享，可以讓自己獲得更多的成長。

天頂點＝木星／南北交點

給予大眾的印象，帶有一些玩世不恭的逍遙個性，若能夠懂得將熱情投注於愛心善心的傳播方面，可以帶動更多人來參與相關活動，並且得到大家的推崇。

木星／上升點

看待世界的眼光總是帶著正向思考，對於學習抱持著肯定的態度。與人互動時，能夠展現熱情與活力，很能夠扮演激勵人心的角色。另一方面，提醒自己不要過於自信，認為自己的判斷才是最棒最完美的，多保持一些彈性，可以讓各方面的互動都更加美好。

太陽＝木星／上升點

總是充滿自信的與大家互動，讓身邊的人都能夠感受到活力。需要留意的是，容易用自己的觀點來解讀這個世界的信條，也就是不小心就會過於主觀，且堅持己見。

月亮＝木星／上升點

習慣對身邊的人給予幫助與保護，很像是媽媽型的角色，總是能夠帶給大家一種熟悉的安心感。當有機會服務他人時，自己也會覺得非常開心。有時候個性上稍稍過於敏感，對於周遭環境的變化，有著很強烈的洞察力。

水星＝木星／上升點

從小就是個愛講話的孩子，腦中有什麼樣的想法，就是壓抑不住想要分享的心情。認為所有的阻礙都可以透過溝通來得到解決；與人交往時，在意彼此的意見想法是否能夠有真正的交流。

金星＝木星／上升點

通常有著讓人喜愛的外貌，身材高䠷、應對進退等談吐也使人感到舒適。需要留意的是，是否花費了過多的金錢與心力在打扮自己的外貌方面。給他人良好的印象是件好事，但若太過度美化自己反倒失真。

火星＝木星／上升點

自己所相信的事物，不容他人質疑，無論事件的大小，只要有人對自己的想法

存疑，仿若自身完全受到否定一般，會激烈的反擊，來捍衛自己的主張。能夠用包容的心，去參考更多不同的意見，才能讓自己的生命更加豐富精彩。

土星＝木星／上升點

給予他人的第一印象，往往是樂觀活潑當中也帶有嚴謹可靠的安全感。另外一種可能，則是對於該承擔的責任，總是很有技巧性的逃過，而繼續享受屬於個人的自由。當能夠懂得接下應該要負擔的責任，才是真正的成長。

天王星＝木星／上升點

以高冷的形象行走於江湖，給予人們的第一印象是有點疏離、有些冷淡，更多一點的是不在意他人的眼光。事實上對於所認定的目標計劃，有著非常堅持的毅力。

海王星＝木星／上升點

給人強烈的迷糊感，確實容易忘東忘西，就算是出遠門都可能只把門帶上而忘記鎖好，三天兩頭掉東西更是家常便飯。對於人生有著強烈的理想性，希望能夠透過善意的人際互動，讓世界更美好。

冥王星＝木星／上升點

擁有許多讓他人羨慕的幸運，因此在個性上容易習慣了輕鬆揮霍的生活，如不能學會節制，很容易因為這樣的習性而遭遇到重大的危機。能夠懂得得意時不驕傲不放肆，能夠掌控規律的生活步調，便可以發揮出更多的潛能。

凱龍星＝木星／上升點

認為生命就是一場人生的淬鍊，沒有人不帶著傷痕走下去。容易糾結於過往不開心的經歷，而無法跨越走出新的人生。需要學習如何將生命的種種阻礙傷痛，都轉化為滋養人生的養分，便能夠讓生命開出更美麗的花朵。

南北交點＝木星／上升點

有著好為人師的盲點，總是不由自主的以教導的態度，來教育身邊的人。雖然

是出於好意，希望大家能夠有所成長，但容易造成人際關係的阻礙。若能夠調整爲分享自己的信念，可以帶來更多的友誼。

天頂點＝木星／上升點

公眾形象是有著淵博的知識，熱愛學習與大家分享自己的心得。個性急公好義、樂施助人，是好人好事的代表。小小的缺點就是容易專注力不夠集中，對於喜好的人事物經常容易改變。

木星／天頂點

樂意分享自己的觀念想法以及人生的智慧，能夠得到眾人的讚賞。從事的工作與教育、傳播或是海外事務有關。與上司及權威者的關係和諧融洽，甚至能夠從前輩們的身上學習到許多事物，拓展了自己的視野。

太陽＝木星／天頂點

對於找到人生的舞台有著說不出的狂熱，認爲能夠站在眾人面前展現自我，是一種莫大的榮耀，因此會把握每一個能夠表現自己的機會。懂得觀察並學習人際應對方面的技巧和分寸，能夠獲得更多機會讓自己散發光芒。

月亮＝木星／天頂點

給大家一種溫柔體貼的形象，從事服務業、餐飲業挺能夠發揮所長。找到各個階段性的目標，知道自己當下的努力是爲了走向什麼樣的未來，才能夠找到內心當中的安全感。

水星＝木星／天頂點

對於分享自己的所見所聞、傳遞經驗，都投入了很大的熱情。要留意過度熱情地訴說不停，反倒容易造成旁人的困擾與負擔。懂得拿捏分享時的分寸，可以讓眾人更容易接受。

金星＝木星／天頂點

公眾形象是優美、高雅的，就算只是日常工作環境，也會打點得舒適宜人，投入不少金錢在自己的穿著打扮方面，要留意千萬不要出現透支的情況。

火星＝木星／天頂點

在眾人眼中是個直來直往，有話藏不住的人，甚至脾氣有些暴躁，但凡事都是直接表現出來，不會在暗地背後做些小動作。如果能夠懂得控制自己火氣，當氣憤的時候轉化為保護的勇氣，能夠擔當更多重任。

土星＝木星／天頂點

一旦心存僥倖，就容易踢到鐵板，而且這樣的糗事還會被大家所知悉。也因此養成了對於心中的渴望，需要腳踏實地的面對，不可以好高騖遠，長久下來更有機會落實人生的目標。

天王星＝木星／天頂點

每當人潮踴躍的時候，就會默默地退到角落，對於人群有種疏離感。在大家表達各自的意見時，不容易因為情緒或好惡，就被他人的想法帶著走，能夠保持自己思緒上的理性。

海王星＝木星／天頂點

會特意呈現出自己最美好的一面給大家看見，公眾形象讓人有種霧裡看花、摸不清楚的感受。要留意長久下來是否讓他人有種不夠真誠的印象。

冥王星＝木星／天頂點

不希望被他人看見自己真實的樣貌，在眾人面前習慣性地隱藏自己真正的想法。對於所相信的理念，有著勢在必行的決心與毅力，不論花上多久的時間，都要完成自己的理想。

凱龍星＝木星／天頂點

過於樂觀的態度，容易導致傷害的發生。特別是在眾人面前，記取過去失敗的

經驗，轉化爲重新出發的養分，能夠在哪裡跌到就在哪裡重新站立起來。

南北交點＝木星／天頂點

個性樂觀開朗，不拘小節，相信了什麼事物，也會很熱切的與大家分享。如何不要過分熱情造成困擾，如何拿捏呈現的分寸，則需要多一些學習。

上升點＝木星／天頂點

眾人眼中的幸運之子，許多事情到了面前都變得輕鬆容易。熱愛知性的事物、種種可以提升眼界的探索。對生活當中的人事物都充滿著熱情，並且願意與大眾分享自己的觀點。

土星中點組合

土星作爲傳統占星學中最後一顆行星，也是人們肉眼能看到最遙遠的行星。因爲遙遠，所以從地球上看來移動相當的緩慢，被認爲象徵著年老、生病或者體弱的人一樣無法迅速移動，在傳統占星學當中更是凶星之一，老的、舊的、壞掉的、被丟棄的、被嫌棄的、被拒絕的。當我們在詮釋土星的中點時，不要忘記了土星也有一些優點，即使在傳統占星學當中他也象徵著有經驗的、具有領導力的、嚴肅的、帶來形體或者具有凝聚特質的。在現代占星學當中，我們認爲土星具有架構與結構，象徵著制度與規範，安全與穩定，也具有保護的特質。土星也跟時間有關，漫長的時間可能帶來許多不同的結果，可能讓人感到無聊，可能透過長時間帶來經驗與技術。在人際關係上土星可以象徵著長者，有時也可能象徵著權威或者父親，有時候象徵著討厭的人。這些特質也都可以套用在中點的詮釋上。

土星／天王星

當我們考慮到土星與天王星的中點時，總是能夠注意到兩個性質截然不同的行星可能帶來的影響，例如保守與開放改革，拘禁限制與自由，古老傳統與創新，規

矩與叛變，凝固與打碎，保護與破壞等等。但不要忘記兩個行星仍共同擁有冷漠距離和拒絕的共同特質，以及當兩顆行星的中點不一定完全只會是對抗，他們也可能彼此修正產生影響，但仍無法避免那種性質差異所帶來的衝突。用人物來描述的話，土星可能象徵著權威、老人、保守的人、個性謹慎的人，而天王星則象徵著改革者、特立獨行的人、唱反調的人、自由主義者或中產階級等。

太陽＝土星／天王星

這一組中點可能描述著與父親或者男性權威之間的距離與可能帶來的衝突，同時在外在的人際互動上顯得相當的獨立。對他們來說，保持個人的獨立與自主是相當重要的，但這不代表他們任性放縱。原則上這些人對自我的要求相當高，正因為如此，他們對於他人的監管控制，都視為一種對自我主權的干預。在行動上，這一組中點暗示著可以客觀的觀察格局，憑著過去的經驗來進行改革，或者透過改善舊有的制度、行動方式而獲得榮耀。

月亮＝土星／天王星

由於月亮象徵著較為親密與每日生活上的互動，成為土星天王星中點時，很可能暗示著在家庭關係、伴侶關係與每天的生活當中，無論他們願意或不願意，都可能與他人保持著一定的距離，而這樣的生活特質若不為當事人所理解與接納，很可能會造成一些生活中的困擾。如何在生活當中與他人保持互動，卻又擁有自己的獨立與自由，這點相當的重要。

水星＝土星／天王星

這一組中點的最佳發揮應該是在於經營、學習與研究上，土星象徵著證據與證明，對於理論與規則的重視；而天王星卻同時賦予了創新與不同的見解，若能夠突破思想上的恐懼與限制，讓秩序與創意結合，讓創意具有強烈的實用特性，這將是少數人能夠擁有的特質。同時這一組中點可能暗示著與兄弟姊妹鄰居等人保持一定程度的距離。

金星＝土星／天王星

　　土星與天王星中點遇上了與人際關係有關的議題時，往往不是大多數人所喜歡的，但我們必須理解這個中點需要穩定的生活感受，卻同時渴求著個人的自由空間，如果能夠意識到這一點，則能夠把關係的責任與自由的衝突降到比較小的局面。這一組中點應用在事物上，則可能暗示著讓舊有的事物展現新的用途而帶來價值，或者讓新的創意變得實用而被人所喜愛接受。

火星＝土星／天王星

　　這一組中點可能暗示著生活當中的行動與自我呈現過程中，帶有強烈的內在衝突需要去了解與調節。個人需要了解自身同時對著安全、穩定、保護、開創、自由、冒險的同時需求，無法輕易的選擇任何一個極端。也因此，內在的整合以及每次行動前，謹慎的考量如何滿足自身不同的內在需求，將有助於減低內在的衝突。

木星＝土星／天王星

　　木星所象徵的信念受到兩極化的土星與天王星的影響，基本上強調理性與實證的世界觀點，但在成長的過程當中，逐漸地了解到自己不會只是簡單的偏向於保守或自由開放的光譜極端。了解到自己的成長過程與世界的發展將如何在固守穩定的基礎上開創新的局面，或是在探索新的發展時必須小心謹慎。

海王星＝土星／天王星

　　這一組中點的其中一種詮釋，可能是個人期盼著這個世界的改變，能夠以一種穩定與逐步改變的方式來進行；但同時也可能暗示著對於自身的夢想也以相似的態度來進行。當自己有了夢想，就算再怎麼瘋狂也會謹慎地去實現自己的創意。另一種可能性則是對於眾人的狂熱，以一種理智且冷靜的方式給予回應。

冥王星＝土星／天王星

　　冥王星的主題包含了恐懼、禁忌與透過生命的挑戰而展開深層的個人轉變。這組中點可能暗示著個人對於改變的恐懼與抗拒，同時也對於劇烈變動環境背後的真相有著洞悉的能力。在個人的生活當中，很可能對於改變採取強烈的抗拒，或者玉

石俱焚的極端態度

凱龍星＝土星／天王星

　　這組中點可能凸顯了個人的傷痛與家族過去所遭遇的劇烈變動有關，在大環境的改變狀況下，切割與分離的傷痛影響了整個家族之間的相處與互動，也可能暗示著家庭成員中的互動帶有一種理性與距離。但也影響著人們用謹慎的態度去面對變動、改革、自由等事件，這樣的環境也造就了個人具有能力幫助他人去面對改變所帶來的不適應。

南北交點＝土星／天王星

　　成長過程當中逐漸學會改變不是立即就可以達成，也不是一股腦的地將舊有的事物拋棄就能夠達成改革的目的。這組中點同時帶來了溫和的改革能力，逐步地去融合新舊事物。

上升點＝土星／天王星

　　這組中點可能暗示著與人互動的謹慎與理性態度，但這種態度若在遭遇他人的熱情以及渴望彼此產生更親密的連結時，可能造成互動上的困擾。

天頂點＝土星／天王星

　　如何穩定的帶來創意的實現，如何謹慎地帶來改變，這些技巧得來並不容易，需要許多的經驗與練習，但這樣的能力將會對工作與事業有所幫助。

土星／海王星

　　土星與海王星也是一種相對的性質，海王星有著不具形體、虛無飄渺的特色，而土星具體成形；土星給予定義界線與規範，而海王星卻能消融界線、讓定義與規範模糊。這一組中點的兩個行星看似相對，卻也可以互相幫助，讓想像力得以具體的實現，讓物質具有形而上的意涵並帶來啟發。在人際關係上，同時重視責任規範、界線、與包容互助、發揮同理心的特質。

太陽＝土星／海王星

這一組中點告訴我們，去將你的想像力與創意實現，或許在落實創作的過程中有一些曲折，似乎不能將所想的事情毫無保留的呈現，但是在接受現實條件的限制下卻依然能夠把概念呈現出來，不再只是空泛的想法。從另一個角度，可以讓單純的物質型態具有精神意涵並帶來靈魂。若能做到這些，將會帶來個人的成就。

月亮＝土星／海王星

在家庭與伴侶關係的親密互動當中，土星與海王星的特質如同一對牽扯不清的怨偶，不停的定義彼此的關係又一再變得模糊，不斷地制定規範與劃清界線之後，又因為情感而包容。不斷因為情感的交融而承擔著彼此的責任義務，看似令人厭煩糾結不清的關係，這才體會到原來家庭與伴侶的親密就是這樣建構出來的。

水星＝土星／海王星

結合了想像力與實用性的思考模式是這一組中點的特色，或許在年幼時仍因缺乏經驗而無法順利執行，但隨著年紀與經驗增加，越能夠清楚的知道哪些創意能夠被施行，哪些既有的事物可以再去扭曲轉變重新塑造出不同的形態。

金星＝土星／海王星

在人際關係當中經常面對是否該劃清界線的議題，你是否為了維繫友情或者得到朋友的認同而去承擔他人的過錯，負起原先不屬於自己的責任？如果這樣的事情一再發生，或許該問自己為什麼你要用這樣的方式維繫友情？

火星＝土星／海王星

責任不明，界線不清，許多模凌兩可的事物將會使擁有這組中點的人感到憤怒。隨著處事態度的成熟，或許逐漸了解到並不一定所有的事情都是黑白分明的。這一組中點也可能暗示著需要對於病毒與感染之類的健康狀態較為敏感。

木星＝土星／海王星

這一組中點象徵著成長過程中的潮起潮落，體驗獨特的人生觀。在生命當中許

多賣命去做的事，可能在一個瞬間就失去，可是腦海中卻不會因此就放棄夢想的實現，逐漸的形成一種盡人事聽天命的人生觀。

天王星＝土星／海王星

在實現夢想的過程當中將可能遭遇劇烈的變動，當美夢無法完全地實現時，可能採取劇烈的手段捨棄一切重新來過。然而這也是生命的歷程之一，或許無法循著一般人的途徑去達成夢想，必須發揮自己的創意才能夠達成。

冥王星＝土星／海王星

在實現人生夢想的過程中需要堅決的毅力，你所面對的挫折會比他人來得強烈，藉此可培養你堅強的意志力。然而當你看到當初所追逐的夢想，不再是你要的，你會怎麼做？堅持完成當初的夢？還是放下一切重新來過？

凱龍星＝土星／海王星

夢想一次一次的幻滅是成長的傷痛，或許重點不在於是否真的達成了你的美夢，而是在逐夢的過程當中了解人生，並且學會以平常心來看待成就與失敗。同時在此過程中，你學會了如何幫助自己與他人達成夢想的技能。

南北交點＝土星／海王星

人生的成長道路上，你將會經歷比別人更多的夢醒時分，逐漸培養了一種行到水窮處坐看雲起時的淡然態度。這並不表示夢想是遙遙無期的，在不斷的挫折中，你看清了自己真正想要的，不再被虛幻給蒙蔽。

上升點＝土星／海王星

具有實現夢想的能力是人們對你的認識，然而對於擁有這一組中點的人來說，人與人的關係體驗就像是潮水的起落，努力維繫的關係或許最終也會走到盡頭，但是過程卻是你最應該珍惜的。

天頂點＝土星／海王星

有能力將夢想實現，也有能力化腐朽為神奇，這些特質都將幫助你在工作事業

上獲得成就。但是對於名聲與地位的體會，也可能在經歷一些事件後學會以平常心看待。

土星 / 冥王星

土星象徵著憂慮、規範、定義、邊界、形體、限制、壓抑、緩慢與冗長、時間、經驗、事實、考驗；而冥王星象徵著最基礎的生存意志，摧毀、危機、隱藏、恐懼、隱藏在背後的眞相。土星和冥王星兩者都與恐懼有著密切的關連，這兩個行星的組合可能暗示著揭露被隱藏的眞相，可能讓恐懼的事物具體現形，讓人長時間面對危機。或者也可能透過危機與生死掙扎得到經驗，也考驗著人們生存的意志力，讓人思考活著的眞實意義究竟是什麼？

太陽＝土星 / 冥王星

生命的意義在挖掘最深刻的體驗，無法滿足於膚淺的生活，不僅僅是透過挑戰最深刻的恐懼而獲的榮耀，同時也更爲了解自己。與父親長輩權威之間的關係相當的特殊，或是共同分享危機與生存掙扎的體驗而緊密，或是彼此之間有一層緊張的關係。

月亮＝土星 / 冥王星

這組中點有一種探求眞實的精神，但這樣的態度卻讓生活體驗並不輕鬆，就好像每天都在面對恐懼與掙扎。無法接受膚淺、僅止於表面的關係，認爲親密關係必須是深沉與深刻的，但並不是許多人能夠接受這樣的態度，因此你的伴侶必須擁有同樣的態度與想法。

水星＝土星 / 冥王星

水星與土星 / 冥王星產生中點，可能展現在學術研究與事業上，去深入探索未知的世界，去定義那些無形或細微的事物，去挖掘事務的眞相，去探索過去或者已經消失的事物。這組中點也可能在其他工作當中帶來深入探索的能力。

金星＝土星／冥王星

這一組中點放在人際關係與親密關係當中，強調了深刻的體驗，對於人與人的關係具有強烈的洞悉力，知道哪些人靠近你是有所目的，知道哪些友誼或情感是真誠的，這一組中點也暗示著真正的友情得來不易，可能會一起通過一些考驗。

火星＝土星／冥王星

這是一組壓力相當強大的中點，具有強烈的張力，讓生活中的挑戰加倍艱辛。對於面對工作挑戰有一些特殊的執著，也因此不能像其他人一樣選擇輕鬆的任務。這一組中點也可能在某種程度上暗示著身體的活力與健康需要特別注意，特別是一些遺傳因素或長期忽略的健康因素所造成的困擾。

木星＝土星／冥王星

這一組中點不輕易相信任何事物，對於他人所說的事情，信仰、世界觀、政治意識形態等都採取謹慎的態度，並不會別人說就相信，而是要經過一番考驗才會去相信那些經得起考驗的理念與信仰。雖不容易上當受騙，但對他人的信任將是生活的一個小考驗。

天王星＝土星／冥王星

這一組中點可能暗示著對於改變抱持著謹慎或恐懼的態度，但生命的轉變是不斷發生的，這些人可能想努力維持生活的常態，似乎非得到了一切都無法挽回時才有可能接受改變。

海王星＝土星／冥王星

海王星象徵著狂熱的態度，這可能提醒著當自己瘋狂地投入某些事時很可能遭遇一些危險。同時這可能暗示著在困境與艱難的時刻，對周圍的人發揮同理心，在艱難的時候做出必要的犧牲。

凱龍星＝土星／冥王星

這一組中點可能暗示著生活中神祕的困擾與限制並非來自於個人因素，有可能

與不爲人知的家族祕密有著密切的關聯。在生活中必須去處理那些神祕禁忌所造成的困擾，也在最後培養出強韌的生命力與療癒幫助他人的能力。

南北交點＝土星 / 冥王星

人生的道路並不輕鬆，土星與冥王星象徵著許多嚴苛的考驗，你必須克服恐懼這件事，這將幫助你成長，幫助你擁有強大的力量。

上升點＝土星 / 冥王星

土星與冥王星對上升點產生影響時，暗示著不輕易對人展現眞實的自我，對於人我互動與人際關係多有所保留，做任何事情也都相當的小心謹愼。

天頂點＝土星 / 冥王星

這組中點暗示著職業可能傾向調查、研究、搜索、挖掘、使眞相曝光等相關的特質，也可能與處理任何形式的危機有關。

土星 / 南北交點

月亮交點與成長中的學習應用有關，也可能描繪人生歷程的特質以及人與人之間的交流，當土星與月亮交點產生中點時，土星的實際、謹愼、保守、質疑、定義、責任、壓力、劃清界線等特質，將成爲人生路途當中的重要特質。

太陽＝土星 / 南北交點

透過成長過程中學會如何拿捏事物的分寸，學習實際與謹愼的人生態度，透過這些事件與挑戰獲得成就，甚至因爲這些經驗而成爲領導者。

月亮＝土星 / 南北交點

月亮描述著我們的成長環境以及較爲緊密的關係，這組中點可能帶來人際關係上的宿命感受，而保護、責任還有界線，成爲家庭關係和伴侶關係的重點。

水星＝土星／南北交點

「他不重他是我兄弟」這句話很可能是這一組中點的寫照，手足之情可能成為生命之中重要的挑戰，包含了責任、界線與保護。人們可能透過嚴肅與實際的書寫言語認識此人。

金星＝土星／南北交點

在親密關係與友誼當中，嚴肅、認真、實際很可能是重要的體驗，這並不代表你不能擁有輕鬆有趣的人際關係，但是有些界線必須釐清。

火星＝土星／南北交點

這一組中點帶來了不容易被擊倒的特質，將人生的挑戰或失敗視為不斷學習的機會，每一次跌倒都將學到一些經驗並提高成功的機率。

木星＝土星／南北交點

這一組中點讓人們嚴肅的看待人生，有時候遭遇枯燥無聊或是挑戰的事物時，反而會突然地得到好運，機運是留給有準備的人。

天王星＝土星／南北交點

請不要用尋常的方式處理困境，所有的挑戰都在激發你的創造力，用宏觀的視野來看待人生的困境，將會讓你找到解決的方式。

海王星＝土星／南北交點

你的夢想與願景將引導你走向一條不輕鬆的道路，但如果你能夠以實際的態度來面對，將可能學到許多事情並達成你的夢想。

冥王星＝土星／南北交點

這組中點很容易讓人們用一種宿命的態度來看待人生所遇到的挑戰，若能戰勝心中的恐懼，就有可能洞悉克服困難的癥結點。

凱龍星＝土星／南北交點

那些無奈的傷痛並非你個人所造成的，卻要你花上一輩子去學會如何與這樣的傷痛共同生活，這傷痛也同時讓你學會如何活在當下不受其他的干擾。

上升點＝土星／南北交點

這一組中點暗示著一種嚴肅或實際態度的人際互動，不輕易地與人過度親近，生命中的重要關係需要透過層層的考驗來揭露。

天頂點＝土星／南北交點

這一組中點可能象徵著與權威之間保持密切的關係，將會在事業上帶來成就，你知道你想要的是什麼，也知道哪些人能夠給予你幫助。

土星／上升點

這一組中點象徵著人格特質與人際關係上展現強烈的土星特質，包括嚴肅、謹慎、保守或者對陌生的事物感到畏懼，強調經驗與時間。與他人互動時不輕易答應事情，較為謹慎、重視承諾，也不容易很快地就與人打成一片，但卻相當值得信賴。

太陽＝土星／上升點

與父親、長官、上司的關係緊密，但也可能因為感受到壓迫而產生衝突；與他人之間的互動因為足以被信賴而獲得尊重。

月亮＝土星／上升點

就算不在他人的視線之內，你依然保持嚴格要求自己的態度，在家庭當中對自己與家人的要求都十分嚴格。

水星＝土星／上升點

信守承諾是他人對你的認識，在與周圍人士互動的時候，你不輕易說他人的是非，對於說出口的話相當在意。

金星＝土星／上升點

或許讓人感覺有些嚴肅，但這卻是你吸引他人的地方，不用試著改變自己，也不用為了迎合他人而去做你不願意做的事情，接納自己原本的樣貌。

火星＝土星／上升點

規距與界限在你的人際關係當中相當的重要，對於他人的犯規與不負責任容易感到憤怒，跟你不熟識的人將無法輕易的靠近你。

木星＝土星／上升點

注意自己的言行舉止，在重要的時刻，你的外表、裝扮、談吐若能表現出專業與嚴肅的態度，將有機會獲得好運。

天王星＝土星／上升點

這組中點在人際關係上的影響似乎帶來了冰冷與距離，但是若能夠應用在處事態度上，將可能在重要時刻帶來突破的發展。

海王星＝土星／上升點

對於穿著打扮可能呈現著兩極化的態度，多半認為穿著打扮需要符合時宜，對於特殊的服飾規定、穿著打扮可能有著狂熱執著，或者極端反抗的態度。

冥王星＝土星／上升點

遵守規矩是一件重要的事情，但是在生活當中，你可能會一再發現遵守規矩造成你許多的困擾，甚至讓你覺得不公平。

凱龍星＝土星／上升點

憑藉一個人的外表就去批判他人，這樣的事情可能曾經造成你的傷痛，也因此你相當重視穿著與儀態是否符合時宜，也可能擁有這樣的專長來幫助別人。

南北交點＝土星／上升點

越是你不喜歡遇到的人，越有可能如同宿命一般的擋在你面前。去學習他們所

帶來的課題，你的人生將變得不同。

天頂點＝土星／上升點

憑著你的實力贏得他人的尊重，對於權威採取一種服從的態度，當別人不服從權威或者不服從你時，可能會讓你感到相當的受傷。

土星／天頂點

天頂象徵著事業與社會地位，以及我們與權威的關係。在傳統占星當中象徵著母親，而現代占星則認爲雙親都可能與天頂有關。當天頂與土星組合在一起時，可能象徵著我們認爲權威或雙親的態度是嚴肅且帶有些距離。這樣的組合也暗示著對於事業或社會地位的重視，認眞嚴肅的工作態度可能帶來的影響等。

太陽＝土星／天頂點

對權威的尊重以及對工作的認眞態度將會帶來個人的榮耀，但是在事業發展與個人發展的過程當中，若要獨當一面有可能會面對與權威的衝突。

月亮＝土星／天頂點

這一組中點強調著與家長之間緊密的關係，責任與義務似乎成爲互動的重點，雙親可能帶有嚴肅的特質，有可能因爲事業或社會地位影響親密關係。

水星＝土星／天頂點

對於長輩和權威的話語的重視，是這一組中點的特色。對於官方訊息十分重視，也相當在意長輩對自己的評價。工作上可能與傳播、教育、研究的內容有關。

金星＝土星／天頂點

或許一般人不喜歡太過嚴肅的事物，但這一組中點象徵著對於認眞嚴肅的人事物的喜好態度，也可能因爲謹愼的個性以及對於政策的敏銳，而有財務上的收穫。

火星＝土星／天頂點

對於權威的態度、高壓的姿態、嚴格的管理等等特質十分敏感，甚至可能因此感到憤怒與不愉快；容易與權威產生衝突，工作上適合比較自由的環境。

木星＝土星／天頂點

與長輩上司之間的互動良好，往往能夠從他們那邊得到許多寶貴的建議與幫助，因為懂得如何與上司互動，在職場上有著相當不錯的發展。

天王星＝土星／天頂點

這一組中點帶有叛逆的特色，對於長輩的建議並不輕易相信，寧願用自己的方式去達到自己的目標，適合獨立作業或者需要較自由的工作環境。

海王星＝土星／天頂點

海王星的特質，可能暗示著迷惘與狂熱，對於上司長輩或權威的話不用查證就感到全然的信任，但也可能暗示著此人成為權威與體制的犧牲者。

冥王星＝土星／天頂點

謹慎地面對長輩上司與權威，當你的直覺告訴你某些事情有危險時，你必須開始考慮是否服從權威的命令。

凱龍星＝土星／天頂點

家族歷史中可能有人曾經深受體制與權威的傷害，留下了神祕的家庭氛圍。這一組中點帶給你不一樣的道路，並帶來療癒自己與周圍親人的能力。

南北交點＝土星／天頂點

無論你願不願意與權威互動，甚至成為權威與領導者，承擔責任似乎不可避免，人們也對你有著這樣的期待。

上升點＝土星／天頂點

這一組中點讓人們嚴肅的看待職業與社會地位，並且認為這就是自己人生的重

要目標，長輩權威可能扮演著影響你與他人互動或伴侶關係的重要關鍵。

天王星中點組合

天王星中點的主題包含了下列象徵：科技、新的技術、能源、核能、距離、冷漠、分離、刺激、極端、客觀、差異、新的、不同的、獨立、自由、反對、改革、改變、變化、叛變、切斷、分割、分離，很特殊的是空間、天空、太空、星際的相關議題也與天王星有關。在社會層面上與改革的訴求、革命起義、騷動，新科技、資訊產業、中產階級與資本主義也幾乎都與天王星有關。

天王星、海王星、冥王星等中點都可能暗示著世代的變化對個人生活的影響，也可能暗示著來自外界的衝擊。

天王星／海王星

這個中點組合可能暗示著對科技的狂熱，包含了電子資訊、核能、雷射甚至是航天科技，與影像畫面有關的科技，也可能象徵著為了改變而犧牲、或者對於狂熱與犧牲有著不同的看法。受到海王星的影響，更可能與醫療、化學、病理、微生物、細菌、感染的變化與治療方式有關。在個人生活中，天王星可能暗示著冷漠、切割、造成距離、對於自由獨立以及個人空間的訴求，渴望改變和採取改變的行動。而與海王星產生中點時，暗示著對於上述事項的願景與夢想，甚至願意犧牲而換取自由與獨立。從海王星的主題來觀察時，可能與個人的夢想、狂熱、渴望超越現有的狀態，變得更為偉大的念頭，超越現狀，融合、消失、消融，而通常也與犧牲、被犧牲有關。當受到海王星影響時，可能暗示著因為夢想帶來個人生活的劇烈改變，或者在無界限的融合與獨立自由的議題上感到掙扎。

太陽＝天王星／海王星

可能成為群眾當中為了社會改革而奉獻犧牲的領導人物，或者因為狂熱的投入

改革而受人注目。也可能是透過科技與影像的結合，科技改革醫療與化學技術，或者在科技、醫療、藝術的改革上來達成個人的榮耀。太陽可能暗示著與父親或生命當中重要男性的關係，這可能暗示著一種愛是否應當保持距離，保持個人獨立與自由時又覺得無法融入的掙扎感受。

月亮＝天王星／海王星

因為月亮的影響，愛與不自由的議題成為此人親密關係、伴侶關係、家庭關係當中的重要議題。當個人渴望擁有個人獨立空間時，擔心冷漠距離可能帶來的罪惡感油然而生；當個人無私的奉獻犧牲與家人伴侶親密融合在一起時，又有著對個人自主與自由空間的渴望。

水星＝天王星／海王星

水星可能暗示著學習的方向，這組中點暗示著對於科技充滿願景，對於影像、化學、醫學有著不同的觀點。在思考層面上，這樣的中點帶來寬廣的視野、與眾不同的願景，對事物的觀察有著寬廣的格局，不同的見解，具有獨特的創意與創造力，可以用來描繪未來生活的美好。

金星＝天王星／海王星

金星可能暗示著個人生活當中的社交活動特質，天王星與海王星的中點很可能讓個人與周遭的友人產生糾結的情愫，渴望著與朋友的連結，但卻擔心個人的自由獨立與自我的特色被他人牽絆影響。同樣的，自由獨立與親密融合之間的掙扎，也成為個人情感生活上的特色，如何找到自由與親密關係的平衡，是重要的人生課題。

火星＝天王星／海王星

這樣的中點組合很可能讓人奮不顧身的投入夢想當中，特別是與未來的美好生活，個人或群體的獨立與自由有關時，情況更為顯著。火星的刺激有時也暗示著一種不愉快的感受，這可能暗示著對於過於空泛理想化的願景感到憤怒。需要注意的是，這一組相位很可能暗示著對於細菌、傳染病、藥物的敏感體質，特別在接觸新

型態試驗藥物、刺激物質、或面對流行傳染病疫情時都需要特別的謹慎。

木星＝天王星／海王星

嚮往自由而且不願意受到限制，是此人生活中的重要信念，這種不願意受到拘束的態度，若身處在制度規範較為嚴謹的社會當中可能會帶來衝突。但若環境允許，或許能運用不受限制的思想在創作之上。對於金融與財務有興趣的人則可能狂熱地投入，並在投資市場中體驗大起大落。

土星＝天王星／海王星

從某個角度來說，這組中點暗示著此人有著將想像、創意落實到生活當中的能力，但在實現創作的過程中卻必須與現實妥協。在思想理念或政治態度上，有可能從極端到溫和，從自由反叛變成握有實權的保守既得利益者，為了利益與安全而向現實妥協。這樣的中點組合若出現在行運當中，可能暗示著經濟市場的激烈起伏與強烈的市場干預。

冥王星＝天王星／海王星

擁有這組中點的人具有對大環境改變的敏銳洞悉能力，一方面能觀察社會變革過程中潛在的威脅，另一方面具有操縱渴望改變現實環境群體的能力。謹慎地面對天王星與海王星中點的相關的議題，例如科技、影視、醫療、化學等，這些議題有可能是重大的人生挑戰，或者挖掘出這些產業潛在的價值。

凱龍星＝天王星／海王星

這一組相位可能暗示著家族的傷痛可能與社會狂熱改革有關，在劇烈的時代變動當中失去的事物或造成的傷痛，影響著家庭的氛圍並對改變有著極端的態度，也可能對於瘋狂的群眾運動有著兩極化的觀感。

南北交點＝天王星／海王星

有機會透過與天王星和海王星的相關議題帶來豐富的生活歷練，例如從事醫療、影視、科技等相關產業，或者在生活當中參與社會運動、宗教改革。在這些議

題當中展現自身的才華，或者受到相關內容的啓發而有著多采多姿的生活。

上升點＝天王星／海王星

如何在時代環境的變動當中找到自己的立足點，成爲此人生活中的重要課題。無論是個人的身分認同、與人互動或是伴侶關係，都可能受到強烈的理想色彩影響而顯得與眾不同。這一組中點也可能暗示著生活將明顯地受到大環境的變化而改變。

天頂點＝天王星／海王星

天頂象徵著我們與權威的關係，而天王星和海王星暗示著是否能夠被權威所接納而帶來的矛盾衝突。從事天王星與海王星的相關工作與產業，將可能獲得殊榮，這包括了影像科技、與航行有關的技術，化學與醫學的新技術，對於細菌藥物改變的研究等。

天王星／冥王星

這一組中點蘊藏了激烈的改革能量，無論是將這樣的能力用在個人生活或社會改革上，都可能引發連根拔起徹底摧毀舊有局面的結果。面對天王星的冷漠、創新、獨立自由，冥王星暗示著可能以隱藏躲避否認或是激烈的回絕來回應。面對冥王星所象徵的威脅與控制，天王星可能以改變、分離、切斷、斷絕關係的行動來回應。這些都可能暗示著人際、家庭、伴侶關係上遭遇劇烈變化時，可能有的極端回應。

太陽＝天王星／冥王星

這組中點可能暗示著在人生中可能有個人身分徹底轉變的情況，在察覺到一些祕密之後引發自我身分認同的劇烈轉變。同時也可能帶來生活中對於長久存在的威脅、壓抑與不公平的關注，個人的不愉快經驗可能導致個人與某段關係採取激烈的手段徹底的斷絕，若涉及一個族群或團體共同面對的不公義，則可能進一步地促使此人起身領導整個群體的反抗行動。

月亮＝天王星 / 冥王星

在每天生活的小事中察覺到隱藏的危機，特別是那些刻意被隱瞞的眞相，更進一步的萌生改變的念頭。與女性的關係或是個人親密關係可能較爲緊張，受到刺激時將有激烈的回應，但是在情緒感受上可能呈現出帶有距離感的深不可測。

水星＝天王星 / 冥王星

對於大環境的變化相當敏銳，特別是訊息與風向，同時也對操縱與操弄相當敏感，有能力去察覺那些弦外之音以及他人沒有說出口的威脅與恐懼。特別是年輕時或是在求學階段表現得較爲獨特，拒絕與權力或壓迫妥協，獨立的思考脈絡將帶來不同的人生路途。

金星＝天王星 / 冥王星

自我價值的建立過程中，需要經過一個重大的轉折，在危機之中徹底改變對自己的價值評斷。情感與人際關係可能會面對一個徹底轉變的時刻，很可能是人與人的互動以及互信的改變，引發個人改變對待他人的態度。這也暗示著個人察覺到隱藏在舒適生活之下的潛在威脅以及不公平的待遇，因而引發的掙扎與衝突。

火星＝天王星 / 冥王星

這是一組相當激烈而且活躍的行星中點，特別在面對外界的劇烈變動與社會改革時，可能採取激烈的回應。當社會改變時，此人可能率先感受到威脅，並將這樣的改變與個人的生死存亡做直接的連結，因而試圖採取行動保護自己，或者積極的加入改革的浪潮。

木星＝天王星 / 冥王星

「危機就是轉機」是這一組中點的寫照，當外界發生改變時，此人或許以樂觀的態度來面對，甚至有可能在外界的劇烈變動之下看見發展的機會。同時這一組中點也暗示著人生觀或世界觀在某一個生命歷程的環節中產生劇烈的變動，例如突然改變信仰，或徹底改變對人生的態度。

土星＝天王星 / 冥王星

這一組中點讓人謹慎地面對大環境的劇烈變化，特別傾向實事求是或者保守的態度。但是當變化已經發生時，這些人很可能帶著抗拒的態度，渴望回到過去習慣的生活環境之中。特殊的是當這些人面對生活壓迫時，卻可能以玉石俱焚在所不惜的態度來回應。

海王星＝天王星 / 冥王星

這一個世代的人對於改革帶有強烈的憧憬，那些長久以來存在的不公義需要被推翻，就算是犧牲了舒適的生活也在所不惜。同時這個世代的人可能在醫療、影像等海王星相關的領域上帶來革命性的突破。

凱龍星＝天王星 / 冥王星

這一個世代的人可能會對長久存在的不公平以及壓迫相當敏感，那些藉著傳統、規律、安定名義的控制，讓這一個世代的人有著切膚之痛。一部分的人加入成為共同迫害者，而另一部分的人渴望改變這樣的迫害，並帶來整個社會的療癒。

南北交點＝天王星 / 冥王星

因為生活或環境的劇烈變化而有所啟發與領悟，展開了不同的人生道路。同時在此一過程中可能察覺到自身過去並沒有意識到的獨特技能。

上升點＝天王星 / 冥王星

對於自身與世界的互動有著強大的張力，對於時事、社會環境的變動可能相當敏感，能夠看見一些其他人看不見、需要去改革的弊端。

天頂點＝天王星 / 冥王星

對於所謂的命令、法規、權威抱持著一種不輕信的態度，不輕易地遵從命令，容易與權威之間產生緊繃的關係，也因此在成長過程的家庭關係或工作事業上，容易引發較多的衝突。

天王星／南北交點

　　天王星與月交點產生的中點，往往暗示著成長過程中可能帶來劇烈變化的事情，而新的技術與新的觀念往往在個人生活中扮演著關鍵的角色，促使個人展開新的人際互動，或者成為面對挑戰時的必備技能。

太陽＝天王星／南北交點

　　對自我的認識總是不斷的改變，甚至許多時候對自己的身分有著與以往不同的看法，因而活出全新的自我。可以透過新的科技與新的觀念達成個人的目標。

月亮＝天王星／南北交點

　　與周圍的關係保持著一些距離，可能讓周圍的人感覺冷漠。在生活當中應用新穎的觀念帶來與眾不同的生活方式。

水星＝天王星／南北交點

　　有著追求新資訊的傾向，甚至因為消息敏銳而發展出特殊的職業技能；在生活中因為這些新資訊的傳播而結識不同的友人。

金星＝天王星／南北交點

　　對於新鮮事物的喜愛成為個人的獨特標籤，情感上較為活躍、前衛、顯得與眾不同，更不樂見自己被視為普通平凡或是遵循傳統的角色。

火星＝天王星／南北交點

　　這一組中點帶來積極的行動力，傾向於不按牌理出牌，總是能找到不同的方法突破困境。在與人互動時顯得相當獨立，而且不容易聽從命令與規定。

木星＝天王星／南北交點

　　個人的自由與寬廣的生活空間顯得相當重要，同時在人生的成長過程中可能有著劇烈的信念轉變。

土星＝天王星 / 南北交點

溫和緩慢的看待生活當中的劇烈變化，就算外界翻天覆地的轉變，也可以抱持一種謹慎的態度來回應。

海王星＝天王星 / 南北交點

因為一個美夢或者一個腦海中的影像，可以毅然決然的改變生活，了解到有些時候為了改變，一些犧牲與放下是必要的。

冥王星＝天王星 / 南北交點

這一組中點讓人謹慎地面對人生中的重大決定，深怕做出錯誤的決定而失去一切；甚至認為改變本身就是一種巨大的生活威脅，因此不容易輕易下決定。

凱龍星＝天王星 / 南北交點

對於人生的改變有著極端的態度，一部分的人即使活在不愉快的生活環境當中，即使知道離開會讓日子過得更好，也不輕易選擇改變。另一部分的人視自我的改變與環境的改變是一種成長與療癒的機會。

上升點＝天王星 / 南北交點

有時因為太過獨特的個人特質，而不容易融入環境當中，在人際關係上也可能因為這個原因保持著疏離的態度。即使對於人際互動或情感有所渴求，仍需要知道自己對於個人的獨立空間有強烈的需求。

天頂點＝天王星 / 南北交點

在群體之中的表現獨特，渴望客觀且有距離的與師長、父母、老闆、政府等權威角色互動，在工作環境中傾向不受他人干擾的獨立作業。

天王星 / 上升點

這一組中點標示著獨特的個人角色與不輕易妥協改變的個人風格，也因此在人際互動當中強調獨立與自由的風格，在面對情感與伴侶關係時，需要特別將這樣的

需求納入考量當中。

太陽＝天王星／上升點

這樣的人有著鶴立雞群的態度，因為獨特的個人風格而感到驕傲，認為每一個人都應該活出獨立的自我。渴望自己擁有足夠的發展空間，可能與父親、男性之間保有距離的互動。

月亮＝天王星／上升點

在日常生活中展現強烈的獨立風格，有時候即使自己並不願意獨自一人，卻也學會了一個人獨立生活的技能。與女性、母親的關係較為疏離，可能無法認同傳統滋養照顧的方式。

水星＝天王星／上升點

獨立思考判斷以及找到與眾不同的人生道路，對此人來說相當的重要，隨波逐流或者當應聲蟲的附和他人，可能會被視為是一種人格的抹煞。

金星＝天王星／上升點

在人際關係當中保持著一些距離，不輕易地隨著眾人起舞，就算是面對喜歡的人事物，也不會輕易的盲從。在面對情感關係時，應當了解自己有著強烈的獨立個性，以及對自由的要求。

火星＝天王星／上升點

渴望在人我關係中展現活力，且不受約束，經常展現自己強勁的應變能力。有時這樣的組合也可能透過強烈自我保護的防衛姿態來呈現。

木星＝天王星／上升

在人前想要展現陽光開朗的性格，對他人帶來一些生活上的啟發與影響。在人際關係上強調自由，不輕易許下承諾。

土星＝天王星／上升點

可能認為自己與他人的不同是一種麻煩，有時不斷的否定自我的個人特色；在成長過程的自我認同上，花了相當多時間去定義自己，不斷地自問我究竟是誰。

海王星＝天王星／上升點

在精神上對於孤獨與孤寂的體會相當深刻，即使在熱鬧的人群中也能感受到強烈的孤寂感受，但亦可藉此更了解自我。

冥王星＝天王星／上升點

表面上是「我只想當一個普通人」的樣貌，試圖隱藏自己的獨特風格與創意，透過深層的自我追尋與探索，才能夠有足夠的勇氣展現自我。

凱龍星＝天王星／上升點

深刻的了解與眾不同可能帶來的麻煩，卻也擁有幫助他人展現自我風格的星探般的技能，療癒孤獨的自我是人生路途上的重要主題。

南北交點＝天王星／上升點

盡情的展現個人與眾不同的風采，此人將因為自由、獨立以及不甘於平凡的特質為人所認識，遭遇挑戰時必須以獨特的創造力來回應。

天頂點＝天王星／上升點

個人的特殊風格與創造力將成為眾所矚目的焦點，在職場生涯中展現這樣的能力將獲得尊重。但是與權威的互動關係可能是職場生涯的一大挑戰。

天王星／天頂點

這一組中點暗示著與眾不同的職業生涯，若渴望獲得事業成就，必須展現強烈的個人風格，不必害怕自己與別人不同的想法。同時因為如此強烈的個人特質，很可能使得個人在面對體制與權威時可能會有些挑戰。

太陽＝天王星 / 天頂點

不願意成爲一個平凡的普通人，也因此很可能與父母、師長、上司甚至是政府等權威象徵的關係緊張，可因爲這樣的成長體驗帶來個人的榮耀。

月亮＝天王星 / 天頂點

獨立且不依賴他人是生活中的重要特質，這樣的態度似乎從小就開始了。若身爲母親，可能會是一個有別於傳統刻板印象的母親。

水星＝天王星 / 天頂點

若想要獲得個人事業生涯上的成就，必須培養獨立判斷思考的能力，與他人妥協或者只聽他人的建議無法帶來太多的幫助。

金星＝天王星 / 天頂點

擁有獨特的個人魅力，或許是理性、客觀、或者帶有點距離感。獨特的人際關係讓你在人群中閃耀卻不隨波逐流。

火星＝天王星 / 天頂點

在事業與工作上，與權威的關係是最大的挑戰；在執行任務時有著自己的行動步驟，不願意受到他人干擾，甚至視此爲最大的威脅。

木星＝天王星 / 天頂點

培養樂觀與包容的態度將是個人獲得榮耀的最大幫助，但由於熱愛自由不受約束的天性，如何融入社會體制當中成爲一個重大的挑戰。

土星＝天王星 / 天頂點

相當實際的工作態度，縱使有個人想法或意見，仍然不會輕易冒險的提出，只有在確定這樣的獨特方式是安全且有效時才會願意執行。

海王星＝天王星 / 天頂點

夢想著不平凡的人生？是的，如果膽子夠大的話，這樣的中點可以帶來冒險刺

激的人生。而另一種方式則是在創意當中，去發揮這種與眾不同的想法。

冥王星＝天王星／天頂點

對於信任權威這件事似乎抱持保留的態度，即使表面上不質疑權威可能犯下的錯，或者不否定長輩上司給的承諾，卻仍不動聲色地思考著如何保護自身的安全。

凱龍星＝天王星／天頂點

療癒分離、冷漠以及不信任感所帶來的傷痛，是這個中點組合的重要人生課題。因為這些體驗一方面帶給你處理人際關係的特殊態度，但在某些時候也可能帶來是否該信任他人的困擾。

南北交點＝天王星／天頂點

因為個人在職場中展現的特殊能力而受到眾人的矚目，你在不自覺中所散發的個人風采，不但能吸引眾人的目光，更能引領你走向不同的人生道路。

上升點＝天王星／天頂點

獨立、自由、與眾不同這些字彙將成為顯著的個人風格，與父母的獨特相處體驗，將顯著地呈現在伴侶關係當中。

海王星中點組合

涉及海王星的中點將會帶著海王星的特質，包含了下列主題：夢想、夢幻、幻覺、影像、視覺效果、模糊、迷惘、消融、失去界線、融合、超越、穿越、提升、犧牲、狂熱的、瘋狂的，超越原有的狀態、強調精神性的、沒有形體的、無法定義的。有些字詞需要特別釐清，例如犧牲，許多人往往看到犧牲所付出的一面，但是需要知道犧牲往往是為了一個更遠大的目標，無論這個目標是不是利己的。海王星的影像主題，像是通過肉眼觀察的影像，因此也與影像藝術有關；也可以是心靈上的影像，那就包括了任何能帶來刺激腦海影像的事物，無論是文字、音樂、冥想、

幻想等；或者是任何能帶來幻覺迷惘的物質，例如酒精、藥物，許多占星師也認為海王星與細菌、病毒、感染、化學物質有著密切的關聯。在生活中，海王星是大家所熟知的迷惘、夢幻或犧牲，但也別忽略了海王星的夢想特質能夠引發狂熱，例如一股腦的熱衷於某件事物，或者為了某個偉大的理念而犧牲一切在所不惜，這樣的狂熱可能讓人忽略了危機，而奮不顧身的投入。

海王星／冥王星

海王星與冥王星具有強烈的世代特質，這兩個行星產生相位的時候，往往是重大的時代變遷的時刻。在中點時可能不是如此顯著，但卻暗示著涉入中點的行星，可能促使個人與時代的轉變並產生連結，或許是受到影響啟發，或許是受到影響而宿命般的改變命運。外行星的中點影響由於涉及了更龐大的社會、時代議題，不容易憑著個人的力量去改變，也因此帶來一種宿命般的感受。但也要知道，這並不代表涉及這些中點的人就註定了受到宿命的影響。

海王星的影像、幻覺、融合特質與冥王星結合，暗示著去探索影像幻覺背後的祕密，或暗示了可能受到影像幻覺或是更偉大的夢想的無形操弄。從日常生活中的廣告行銷背後的心理學，或是官方的政治宣傳，宗教上的勸世經文中，鼓勵善行可以上天堂而惡行將在死後或來世獲得懲罰等。這一組中點也象徵著對於無形事物或者微小到肉眼不能見的事物的深入探索研究，例如微生物的研究、化學的變化、心理學的研究。同時這一組中點往往與身心靈領域的探索有著密切的連結。

太陽＝海王星／冥王星

探索細微變化事物而得到榮耀，例如心理學、化學、醫藥、微生物等，特別是那些肉眼看不見的重大影響。當然這也可能是因為熱衷於神祕學、神學或宗教的影響。海王星具有影像與狂熱的特質，而冥王星往往帶來神祕影響力，也因此這一組中點可能暗示著一種神奇的個人魅力，在某些時候就像是具有宗教領袖般的影響力與對群眾的控制力量。

月亮＝海王星／冥王星

　　這一組相位讓人對於無形的操弄特別的敏感，可能是對超市的促銷擺設毫無抵擋力，或是因爲深信不疑狂熱的獻身於宗教，又或者對於生活中的神祕事物感到著迷或者疑神疑鬼的。另一方面，因爲熟悉這些操弄，當然也可能成爲使用神祕影響力的人，近一步地對生活周遭的人產生影響。這些特質也可能用在描述自己身邊親近的女性、例如母親與女性伴侶，或者是自己本身。

水星＝海王星／冥王星

　　言語可以具有魔力，如果當事人願意且有涉獵相關領域的話，將可以知道如何使用言語文字來影響他人。這並不全然是壞事，而且我們的社會的確活在許多有意無意的心理暗示當中，從超市的貨品擺設位置、廣告的影像音樂與文字、到政治宣傳與傳教文宣與道德訓示，擁有這組中點的人也擁有類似的能力。這組中點也可能暗示著對於化學、醫藥、微生物、影視傳播藝術的學習。

金星＝海王星／冥王星

　　擁有這組中點的人擁有神奇的魅力，這一股魅力可以是在社交圈檯面下的影響或勾心鬥角，或是對與某一個特定對象的全權掌控。不可否認的，這組中點也可能描述著自己反過來成爲掌控或操縱的人，但這並不代表必定是悲劇或犧牲的結果，因爲是否要用來影響其他人，是否要用來傷害他人全由自己決定。

火星＝海王星／冥王星

　　當你發現在無形中成爲他人操縱的對象時將會感到相當的憤怒，而擁有這一組中點會讓人對操縱相當的敏銳，必要時，或者受過相關訓練的話，也可以將這樣的操弄能力當作一種工具。擁有這一組相位的人可能狂熱的投入某些事物，可以是精神或宗教領域，也可能是影視藝術的領域。

木星＝海王星／冥王星

　　當木星與海王星和冥王星形成中點時，可能暗示著下列領域的發展與研究，特別是與海王星有關的醫藥、化學、微生物、影像、藝術，或者與冥王星有關的心

理、政治、考古等研究。木星也可以象徵著信念，這一組中點所代表的信念，可能暗示著強調神祕無形影響力對生命的影響，多半傾向於宿命論的宗教與精神領域，或者是較爲消極、被動的生命哲學觀點。

土星＝海王星／冥王星

土星的具體化特質，可能暗示著擁有這組中點的人能夠具體顯化那些他人看不見的事物，從發現疾病的原因或找出未知的物質與元素，到深信自己能看見他人看不見的事物，或者深信一些陰謀是造成某些事物的原因。這組中點可以暗示著個人被宿命觀點或神祕事物的深刻影響，也可以是抵抗那些不可抗拒人事物的頑強力量。

天王星＝海王星／冥王星

這一組相位具有強烈的時代改革特質，例如工業革命開始的時代就具有這組中點，同時這也暗示著全人類共同的恐懼將徹底改變我們的生活。二次大戰是一段強烈傷痛的人類歷史，同時也帶來了物質生活的科技革命。60 年代的越戰、冷戰、非洲地區反抗殖民帝國的革命與美國的民權運動，則象徵著人們對於強權操弄的反抗。

凱龍星＝海王星／冥王星

這組中點一方面暗示著可能曾受到操縱的家族故事，在宗教政治或時代影響下家庭的神祕氛圍，但另一方面也替個人帶來了相同議題的療癒天賦。擁有這一組中點而渴望探索這些神祕影響時，往往是無心之時在長輩的口述與閒聊之中探索祖先們走過的足跡而發現。必須嘗試接納這些家族的故事，才能進一步的找出療癒的方式。

南北交點＝海王星／冥王星

這一組中點可以是宿命般的神祕影響力帶出的獨特個人成長歷程，引領著個人對於命運、宗教、精神領域的獨特見解，也可能暗示著此人擁有對人群神祕影響力的天賦。海王星與冥王星中點的相關議題，例如心理學、醫學、化學、微生物、藝

術、政治身心靈領域，往往可能成為擁有這組中點的人生命中的重要事件。

上升點＝海王星／冥王星

這組中點帶來了神祕的個人魅力，在人我關係之中操弄與被操弄的議題相當值得個人去檢視。同時這一組中點也可能暗示著對於人與宇宙之間神祕關聯的興趣與研究。

天頂點＝海王星／冥王星

神祕學、神學或宗教心理學、化學、醫藥、微生物等，或是是肉眼看不見的微小事物，可能與你的職業有關，或者是因為應用這些領域而帶來事業上的成就。

海王星／南北交點

海王星與月亮交點的中點組合，往往暗示著生命歷程中必須面對的海王星課題。可以是精神性的宗教、藝術、影像，或者醫療、細菌、化學、藥物等事務，也可能是心理與性格上的迷惘、狂熱、犧牲等主題。這一條必經的道路，一方面因為這些事物而讓你與特殊的人相遇，或者在成長過程中學習體驗，也可以帶來獨特的技能幫助你面對生活的挑戰。

太陽＝海王星／南北交點

這可能暗示著與男性或父親的互動充滿了神祕複雜的課題，這些課題一方面帶來了心靈的成長，也可能成就一些天賦。另一方面也可能暗示著那些與海王星相關的藝術、宗教、心靈、醫學、化學等事務可能帶來榮耀與成就。

月亮＝海王星／南北交點

成長背景中的海王星議題值得注意，或許是宗教或藝術的家庭環境氛圍，或是某些與海王星有關的化學藥物領域的背景。當然這也可能描述著家庭背景中的仁慈、包容、犧牲的氛圍所帶來的性格影響。

水星＝海王星／南北交點

　　與海王星有關的主題資訊，將促成生命中的重大轉變，可能因為一幅畫、一部電影、或者某個人話語的啓發，導致狂熱地去追尋生命的意涵，或深入探討生命的意義。

金星＝海王星／南北交點

　　完美與理想這樣的字彙，對於擁有這組中點的人來說似乎有著強烈的影響，在人際關係當中對於某些人的期盼與落空，可幫助深入了解人與人之間的關係的眞正意涵。

火星＝海王星／南北交點

　　在人生的路上可能因為藝術、犧牲、影像、偉大的理念而感到激動或憤怒。這樣強烈的情緒出現時不會只是一時的感受，而將會引導你走向不同的人生旅程。

木星＝海王星／南北交點

　　個人的信念與人生觀將可能因為一些影像、藝術作品、某些人的偉大感召而產生變化。包容、接納與慈悲的特質是成長過程的主題。

土星＝海王星／南北交點

　　注意那些使你狂熱的事物，那些偉大的號召，那些美夢與理想，很可能是人生嚴格考驗路途的起點。有些人在路途當中夢醒而獲得一些領悟，有些人則是堅信不移甚至願犧牲一切去達成理想。

天王星＝海王星／南北交點

　　夢想將會是徹底翻轉人生的開始，海王星與月亮交點象徵著人生路途的美夢，而天王星則告訴我們這個夢會意外地引導我們走上截然不同的人生。

冥王星＝海王星／南北交點

　　無論故事的一開始是什麼，這一組中點帶來了對於隱藏在夢幻願景背後洞悉眞相的能力，或許是謊言，或許是金融詐騙，或許是美好的烏托邦政治理念，擁有這

組中點的人能夠看清迷霧當中的眞相。

凱龍星＝海王星／南北交點

是否該分得一清二楚，或者因爲某些放不下的因素而去包容或承擔他人的過錯，這是擁有這一組中點的人將有的人生體驗。影像藝術音樂或是宗教身心靈可能帶來的療癒，值得繼續探索。

上升點＝海王星／南北交點

這一組中點強烈暗示著夢幻一般的人際互動，無論是灰姑娘般的童話成眞，或是包藏禍心的甜言蜜語，其中擁有的共同特質就是讓你感到暈頭轉向而且看見了夢幻一般的國度。對於人事物外表與型態的重視相當值得探討。

天頂點＝海王星／南北交點

可能因爲一個理想或者一個念頭，願爲了榮耀與成就不顧一切代價的付出；也可能是因爲對於人們的包容、犧牲、奉獻而受到他人的尊敬。

海王星／上升點

海王星與上升點的組合，描述著個人身分、自我意識與海王星特質的結合。例如對自我身分定義的模糊，或者以藝術、美感、完美特質來要求自我，也可能是犧牲自我，或者在生命歷程與伴侶關係當中了解到爲了更遠大的目標必要做出一些犧牲。而個人的形象多半具有下列特質的其中一種：神祕的、模糊的、神奇的、犧牲的、偉大的、童話般的、具有魅力的、與海洋有關的。

太陽＝海王星／上升點

認爲一個領導者或者是英雄需要有一種接近完美仁慈的形象，必要時需要犧牲一些事物，而這樣的概念也可能成爲一種對自己身分的特寫，在成就自我目標的過程中可能做出一些犧牲；也有可能是追求個人成就的過程中，對自己身分感到迷惘。有時這些現象也會用在描述身邊的男性上。

月亮＝海王星／上升點

在日常生活當中可能會盡力的凸顯美好的特質，有時因爲缺乏這些角色的眞實存在，而帶來接近理想化的幻想。生活當中可能展現出模糊、迷惘、藝術傾向、強調精神生活、包容、犧牲的特質，同時也具有瞭解他人感受的強烈同理心。

水星＝海王星／上升點

儘管可以隨時依交談的對象切換思路，但個人的思緒有別於一般大眾所認同的理性與邏輯，海王星的夢幻與虛無飄渺特質，讓思緒與溝通方式帶著神祕且不易讓人了解。

金星＝海王星／上升點

具有輕易融入周圍環境的能力，在人我互動與情感生活當中，一方面表現出完美的期盼，另一方面可能會爲了友誼與愛情做出犧牲。

火星＝海王星／上升點

相當在意個人形象是否完美，有時因爲無法達到完美的狀態而感到憤怒或沮喪。同樣的感受可能在遭受不公平的對待、需要犧牲自身利益的時刻出現。

木星＝海王星／上升點

對於人性、世界與社會制度抱持著一種美好的期盼，就像是抱持著人性本善的觀念，但卻會在成長的過程中驗證這樣的理念，海王星會讓有些人感到失落，也會讓某些人爲了這樣的信念瘋狂的付出。

土星＝海王星／上升點

這一組中點有可能是嚴格的要求自己在眾人面前表現完美，也可能是在人我互動當中存在著是否該信任對方的議題。例如美好生活的承諾，或者在面對對方的美夢與願景時，採取謹愼的態度。

天王星＝海王星／上升點

疏離的感受出現在生活當中，或許因爲種種理由，認爲自己不適合與一般大眾

共處，或者即使身處於群眾之中，仍抱持著疏離的態度或感到孤獨。

冥王星＝海王星／上升點

這樣的人具有強烈的洞悉能力，能夠看見許多完美形象背後的真相，也不輕易相信完美人際互動的存在，多半對於太過美好的人際互動、夢想抱持著保守謹慎的態度。

凱龍星＝海王星／上升點

這世上的人是否都在苦海中沉浮？若我們都在同一艘船上的話，是否該不分彼此的互相幫助？這麼無私的態度會不會造成自己的傷害？這些問題值得擁有這組中點的人用一輩子去探究。

南北交點＝海王星／上升點

在人生的路途上，為了社會犧牲、奉獻、或者為了情感而放下個人的堅持是一個重要的課題，但輕易地融入人群當中可能是一種生活技能。

天頂點＝海王星／上升點

就像是演員一樣，這一組中點可以在不同的情境之下扮演不同的角色，甚至藉此獲得成就。但在家庭關係上可能是一種對父母形象的完美期盼。

海王星／天頂點

天頂象徵著尊重與成就，在日常生活中經常被用來描述一個人職業上的成就與社會地位，在人際當中則象徵著權威，例如父母、師長、上司或者政府與領導者。這一組中點可能是一種對於這些人完美形象的期盼，但也可能是因為失望而帶來的議題。

太陽＝海王星／天頂點

對於權威與領導者有著近乎完美的期盼，而是否能在實際的接觸後接受沒有人是完美的？這是相當重要的議題。同時這組中點也讓人透過完美或神祕的形象取得

尊重與社會地位。

月亮＝海王星／天頂點

若能將對世界美好的期盼，或者腦海中的夢幻世界帶入每天的生活當中，將帶來多采多姿的生活。這個世界或許不完美，但你卻可以創造出日常生活之下的美夢。

水星＝海王星／天頂點

溝通與思緒具有公關所需的特質，能夠運用言語帶出美好的一面，或者給予公眾美夢，需要粉飾太平時也毫不費力。

金星＝海王星／天頂點

某一個完美的長輩或想像中的英雄形象，將深刻影響個人的價值觀，或者外表穿著，甚至影響在情感上的選擇。

火星＝海王星／天頂點

當努力的想要達成一些美好的目標時，稍不謹慎就有可能遭受到攻擊與批評。儘管這些讓人喪氣的話很不中聽，卻沒有必要因此放棄追求美夢。

木星＝海王星／天頂點

可能對於長輩、權威、政府有著樂觀的期盼或者完美的期待，這樣的態度會成為一種世界觀或者社會理念，進而影響個人生活。

土星＝海王星／天頂點

在成長的過程中可能經歷一些信任的議題，對於長輩的信任，對於社會、國家、制度、權威的信任，這些都會影響個人面對承諾或法規時更加謹慎。

天王星＝海王星／天頂點

可能會在職業生涯當中，因為一個理想或美夢而做出突如其來的重大改變；也可能因為失落或對人生的體會，而切斷與周遭人的關係

冥王星＝海王星／天頂點

對於權威與體制的不信任是這組中點的特色，具有看清眞相的洞悉能力，越是美好的形象出現在眼前越是値得警惕。

凱龍星＝海王星／天頂點

對功名利祿的擁有與失落、爲了成就地位的犧牲奉獻成爲家族傷痛的主題，在不經意的故事當中，了解到這些神祕的傳說如何影響到自己的工作與生活。

南北交點＝海王星／天頂點

在人生的道路上可能會爲了事業成就的美夢而做出選擇，該犧牲已經擁有的事物去成就美夢？或者爲了生活而放棄做夢的機會？

上升點＝海王星／天頂點

受到媒體或傳說的影響，渴望自己以一種完美的形象出現在任何場合之中。可能對自己要求相當高，或者需要時間去了解自己與這個世界的實際關聯。

冥王星中點組合

冥王星可能包含了下列議題：危機、威脅、恐懼、醜聞、隱藏、洞悉力、挖掘眞相、毀滅與重生。當我們思考冥王星的中點可能帶來的特質時，不可避免地加入了一些恐懼與危機的關聯，然而冥王星也有著強烈的洞悉能力，且強調生存還有意志力的重要性，這些特質正是透過危機或者恐懼而培養出來的。冥王星可能帶來全面性的摧毀與破壞，但卻給予生活與生命一個重新開始的機會。

冥王星／南北交點

冥王星與月亮交點所組成的中點，可能暗示著生命歷程中不可避免的面對失去重要事物的議題，那可能是每個人都會面對的生離死別，但因爲冥王星與月亮交點

的影響，使得這些失去在成長過程中更具特殊意涵，往往就像來到了十字路口要面對的抉擇一般。

太陽＝冥王星／南北交點

很可能爲了重要的事物或者個人成就，必須徹底放下過去人生的一切而重新開始，也可能是因爲父親或者身邊重要的男性，帶來了人生徹底的轉變。

月亮＝冥王星／南北交點

可能因爲成長過程的經歷，促使個人對於情感、親情等親密互動感到相當的謹慎。這些議題可能如同躲不開的宿命一樣不斷的出現，直到你有足夠的勇氣去擁抱，並接納過去的不愉快體驗。

水星＝冥王星／南北交點

即使明確知道人生的道路該怎麼走，許多時候甚至擁有避開威脅與危險的能力，但仍必須相信自己擁有穿越黑暗的能力。

金星＝冥王星／南北交點

情感與人際上的相遇，就像宿命一樣要你去接受最恐懼的挑戰，這足以徹底改變你對自己的看法，並且挖掘出過去自己從不知道的自我價值。

火星＝冥王星／南北交點

你不是溫室的花朵，人生的道路就像是一連串克服困難的挑戰，一路上培養出勇氣、攻擊與保護的技能以及堅強的意志力。

木星＝冥王星／南北交點

塞翁失馬的故事或許是人生的寫照，無論你是否抱持著樂觀的人生態度，但是沒有得到的人事物或許就不是你該擁有的，更或許是你好運避開的。

土星＝冥王星／南北交點

與權威之間的關係敏感，對於那些高高在上的人並不輕易的信任，也不太容易

相信他人的經驗，凡事親力而為，人生的座右銘是必須謹慎的自我保護。

天王星＝冥王星／南北交點

面對看似絕望的危機，許多人會有灰心的念頭，而擁有這組中點的人卻能夠在難過之餘知道該怎麼讓一切重新開始。

海王星＝冥王星／南北交點

人生中的經歷讓你培養出包容與慈悲，就算原先有許多批判與堅持，最後都可能有著人生如夢的體驗。

凱龍星＝冥王星／南北交點

不愉快的人生經歷是肥沃的養分滋養著生命，若你能在困境當中成長，並接受自己獨特的生命歷程，你就有機會可以替自己與身邊的人帶來幫助。

上升點＝冥王星／南北交點

可能透過特殊的自我身分認同，或者人際互動、伴侶關係上的特殊體驗，走上了精彩的人生道路，不斷地挖掘令自己驚訝的真相。

天頂點＝冥王星／南北交點

如果你願意，你將擁有強大運籌帷幄的能力，隱身幕後的工作與危機處理是你的特殊能力，儘管獲得許多成就，你仍然比較適合在公共場合保持低調。

冥王星／上升點

在希臘神話故事中，冥王黑帝斯的故事相當適合描述這一組中點，若你察覺到你的生活或身分有多麼獨特，或許你能夠從跟黑帝斯有關的故事當中發現相同的體驗。因為這一組中點可能讓你有著相當獨特的自我認同與人際互動。傳說中冥王有著隱身的頭盔，這一組中點最特殊的描述，就是自己不願意被他人看見。

太陽＝冥王星／上升點

若想要達成重要的目標，必須有著成功不必在我的念頭，也了解到不受到他人的注目對於自己的成就有多大的幫助。

月亮＝冥王星／上升點

無論原因為何，這一組中點相當重視自身與家庭的隱私，如何在日常生活中保持與人交流卻又不失去隱私，成為不斷努力的重點。

水星＝冥王星／上升點

意識到生活當中潛在的威脅時，你會怎麼處理？這一組中點帶來強烈敏銳的危機意識，並提供自己與周遭人該如何保護自己的概念。

金星＝冥王星／上升點

明明是很喜歡的對象，自己卻想要躲得遠遠的，或是覺得讓對方知道自己的愛意是一件有點丟臉的事。你的生活不是少女漫畫，這是一個嚴肅且需要去探討的挑戰。

火星＝冥王星／上升點

這一組中點可能讓某些人成為冒險家，不斷在生活當中尋找刺激，但也可能暗示著某些人儘管不願意，也總是活在危險的威脅之下。

木星＝冥王星／上升點

這一組中點暗示著不揭露自己的身分，就有可能躲過威脅的幸運。無論是否如此，這一組中點很擅長躲避，也有著許多這方面的好運。

土星＝冥王星／上升點

擁有這一組中點的人，就像是在教室裡面遇到老師問問題時會想盡辦法躲起來的人，成長過程中培養了相當強烈的自我保護能力。

天王星＝冥王星／上升點

這一組中點可能暗示著為了躲開一些威脅，而寧願與周圍的人保持距離的想

法，爲了讓他人不認識真實的你，你可能在人前表現得相當奇怪。

海王星＝冥王星／上升點

無論生活中的威脅究竟是不是真的，這一組中點對於危機相當敏感，而身邊的人多半無法認同，因此帶來人際互動上的困擾。

凱龍星＝冥王星／上升點

究竟是因爲特殊的故事讓自己選擇被人們忽略，或是因爲被人忽略而造成了傷痛？這一組中點都暗示著個人擁有看清每個人真實面目，與了解每個人存在價值的能力。

南北交點＝冥王星／上升點

遇到挑戰時什麼時候該勇敢的站出來，什麼時候該躲起來保持安全，這已成爲一種人生的訓練。你不希望遇到太多的麻煩，但也不希望遇到成功機會時因爲膽小而錯過。

天頂點＝冥王星／上升點

這一組中點暗示著一種洞悉真相的能力，特別能夠了解每一個來到你面前的人的真正意圖是什麼？善用這個能力將取得事業上的成就。

冥王星／天頂點

天頂象徵著事業與社會地位，冥王星與天頂的中點，暗示著憑藉與冥王星有關的特質以獲得尊敬與社會地位。雖然大多人不喜歡冥王星帶有黑暗的特質，但我們必須了解到黑暗與陰影也是生活的一部分，展現在事業當中時，這些人多半面對大量的危機，有些是危險的工作，有些可能是幫助人們處理危機，或是協助人們度過危機。然而冥王星並不是只有危機這個特質，深入挖掘、探索、研究調查也是冥王星的特質之一。

太陽＝冥王星／天頂點

　　在職業當中透過與冥王星有關的洞悉眞相、危機處理、調查研究等能力獲得成就，這樣的中點也可能暗示著個人在危機中成爲領導者。但這組中點也多半象徵著人們與權威的互動相處上帶有相當的緊張關係。

月亮＝冥王星／天頂點

　　在日常生活中可能經常體會到與長輩、父母、師長、上司之間的緊張關係，這可能是對他們所面對的危機的擔憂，或者是衝突所帶來的壓力，或者一些不能說的祕密所帶來的壓力。這一組中點也可能暗示著你有能力照料處於危機中的人。

水星＝冥王星／天頂點

　　這樣的中點特別傾向於調查、研究、找出眞相、挖掘祕密的職業技能，在與權威的互動過程當中相當敏銳，應用言語、邏輯、或者迅速反應而獲得權威的信任。

金星＝冥王星／天頂點

　　擅長處理危機與醜聞情況下的人我互動與公共關係；可發展出豐富的人脈，能與不尋常的人士或權威者有著非比尋常的互動方式而掌握局勢。

火星＝冥王星／天頂點

　　即使有能力找出祕密或醜聞，但這樣的中點組合帶來強烈的危機行動與衝突，就像是隨時處於面對衝突威脅的警察軍人，或是每天面對生死存亡關鍵的急診室醫護人員的感受。

木星＝冥王星／天頂點

　　樂觀與信心是在面對事業危機時必要的態度，這組中點多半能夠讓人順利的度過職業的挑戰。與權威的關係能夠很輕易的被視爲可以被信任的成員，而有更進一步的互動。

土星＝冥王星／天頂點

　　雖然不是什麼臥薪嘗膽的劇情，但事業的野心需要經過大量的淬鍊與挑戰，不

是一件簡單的事，每一次的挑戰都教會你一些技能，或許從相當基層的工作開始訓練，但當你掌控全局時，沒有人能夠抵擋得了。

天王星＝冥王星／天頂點

對於權威式的控制感到不悅，有人積極的反抗，成為權威的眼中釘；有人乾脆切斷關聯，避開那些官僚與體制的層層控制。

海王星＝冥王星／天頂點

這一組中點可能暗示著工作上可能的犧牲，例如替上司背黑鍋或者洗不清的罪狀，成為權威的犧牲品。

凱龍星＝冥王星／天頂點

即使個人沒有體驗過權威所帶來的傷痛，也可能早已存在家族歷史當中，成為一種家庭的神祕氛圍。這些人了解受壓迫的人的感受，也知道該如何處理這樣的傷痛。

南北交點＝冥王星／天頂點

無論你願不願意，在生活中相當容易與令人不愉快的權威人士互動，這樣的事件逐漸培養你應對進退的技能，也可能應用在事業當中。

上升點＝冥王星／天頂點

在人群當中，你不願意讓人知道你的意圖是什麼，甚至有時候會營造出不同的身分來掩飾自己真正的來意。聽起來或許相當的神祕，不過這也可能是一個好的演員需要具備的特質。

凱龍星中點組合

在個人星盤中，凱龍的中點不僅暗示著傷痛與療癒，有時也暗示著受傷者、治療者、撫養者、教育者、長輩的身分，或者那些並非由自己所造成的議題，卻對生

活帶來顯著困擾的事件。在更廣泛的社會範疇中，凱龍可能暗示著社會需要的療癒，族群的傷痛，弱勢族群議題等。更特殊的是，凱龍一方面呈現傷痛所在，另一方面給予療癒的機會，並且透過處理挑戰而帶來能力。

凱龍星／南北交點

　　凱龍與南北交同時產生中點時，往往具有強烈的宿命特質，不同的占星師根據自身的信仰有不同的解釋，例如深信前世今生的占星師們或許會把這樣的中點與前世傷痛做連結，而心理占星師可能會將此中點詮釋為那些大於個人能力所能處理的困擾，由族群、國家、社會等更大的力量所帶來的傷痛，以及處理這樣傷痛的過程與技能。

太陽＝凱龍星／南北交點

　　這一組中點可能暗示著男性、父親、權威、領導人可能在成長歷程當中帶來了困擾，透過這些挑戰可更深入的了解自己生活當中的追求是什麼？如何帶來自信？如何達成自己的願望？如何成就自己？同樣的透過生活的歷練，我們學會有自信地展現自我不是去貶低別人。

月亮＝凱龍星／南北交點

　　與月亮相關的滋養、哺育、照顧、家庭、女性的議題很可能帶來深遠的困擾，這些困擾雖不是自己造成的，更不能說是該負的責任，但卻成為必要面對的人生課題。這些由家庭、家族所帶來的困擾，讓人對於親密關係更為敏感，從排斥與依賴的極端走向如何適切地照顧自己與他人。

水星＝凱龍星／南北交點

　　水星可能象徵著兄弟手足鄰居，這些人的傷痛深刻影響了自己的人生。擁有這組中點的人很可能因為溝通、言語、小道消息等在人際關係中受到困擾，並且進一步地在成長過程中學會用言詞文字傷害他人，或者運用言詞文字療癒自己與他人。

金星＝凱龍星／南北交點

在心理層面上，金星象徵著價值觀與對自我的評價，這一組中點可能暗示著因為家族或風俗的因素，讓個人有低落的自我評價、懷疑自己存在的價值，進一步地展開人生中對於價值的認識、探討與應用。這個議題在生活中可能特別容易呈現在友誼、愛情、親密關係與財務的困擾上。

火星＝凱龍星／南北交點

受到家族風氣或社會價值觀的影響，個人在勇於自我表現、爭取自我權益、表達憤怒的相關事件上有著極端的表現。很可能對身邊許多事物感到憤怒，或因為壓抑的社會（家庭）風氣而不敢表達自己，特別是對那些所謂傳統價值、風俗習慣、迷信等無法說清原因的限制感到憤怒。

木星＝凱龍星／南北交點

這組中點暗示著無法輕易釐清源頭的信任議題，從表面上看或許這個人對他人言聽計從，或者有自信到從不採納他人的意見。深入挖掘後可能會發現家庭中曾有過對他人信任而帶來的傷害。在與他人的互動過程中，學習到自信的展現與對他人的信任能夠如何幫助我們成長。

土星＝凱龍星／南北交點

這一組中點顯示著與長輩、權威之間的緊張互動，個人所需要了解的，是有些生活議題與人生課題並不全然是自己的錯誤所造成，但卻因緣際會必須承擔他人所帶來的生活困擾。在無法逃避的情況下，以實際的態度來處理這些挑戰，並帶來實用的生活技能與承擔責任的能力。

天王星＝凱龍星／南北交點

天王星所象徵的與眾不同或許帶來相當多的生活困擾，也可能替家族長期以來的困擾帶來不同的出路。擁有這組中點的人，可能扮演著家庭或社會中黑羊（特立獨行者）的角色，拒絕妥協的獨立性可能帶來挑戰性的人生道路，卻也因而替自己與他人的長期困擾帶來解決的方案。

海王星＝凱龍星／南北交點

擁有這一組中點的人可能擁有敏感、容易受到他人影響的性格或體質，對於周圍環境的人事變化十分敏感，能夠瞭解他人的渴求，卻對自身是否應當呼應他人的渴求感到迷惘。若呈現在身體上，可能因為家族遺傳與基因，而有著需要仔細照顧的體質。

冥王星＝凱龍星／南北交點

這一組中點帶來了敏銳的觀察力，特別是那些別人忽略的、但對生活造成威脅的細微事物相當敏感。這樣的敏銳觀察力可能引發對他人的恐懼，甚至進一步影響生活與人際關係，常覺得別人不了解我，或者想要隱藏自己的想法。這一條充滿挑戰的人生路途，可以訓練出個人的勇氣與強韌的生命力。

上升點＝凱龍星／南北交點

人際關係中可能有著強烈的孤獨感受，在不斷尋求認同的過程中，了解自己並不能輕易的被歸類，也難以接受被他人貼上標籤。可能因為特殊的原因而投入特殊教育、醫療、照顧的領域。

天頂點＝凱龍星／南北交點

在生活中與長輩、權威的關係相當敏感，在成長過程中學會如何與這些人適當的互動、接受意見和幫助，卻不受到強烈影響。若從事醫療、看護、照護、教育等職業，很可能有機會與大眾做接觸並且被視為這個領域中的重要特殊人物。

南北交點中點組合

雖然在列表上以及書籍中總是多提到北交點，但是專業占星師在專業的考量上會同時顧慮到月交點，因此建議各位南北兩個月亮交點都不可忽略，兩者都可能影響到中點的考量。

月亮交點可能暗示的特質，包括生活中對於未來目標與過去經驗的調整，一方面象徵著吸收經驗，另一方面也象徵著可以應用的專長。有些占星師則認爲月亮交點（特別是南月亮交點）與業力有關，業力對某些人來說指的可能是前世今生；而對於不相信前世今生的人來說，這可能僅是你過去的所作所爲，造就的現在與未來。

南北交點／上升點

這一組中點象徵著個人形象在人生中佔有相當大的重要性，也可能暗示著人我互動是項重要的技能，也可能引發重大的人生歷程的轉變。

太陽＝南北交點／上升點

這一組中點暗示著個人的創造力與創意，可能帶來顯著的人生轉變，另一方面則暗示著自信與個人形象在獲得成就的過程中相當重要。

月亮＝南北交點／上升點

對自己與他人的關懷與滋養照顧，可能成爲一種專業技能，而親近的家人或伴侶將會帶來顯著的影響，進而改變你的人生。

水星＝南北交點／上升點

兄弟姊妹可能替你帶來相當重要的人生啓發，而水星所象徵的溝通、思考、學習，可能對個人來說是一個相當重要的生活技能之一。

金星＝南北交點／上升點

個人魅力、人際關係、處理財務的技能，在面對生活挑戰時顯得相當重要。與女性或是喜歡的人的互動將引導你走向截然不同的人生道路。

火星＝南北交點／上升點

在人我互動中表現得相當活躍，有時這樣的動力會給他人帶來催促的感受。具有天生的攻擊與自我保護能力，這並不是強調和諧的社會容易接受的特質。

木星＝南北交點／上升點

因為個人的外表、形象而帶來許多奇特的遭遇，讓你更深入思考人生的意義，有時候也會因為外表與形象而獲得一些好運。

土星＝南北交點／上升點

嚴肅的看待生活當中的每一件事情，儘管有時候這樣的態度會讓你感到壓力，但是謹慎卻是人生當中相當重要的特質。

天王星＝南北交點／上升點

這樣的中點組合暗示著你所做的人生選擇將與眾不同，或許是不甘於平凡的個性，或者與眾不同的外表而讓你的人生有著相當獨特的遭遇。

海王星＝南北交點／上升點

這組中點的人生特質是慈悲與包容，或許並非天生就能夠做到，但是生活中的特殊經歷與體驗將讓你學會這些特質。

冥王星＝南北交點／上升點

隱藏、躲避或是對危機擁有掌控的能力，這些冥王星的能力將隨著人生歷練而來到你生命中，許多看似不愉快的經歷，都會逐漸培養成堅強的意志力。

凱龍星＝南北交點／上升點

身體、外表、或是個人身分帶來特殊的遭遇，讓你知道如何去療癒那種無法被他人接納、或無法融入群體的傷痛。

天頂點＝南北交點／上升點

這一組中點可能暗示著人際互動與公眾關係，將在職業生涯與社會地位中扮演著重要的角色，學習這些技能將可帶來更多的成就。

南北交點／天頂點

在占星學中，天頂與事業、權威有關。這一組中點組合給予個人在事業上必要的技能，以及與權威人士互動的經驗描述。

太陽＝南北交點／天頂點

在成長過程中培養的自信與創造力，可展現在事業上讓你發光發熱，權威也可能為你帶來一些啓發與引導。

月亮＝南北交點／天頂點

關懷、照顧、滋養、哺育他人以及對於情緒的瞭解，對事業會有相當的幫助。父母、師長、上司可能扮演職業生涯中的重要支持者。

水星＝南北交點／天頂點

上司、父母或者其他權威者可能帶來重要的人生建議，仔細聆聽必然受用。在職業生涯中學習聆聽、溝通、訊息收集與思考，將是相當重要的成功關鍵。

金星＝南北交點／天頂點

人際互動與對事物的價值判斷，是事業發展上相當重要的技能。女性、朋友會在你的職業生涯中帶來重要的影響力。

火星＝南北交點／天頂點

與權威之間較容易產生緊張與衝突，勇氣與行動力是獲得成功的重要關鍵，若你想在事業上出人頭地，如何展現你的勇氣會是必要的挑戰。

木星＝南北交點／天頂點

雖然這一組中點象徵著在職涯過程中受到長輩的支持，但對他人的包容能力、遠見、慈悲等特質，都能幫助你獲得事業上的成就。

土星＝南北交點／天頂點

謹慎地面對事物以及多吸取他人的經驗，將會是重要的成功關鍵，但同時你也必須相信自己，並且根據自己的經驗做出判斷。

天王星＝南北交點／天頂點

想要在事業上獲得成就的話，就不能走他人走過的道路，這一組中點暗示著你有獨特的創造力，必須獨自前行以獲得榮耀。

海王星＝南北交點／天頂點

藝術創作、慈悲與包容、一點點的狂熱與必要的犧牲，是你追求成就的過程中必須面對的挑戰。

冥王星＝南北交點／天頂點

這一組中點有著天生的敏銳觀察力，對於危險與危機的事物相當敏感，將這樣的能力應用在事業上將可獲得成就。

凱龍星＝南北交點／天頂點

這一組中點可能暗示著從事與療癒有關的工作，無論是醫療行業或是身心靈領域，都與凱龍有關。另一種可能，則是凱龍帶來對他人天賦的敏銳觀察而成為他人的伯樂。

上升點＝南北交點／天頂點

這一組中點暗示著個人的外表、給他人的第一印象、人生態度和對待他人的態度，將是工作與成就上的重要成敗關鍵。

上升點中點組合

上升點／天頂點

　　使用中點技巧的占星師都知道，上升與天頂的中點相當重要，因為這是星盤當中象徵人生重要事物的軸點，當有行星與上升和天頂形成中點時，這個行星的特質將對人生產生顯著的影響。包括了自我的形象、與他人的互動、伴侶關係、事業、社會地位與家庭。下列描述並非絕對，建議讀者若擁有行星與上升和天頂產生中點，最好多花點時間去認識該行星可能帶來的發展性，並充分的在人生當中發揮該行星的特質。

太陽＝上升點／天頂點

　　太陽所象徵的活力、活躍、領導能力、父親與權威對個人帶來重要的影響，人生中有機會充分展現個人的創造力與自信。

月亮＝上升點／天頂點

　　女性、伴侶與母親在人生中扮演著重要的角色，對情感的認識、了解，以及對人的關懷與照顧，是在面對人生重要議題時必須考慮進來的重要因素。

水星＝上升點／天頂點

　　水星可以是思考、判斷與對學習的重視，或是保持靈活的態度以及對資訊的敏銳，這些都將顯著的影響個人的成長歷程。

金星＝上升點／天頂點

　　金星所象徵的溫和、魅力、社交技巧，在生活中扮演著重要的關鍵；而對金錢的態度、自我價值的重視也會在無形之中發揮影響力。

火星＝上升點／天頂點

　　在生活當中展現勇氣與行動力，帶給人們一種積極的感受，對於自己要爭取的

事物表現主動，對於他人的侵犯威脅會挺身保護自己，這樣的個人特質會充分地在事業、家庭當中展現並發揮影響力。

木星＝上升點／天頂點

這組中點帶來充滿樂觀與自信的個人特質，某些人會發揮木星的包容、與人和善的一面，而某些人則較容易展現在精神成長或者學術研究上。這組中點也經常讓個人與海外的事物產生互動。

土星＝上升點／天頂點

謹慎、嚴肅、專業的態度是這組中點帶來的個人特質，或許在成長的過程當中並不會帶來輕鬆的感受，但卻顯得相當早熟，也因為這樣的生命體驗，將比別人更容易獲得重要的事業成就與安穩的生活。

天王星＝上升點／天頂點

這組中點帶來了天生的非凡特質，不容易與他人妥協，更難接受自己與他人一樣。發揮個人的獨特創造力，勇敢承認自己是不一樣的，但也必須學會面對生活中孤獨的感受。

海王星＝上升點／天頂點

生活中可能有一些如夢似幻的情節，看在他人眼中就像是不可思議的童話故事或是電影當中才會發生的事情。海王星不僅僅是夢幻或犧牲，找出你對生命的期待，並且不顧一切的展現熱忱去追求。

冥王星＝上升點／天頂點

不要在意他人的眼光，也不要計較個人的功成名就，你所要的與別人不同，適合你的環境是在幕後的工作、深入的研究、找出威脅與危險。適合你的關係不是膚淺的互動，而是經過考驗之後完整的身心靈結合。

凱龍星＝上升點／天頂點

雖然凱龍星象徵著療癒，但這一組中點並不是讓所有人都去療癒他人，或許只

是在強調讓自己的生命更為完整的療癒。只是對許多人來說，可能得花上一輩子的時間才能學會面對與接受自身（或家族）的傷痛。

南北交點＝上升點／天頂點

　　人生就像旅程，而旅途的重點在於路上的風景與體驗，而不是目的地。許多事情可能以極端的方式出現在生活中，讓你不斷的學習適應新的環境。

Chapter 2

組合盤技巧
Composite Chart

　　《人際合盤占星全書》中所提到的「合盤」（Synastry）探討的是二人的互動，但兩個人仍是獨立的個體。

　　而組合盤，是將中點技巧運用在「關係」上，也就是將二人、甚至一個團體的人，各自的星盤融合起來，變成一個單一的星盤，代表整個組合／團體的能量，亦是大家混和之後的化學作用。

　　從組合盤上，我們可以看到一個組合（例如戀人、夫妻、兄弟、朋友、母親及兒子），以至一個團體（如一個家庭、一個部門、一家公司、一群朋友），做為一個單位，在個性、面貌、金錢、關係上等不同範疇的情況和發展。

組合盤簡介（Composite Chart）

在占星學上，組合盤是一個較爲嶄新的技巧，源自於二十世紀初的漢堡學派之中點學說。在本書的第一章，我們提到了中點技巧，就是找出一個星盤上行星之間的中點，而將此技巧延伸，就變成了組合盤。

「組合」的意思，就是將兩個或以上的星盤，合拼起來，變爲一個單一的星盤，代表了這個組合作爲單一個體的能量。

我們可以將任何兩個人的盤組合起來，例如戀人、夫妻、兄弟、朋友、母親及兒子；甚至將一個團體的人的盤組合起來，例如一個家庭、一個部門、一家公司、一班朋友等等。從中我們就可以看到整個組合／團隊的能量是怎樣。

「組合盤」的樣子，看起來跟一般的出生星盤完全沒兩樣，都是運用同樣的行星、宮位、星座和相位。只不過它代表的，不是單一個人，而是兩個或以上的人，混合出來的能量。我們常說，當兩個人碰在一起時，就會產生「化學作用」，而「組合盤」，就代表著這種「化學作用」。

你可以試著想像一下，當你自己一個人的時候，自然會有自己的性格、看法、感覺。而當你跟 A 碰上，二人一起時，仿佛自己有某些方面會變得不同，例如本來愛說話的你，對著 A 時總是變得較爲沉靜。可是，當你碰上 B 時，情況又變得不一樣，平時很冷靜的自己，可能突然間會變得很神經兮兮。又或你或許曾經聽過人說，某某本是花花公子，每段戀愛不超過三個月，可是一碰上某甲，竟然收心養性，會乖乖的做出承諾，願意安定下來。

其實我們每個人，都有改變他人的能力，當然亦會被改變，視乎我們遇上了誰，而這個誰又跟我們混合出怎樣的結果。就像當牛奶混在茶中，就會變成奶茶；遇上了咖啡，就變了牛奶咖啡一樣，性質味道都會有很大的分別了。

　　我們在上一本書《人際合盤占星全書》中，主要是探討合盤（Synastry），將兩個人的星盤拼在一起做出比較，目的是看看二人的互動，A 對 B 產生怎樣的影響，B 對 A 又如何。可是，在這個層面，二人還是獨立的單位。而在組合盤當中，我們就將 A 和 B 二人合而為一，變成單一的個體，而當中所代表的，是二人在這段關係中，**都有相同的感受的地方。**

　　舉個例子，在合盤當中，A 的土星，跟 B 的火星合相，那麼 B 會覺得自己的行動力被 A 限制或控制著；而 A 又會覺得 B 可以推動自己，去落實一些事情。這是他們二人各自己的感受。可是，換了在組合盤中，土星跟火星合相，可以說在這一段關係裡，二人都會覺得熱情可能被壓抑著，但也可以說大家的行動都很實際，可以一起去落實一些事情。這種感覺是二人在一起的時候引發出來的能量，當事人甚至覺得這種感覺是很理所當然、自然而生的。例如你跟某人的組合金星在金牛，可能就會覺得跟這個人一些時，老是去吃喝玩樂、享受人生，總是覺得跟他一起才可以好好享受。就是不必刻意，也會有這樣的結果似的。

　　所以，合盤的技巧，是將個別的星盤做出比較，看看大家可以如何合作，哪些地方容易變得緊張，又或哪些地方較容易相處。而到了組合盤，就是實實在在的告訴我們，這段關係到底整個性質是怎樣，是二合為一的結果。

組合盤之操作

　　組合盤該如何計算出來？方法是運用中點的原理，找出兩個星盤行星和四角的中點。

　　首先，我們要將行星和四角在黃道上的星座度數，換成絕對度數，再除以參與這個組合盤的人數（如只有 2 人，則除 2；如有 4 人，則除 4）：

星座	絕對度數
牡羊座	0
金牛座	30
雙子座	60
巨蟹座	90
獅子座	120
處女座	150
天秤座	180
天蠍座	210
射手座	240
摩羯座	270
水瓶座	300
雙魚座	330

例：A 的太陽在巨蟹 23 度，那絕對度數就是 113 度。

　　B 的太陽在射手 15 度，那絕對度數就是 255 度。

將兩者相加除二（113+255）／2 ＝ 368／2 ＝ 184 度。

再換回黃道星座，184 度就是天秤座 4 度，所以他們的組合太陽就是天秤座 4 度了。

至於四角，計算方法也一樣：

例：A 的上升點在天蠍座 28 度，絕對度數就是 238 度。

　　B 的上升點在水瓶座 16 度，絕對度數就是 316 度。

將兩者相加除二（238+316）／2=554／2=277 度。

再換回黃道星座，277 度就是摩羯座 7 度，所以他們的組合上升點，就是摩羯座 7 度。

如此類推，就能把各大行星和四角的中點都找出來，變成單一的星盤了。

其實關於組合盤的計算，有不同的占星師提出不同的方法，現時主要有四種：

1. Midpoint Ascendant：計算方法是直接找出行星及四角的中點，如上面的例子一樣。

2. Derived Ascendant：行星方面，仍是直接計算中點。而上升點，則是根據天頂的中點換算出來。

3. Davison Relationship：這是由 Ronald Davison 提出的方法，考慮到時間和空間的概念，四角和宮頭都是以恒星時間計算出來。

4. Coalescent：這個則是以泛音盤的概念計算。找出兩個星盤最短的行星距離，除以 360 度，作為泛音基數。然後找出最低的絕對度數的行星，將其度數乘以泛音基數。至於四角和宮頭則是按天頂及恒星時間找出來。

在以上四種方法中，最簡單和最普遍的，是第一種方法。而現在我們有不同的占星軟體幫忙，就算以上的方法看似複雜，但運用軟體就可以很方便的計算出來。而且你還可以試驗不同的方法，因他們得出的結果會不一樣，你可以試試看最喜歡哪個方法，亦可做一個比較看看。

相位方面，可容許度比出生星盤會緊一點：

主要相位（合相、三分、四分、對分））：5 度。

六分相：3 度。

次要相位：1 度。

組合盤中的行星意涵

無論是個人星盤還是組合盤中的行星，核心意涵都是一樣的。不過在組合盤

中，我們形容的是一個混合了的能量、二人／一群人變成一個單位後的能量，所以在演譯方面會有一點不同。以下就是各行星在組合盤中的意涵。

太陽

太陽是我們的人生目標、發展方向、焦點活力所在。放在組合盤上，即是二人一起時，焦點、生命力會落在什麼地方、一起走這段人生旅程時共同發展的方向，亦是這段關係最基本核心的性質（甚至可理解為這段關係的一些特性、性格），以及大家共同的目標。

月亮

月亮是我們的情感、情緒反應，以及需要和滋養。在一段關係中，大家的情感、情緒如何？是很疏離還是很熱情？怎樣的情緒會被掀起？一起時有什麼樣的情感需要？彼此之間又可以如何互相滋養對方？另外，亦代表了二人的共同需要、生活習慣，特別是一些跟安全感有關的議題。

水星

二人相處，溝通當然相當重要。組合盤的水星，代表了彼此之間的溝通重點何在、模式如何。有哪些東西是大家都感到興趣好奇，有什麼可以一起去學習。還有彼此的思想模式和方向如何，一起時特別會討論一些什麼樣的話題，都可從水星的位置中看到。

金星

金星本身就是代表了愛情、關係，放在組合盤中，就代表了彼此愛的感覺，能夠接受及給予愛的能力。同時亦是互相合作的情況、是否能夠互相尊重，達到怎樣的共識和妥協。金星亦代表金錢，自然就代表二人共同的財務狀況、理財態度。所以無論是愛情關係，還是生意上的合作，金星也是重點之一。

火星

火星是行動力和熱情所在。在組合盤當中，二人一起的熱情程度、行動力是怎

樣，一起時總是熱情如火，還是大家都沒精打采呢？在一起的時候，決斷力、意志方面又如何？會發生什麼衝突、因為什麼而競爭吵架？當發生衝突時二人又會怎樣反應？如果是情侶關係，火星也代表了性的動力和能量。

木星

二人在一起，除了講究水星的溝通外，還有木星的信念，大家會一起分享怎樣的信念、哲學，對人生又有怎樣的看法？這段關係會帶給雙方一些怎樣的意義？木星也跟成長、發展、擴張有關，所以也是二人一同成長的方向，在這段關係中，大家可以找出怎樣的成長機會。還有二人一起去旅行、學習、探索的潛能何在。

土星

對於一段關係來說，土星其實是很重要的，一段關係能否長久、穩定，大家是否能夠做出承諾，二人需要負起的共同責任，就要看土星的位置了。當然，土星也有他的限制和恐懼的一面。在這段關係中，恐懼感何在、哪裡備受壓力，又或覺得受到什麼限制，都需要看土星的位置。

天王星

天王星代表了自由和獨立，所以在組合盤中，是二人對自由和獨立的渴望，無論是對外面的人，還是對彼此。不跟隨傳統、打破常規的地方何在，一起時製造的驚喜、突發事情，還有不想安定下來的地方。如能了解到天王星在給合盤中的意涵，就容易在那方面給予雙方空間和自由。

海王星

海王星是我們的夢想所在，在組合盤中，代表了二人共同分享的夢想，很理想化的東西，又或對這段關係的想像、渴望。另外，海王星也是大家能夠融掉界線，互相融合、不分彼此的地方，但同時也可以是讓彼此感到模糊、迷失的事情。

冥王星

兩個人、甚至一群人在一起，都有機會改變大家，互相轉化。冥王星所在的位

置，就代表了彼此轉化、蛻變的地方，自然也是一個經歷破壞與重生的成長方向。冥王星也代表了權力鬥爭，無論那是感情上的互相占有拉扯，還是一段工作關係上的權力問題，都可以在冥王星的位置看出來。

凱龍

凱龍代表了傷痛和治療，在組合盤中，那就是大家容易受傷的地方，就像是一個敏感點，如果被刺中這個死穴，會很容易掀起雙方的痛楚。當然，傷口也是可以被治療的地方，凱龍的位置，也可以是互相做出治療，又或通過這段關係，讓大家在傷口中學習，而接納彼此，並發展出同理心。

南北交

南交點是雙方感到熟悉自在、舒服的地方，而北交點，就是大家都感到陌生的一個部分，甚至覺得那是挑戰或困難，不過，同時也是一個成長的方向。這端看雙方是否能夠運用南交點的優勢，一起向著北交點去邁進，從而讓這段關係更進一步。

組合盤中十二宮位的意涵

組合盤中的宮位意涵，跟一般個人星盤一樣，不過重點在於這是二人或一個團體共同的經驗，而非單一個人。另外，在傳釋時，也要注意組合盤中成員的關係，不同的關係，在分析宮位時，重點會不一樣。例如生意夥伴，第二宮、六宮這些跟工作金錢有關的宮位則會變得重要；又或如果是家人夫妻關係，第三宮關於親戚、兄弟姊妹的部分，亦需要考慮，但如果只是工作夥伴，在分析第三宮時，則可能只需考慮到跟溝通相關的部分。

第一宮

這兩個人或團體，整體上給外界一種怎樣的印象？形象如何？他們的待人處事態度、或看這個世界的角度又如何？第一宮是個人身分認同的地方，所以亦是這兩

個人或團體怎樣看待自己、覺得自己是一對怎樣的戀人、或一個怎樣的組織。整體來說，第一宮（及相關守護星之位置）會告訴我們這個團體的重點、主旨在哪。

第二宮

在個人星盤中，第二宮是個人的財務和價值觀，第八宮是共享之財務。但到了組合盤，由於「二人／一群人」已成爲了一個單位，所以第二宮就已經是二人共同之價值觀、資產、擁有的物質、財務情況。亦關乎二人的安全感議題。如果二人或這個團體是跟工作、做生意有關，二宮自然是一個需要注意的宮位了。

第三宮

第三宮跟溝通、通訊、思想有關。所以是二人之思想交流、溝通的模式，一起感到好奇、想學習的事。二人一起計畫、討論時的情況會如何？以及代表了鄰居，或是親戚、兄弟姊妹（這一點特別針對家人、夫妻關係）。

第四宮

第四宮是根源，也就是這一段關係的根源、基礎，源自哪裡。所以無論是什麼關係，這個「根基」都是很重要的。另外，特別針對伴侶、家人的關係，第四宮也代表了家庭相關的事宜，房地產，以及大家在一起時建立共同的家，或有沒有家的感覺。

第五宮

第五宮跟創意娛樂有關，這是大家共同的創意，以及可以一起去玩、享受的玩樂事宜，例如大家喜歡一起去看電影，還是去打球之類。對於戀人／夫妻，這個宮位也代表彼此的愛情感覺，以及生小孩相關的事。

第六宮

大家一起工作或生活時，會怎樣安排當中的規律、處理各項大小事務。是否可以分擔工作，互相爲對方服務。同樣也可以看這兩個人／團隊，如何爲其他人做出服務。

第七宮

在個人星盤中，第一宮是我，第七宮是他人、關係。但來到組合盤，第七宮難道變成了「關係的關係」嗎？這其實代表了二人對於「關係」這回事的看法，亦包括對於「身處的這段關係」的感覺、態度、看法。是否願意做出承諾，還是渴望有個人空間之類。另外，亦代表這兩個人或團隊一起時跟外面其他人的關係，包括共同的敵人、合作夥伴等。

第八宮

在個人星盤裡，第二宮是個人財務，第八宮是共享資源，那在組合盤中，第二宮已經是共同擁有資產、財務狀況，那麼第八宮又代表了怎樣的財務和金錢呢？那是二人跟他人分享的資源、財務合作上的事宜，例如一起的投資、股票、稅項、借貸等。第八宮也代表了危機和轉化，就是大家一起面對危機時的態度會怎樣，又或在這段關係中，會遇上怎樣的危機或蛻變。第八宮也跟價值觀有關，所以這也關乎雙方能否互相尊重彼此的價值觀。另外，就是彼此之間的親密感。

第九宮

第九宮是大家共同的哲學、信念、信仰，一些知性上的交流，又或文化上的觀點等。大家在一起會怎樣去擴闊眼界，去探索未知的東西？在這段關係中是否可以增長彼此的智慧，從中學習和成長？同時也可以是跟法律、旅遊、政治相關的事項。

第十宮

這段關係的公眾形象、地位、名聲，是否被外人所認同。大家的共同目標、對於成就的看法，一起建立的事業。由第四宮根源的開始，如何向第十宮的方向和目標進發。對於事業上的合作夥伴，又或一家公司的組合盤，第十宮是特別需要注意的地方。

第十一宮

彼此之間的友誼，是否能夠互相支持，有共同的理念、對未來的規劃和想法。

同時也是大家的朋友、社交圈子、團體活動。又或大家對於社會運動的態度和看法。這個宮位對於朋友關係，或團體的組合盤，更需特別注意。

第十二宮

大家在心靈、潛意識層面上的連繫，甚至跟整個集體意識的連結。第十二宮代表了隱祕，所以這也是這段關係隱祕、私密的部分，可能有些事情是彼此的祕密或隱藏了的部分，不讓其他人知道。另外，也是大家對於玄學、慈善這些事情的看法。

組合行星＊十二宮位

組合太陽＊十二宮位

太陽在第一宮

第一宮是給別人的印象，所以這兩個人／團隊走出來，很容易就能讓別人看到他們並成為焦點，看起來也相當有自信。而如果這個組合是事業夥伴，甚至一些領袖型人物（如總統跟副總統），太陽一宮也更能讓他們展現領袖的風範，發揮領導才能。

而太陽在第一宮，也代表組合當中的成員會重視這段關係，又或因為跟對方走在一起，而變得更有自信。當然，因為受到別人的注視，如果彼此的關係產生什麼變化，也很容易成為別人的焦點。

太陽在第二宮

第二宮跟金錢、價值、物質有關，太陽在第二宮，代表大家的焦點和注意力會

放在物質和金錢上，雙方都會重視金錢、亦可能會渴望從這段關係中，獲得物質上的安全感。如果這是生意夥伴的組合盤，則相當配合這太陽二宮的能量，大家都會很重視賺取金錢、獲取利益，可以一起向著財務目標進發。

如果是愛情、伴侶關係，則大家都會重視要一起擁有一些財產、物質，就像要有共同的東西才代表這段關係是有價值的。不過，既然金錢和物質那麼重要，也要多了解彼此的價值觀並加以配合，避免在金錢、價值問題上發生衝突。

太陽在第三宮

溝通在任何的關係上都是重要的一環，而太陽在第三宮，代表這段關係的焦點和能量，都會集中於溝通、思考的層面。大家可能會有不少共同的話題、興趣，總是很渴望跟對方交流、交換意見或討論。如果是朋友、伴侶等，大家可能有很多思想上的互動，至於是何種話題或說話的方式，則要看星座而定。而如果彼此是工作上的夥伴，則可以交換很多不同的意見，例如在會議中也會有較多的討論。

而第三宮也代表兄弟姊妹和親戚，如果大家是伴侶、家人的關係，則太陽三宮也代表彼此很重視身邊這些人，可能會有較多相關的活動，又或重視他們對自己的看法。

太陽在第四宮

第四宮是家庭宮，也是一個代表內心世界、感情上安全感的宮位。這段關係的焦點自然也會放在家庭上。除了是建立家庭、或一起過理想的家庭生活外，亦很重視分享彼此的過去，特別是內心的感受、情緒，還有一些屬於你們彼此的私人生活。

如果不是家人、伴侶關係，而是朋友、合作夥伴呢？這也可以代表大家都很著重內心的安全感，甚至是內心、情緒上的事情。在這段關係中是否能夠獲得安全感

就變成了焦點所在。

　　而第四宮也是整段關係的過去、根基。太陽四宮代表了大家都會著重一起建立一個情感基礎，對於整段關係如何由過去一路走來，也會相當重視。

太陽在第五宮

　　第五宮是一個玩樂、戀愛、自我展現的宮位。所以如果是情侶關係，太陽在第五宮，當然能量上很配合，焦點都會放在戀愛相關的事情上，跟對方一起可以去享受、玩樂。而第五宮亦是跟自我展現有關，所以在這段關係中，會覺得可以輕鬆的做自己。

　　第五宮也是子女宮，所以如果是夫妻，大家的焦點也會放在小孩身上。

　　第五宮跟創意有關係，如果並非情侶關係，而是一些創作組合，像音樂人之類，則可以一起發揮創意。

太陽在第六宮

　　第六宮跟工作和服務有關，這就是說，在這段關係中，大家的焦點會放在互相服務上，我為你做了一些事，你也最好為我做一點什麼，所以這關乎雙方是否能抱著為對方付出的心態。

　　如果是伴侶關係，可能會比較著重在日常生活各種事情上，合力調好生活節奏，處理各種大小事項。

　　如果是工作夥伴，則第六宮代表大家都會很注重工作，目標就是把工作辦得妥當完美。而如果是從事服務行業，更代表這個團隊會重視對他人提供的服務，從而得到認同。

太陽在第七宮

第七宮是大家對關係的看法，包括現在身處的這段關係。也就是說，太陽在七宮，代表彼此對這段關係相當重視，而且是樂於分享，大家會努力去建立一段平等的關係，並認為大家合而為一，會比自己單一個人更有力量。

所以太陽在第七宮，無論是伴侶還是工作上的合作夥伴，都可以說是一個較為有力的位置，因為大家都會為著這段關係而努力。

第七宮也代表這個組合對外的關係，例如一家公司的團隊如何面對自己的客戶；又或一個國家的領袖的外交事宜，甚至一些共同敵人。太陽七宮，即代表這個團隊的焦點會放在對外、他人身上，可能會跟其他人有較多的互動。

太陽在第八宮

第八宮是跟資源分享、金錢有關的宮位。太陽在八宮，代表了大家的焦點會放在資源分享上。跟第二宮的區別，在於第八宮的「金錢」，會跟投資、稅務這些涉及他人的財務有關，而不是純粹一起擁有的資產。

其實第八宮最重要的意涵，是「轉化」和「深層的情感連結」。太陽八宮，彼此都會覺得在這段關係中自我受到轉化，仿佛對方就是一個改變自己的人。而大家亦可能會一起去面對一些危機，如何一起去處理危機，成為這段關係的一個重點。

還有，這段關係亦很著重情感上的連結，是否願意將自己內心深處的部分跟對方分享，建立一種親密感，亦是大家的重要課題。

太陽在第九宮

第九宮跟知性、智慧的交流成長有關。太陽在第九宮，代表大家會很著重彼此在哲理、信念、宗教、信仰上的交流，甚至通過相關的探索，而讓大家一起成長。

而二人亦是可以一起去探索外地、去旅行的好夥伴，又或可以一起去學習，在智慧上有所增長。

如果是事業的夥伴，太陽在第九宮更有利於一些跟外國有關的合作，又或大家是異地的合作夥伴，可以更有效地運用九宮的能量。

太陽在第十宮

第十宮是在社會上的成就、地位、名聲。太陽在第十宮，代表大家會很重視這段關係在社會、公眾層面上的地位、聲譽、形象，就像一些名人情侶、拍檔，總是很注重在大眾眼光下的形象一樣。例如是否受到大家的認同、是不是公認的一對好情侶等等。

第十宮也代表了共同的目標和成就，大家會一起努力，為著一些共同的目標進發，可以互相鞭策，亦可以一起分享共同的成果。

當然，如果大家是事業上的夥伴，太陽十宮更是一個很適當的位置，大家都會為著事業目標打拚，並尋求成功和認同。

太陽在第十一宮

第十一宮跟社交、朋友、團體活動有關，是「友誼」的宮位。這不單是大家對其他人的友誼，更重要的是彼此之間存在著的「朋友」成分。

太陽在十一宮，無論大家是什麼關係，都會重視彼此之間「友情」的成分，互相支持，並擁有共同的理念，甚至可以一起規劃未來。同時，亦會注重大家的共同朋友，或熱衷於參於團體、社會活動。

就算是事業上的夥伴，太陽在十一宮，也可能發展私下的友誼，關係不一定停留在工作的層面上。

太陽在第十二宮

第十二宮是一個隱祕、關於內心的祕密、甚至一些看不見的心靈層面的東西。太陽在第十二宮，這段關係可能觸動到雙方一些內在的祕密，甚至在心靈上一直否定的部分。而大家如何處理這些東西，是這段關係能否發展成長的關鍵。

如果大家都可以利用這個機會，一起去面對內心深處的陰影、連自己也不敢觸碰的部分，坦誠相對，可以藉此有一個靈性上的成長。但如果一直逃避、不願面對，那麼這些東西便有可能防礙這段關係的發展。

另外，大家也可能將焦點放在靈性、神祕學的東西，但同時也要小心彼此會有逃避、不坦誠的傾向。

組合月亮＊十二宮位

月亮在第一宮

月亮是感覺、情緒，如果在組合盤的第一宮，代表這段關係的其中一個重點，就是彼此情感上的連繫，以及彼此都會將感情投放在這段關係中，同時亦容易分享彼此的感覺。

至於給別人的印象，未必像太陽那般受到注目或顯得很有氣勢，倒可能讓人覺得是很會照顧人，又或有較多的自我保護。

不過，也要注意月亮一宮，大家在這段關係中的情緒起伏會較大，容易被掀動情緒。當然，在一段感情關係當中這是自然的事，但若是工作夥伴的關係，則要小心情緒上的波動或感情用事會影響工作。

月亮在第二宮

彼此之間的需求以及在情感上的安全感，會建立於物質金錢的擁有上。雙方可能很著重賺取金錢、累積很多的物質，因爲這樣才覺得安心，就像別人常說「麵包和愛情」的選擇，這段關係得要有麵包才能有讓人安心的感情。

當然，也要小心如果感情是建基在金錢上，大家在財務上出現問題的話，可能會影響彼此的情緒、感情；又或如果關係上出現狀況，亦有可能爲著這份金錢上的安全感而不肯處理問題。當然，這須考量整個組合盤的情況。

月亮在第三宮

在這段關係中，大家的滋養會來自彼此的溝通、思想上的交流，彼此的需要就是交換想法，或一起去學習。而彼此的溝通方式會帶著很多的情感／情緒，這有利於情感上的交流和表達。因爲兩個人相處，能夠表達內心的感受，是有利關係發展的。但亦要注意說話時可能變得過度感情用事或情緒化。

而大家感興趣的話題，可能會是跟家庭、歷史、家居、過去、食物有關。

月亮在第四宮

月亮在四宮，就像回到自己的家一樣。所以在這段關係中，大家可以建立一個情感基礎，感覺對方可以給予自己一定的安全感，以及一些熟悉感，而彼此的相處會感到十分舒適。

就算大家是初相識，也可能會有一種似曾相識的感覺，又或逐漸發現大家的背景、過去有一些共通的地方，因而建立出情感上的連繫和基礎。

月亮第四宮，對於家人的組合、或夫妻的組合更爲相配，因大家可以一起建立家庭，並對家有一種歸屬感。

月亮在第五宮

月亮在一個玩樂、戀愛的宮位，代表情感上的滋養會來自一起去玩、享受，或參與一些創作活動。如果是戀人關係則容易帶來戀愛的感覺，而且在這段關係中感到舒服、安全。如果是夫妻關係，則會著重對小孩的照顧，對子女呵護備至。

不過要注意的，是第五宮始終只是一個玩樂、談戀愛的宮位，如果是情侶關係，可能會覺得大家一起玩得很開心，但如果想再進一步發展，例如結婚、做出承諾等，則需再看其他行星的位置，找出相關的可能性或潛能。

月亮在第六宮

無論在日常生活或是工作中，大家可能都會互相照顧，例如照顧對方的起居飲食、生活細節，又或在工作上特別願意為對方服務，為了把工作做得妥當。特別是當大家能夠一起工作／生活時，有助建立情感上的連繫。

如果這個團隊從事服務性工作，則月亮六宮可代表這個團隊能提供照顧周到的服務。

要注意的是，第六宮是跟「服務」有關，也暗示著要放下身段，以謙虛的態度為對方付出。所以如果月亮在六宮，雙方最好能夠抱著這種心態，為對方付出、照顧對方，有助感情上的滋長。

月亮在第七宮

月亮在七宮，代表大家都注重這段關係中的感情連繫，會樂於分享彼此的感覺，並認為這樣可以令關係更為完整。大家的情感依靠、安全感都會放在這段關係上，互相滋養，亦認為對方是可以了解自己感情世界的人，在一起時會感覺相當有安全感和熟悉感。這樣看來，會特別有利於一些情感關係，因大家會注重情感上的

交流分享。

不過，對於一些較著重「理智」的關係，如工作夥伴，或政治拍檔等，雖然大家有較強的情感連繫，但也要小心把情緒、感覺的重要性放大，一起合作時不夠冷靜。

月亮在第八宮

第八宮是一個跟親密感、深層的情感連結相關的宮位，月亮位於此處，代表大家對對方都有一種強烈的情感，就算不用說話、不必表達，也可能感受到那份情緒和感情。這個位置有助於大家建立親密的感覺，但也要注意在過程當中，可能要先面對一些內在的恐懼，或一些很原始的情緒，如嫉妒、憤怒，以至源於童年的陰影等。只要大家在此願意互相支持、一起面對，有助於親密關係的發展。

反過來說，如果不願意去處理，則這些恐懼或強烈的情緒，可能會阻礙甚至破壞這段關係的發展。

月亮在第九宮

在這段關係中，大家可能都有一種需要，就是分享彼此的理念、哲學、世界觀、信仰。通過這一種交流，或找出當中的共同點，進而建立一份情感上的連繫，讓大家相處時有一種熟悉或舒適感。

如果大家一起去旅行，從中不但可以互相交流，一起去探索，還可以互相照顧。

如果這一段關係是跟外地、教育、旅遊、出版、宗教這些事項有關，則對於雙方的合作更為有利，因為彼此間通常會有十分良好的感覺。

月亮在第十宮

當大家有一個共同的目標或成就想達到，月亮在十宮代表了可以互相照顧和滋養，一起向這個目標邁進。

不過也要注意一點，就是第十宮是一個公眾形象、社會地位的宮位，所以雙方的情緒頗容易受到外界的影響，例如別人的指指點點和批評，可能會影響大家的心情和感情。所以可以將情感多投放在共同目標及彼此的努力上，避免過度受外界的影響。

月亮在第十一宮

雙方可能會因為有共同的理念、對未來有一樣的憧憬，而建立出一種情感上的連繫，就像大家都已了解彼此的心意一般。

就算是情侶、生意夥伴，但月亮十一宮都會讓雙方覺得對方是一個朋友、知己，可以互相照顧和支持。

而當大家一起參與一些團體活動、朋友聚會等，亦會覺得舒服、安全。這個團隊對於其他人（如其他的朋友、團體等），也可以擔當一個照顧者的角色，照顧各人的需要。

月亮在第十二宮

第十二宮是一個很抽象的宮位，因其涉及心靈上的連繫，一些觸摸不到的感覺，甚至潛藏在內心深處的部分。

月亮在十二宮，好處是大家仿佛不用說話、不一定認識很久，也好像已經有一種內在的連結、熟悉感，甚至很快就能建立一些默契，都是非言語或理智可以了解的。而大家也可以分享一些內心的祕密，感覺對方可以很了解自己的心情一樣，亦

會喜歡有多一些二人共享的獨處時間，這樣會感到特別舒服。

不過，如果大家不願意坦誠相對，亦容易將感覺、情緒收藏，害怕對方會發現自己內心深處的祕密或軟弱的一面。

一些跟靈性、神祕學、冥想相關的事情，有助二人一起去面對雙方的內心世界，並從中獲得滋養。

組合水星＊十二宮位

水星在第一宮

第一宮是給別人的印象，所以這兩個人／團隊，給人的印象就是帶著水星的特性：注重溝通、理智、講邏輯，輕巧、聰明，像有很多資訊可以交流一樣。

而第一宮亦是一段關係的舵手，帶領著這段關係向著太陽的成長目標進發。所以如果當中的成員，無論是伴侶還是事業上的夥伴，能夠好好地運用這種能量，例如多發掘不同的話題，給大家多些時間空間去聊天討論，甚至一起去短途旅行，都有助為這段關係保持生氣及有所發展。

水星在第二宮

第二宮是大家的共同價值觀所在，即是彼此認為在這段關係中，什麼是重要、有價值的。水星在第二宮，代表大家都會很重視彼此的思想交流，是否能夠好好溝通對話，如果有天溝通上出現了障礙，又或大家覺得話不投機，就會開始認為這段關係沒有價值了。所以多從事一些相關的活動，例如一起去學習、常常保持溝通，都可提升這段關係的「價值」。

第二宮也是跟財產、金錢有關的，所以水星二宮，大家感興趣的話題，或常常

聊到的東西，可能都會跟金錢、物質相關。當然，如果彼此是生意上的夥伴，則這個位置更適合貿易、商業活動等事宜。

水星在第三宮

第三宮本身就是溝通的宮位，水星位於第三宮，也就是更加強調溝通在這段關係中的重要性。雙方會很著重思想上的交流，例如經常討論彼此的看法，有很多不同的話題，而通常談話的內容都是較為資訊性的。

其實在任何的關係中，溝通都是很重要的一環，當然，如果是一段情感關係，除了這種理性上的溝通外，還要看組合盤中其他情感相關的位置，看看有沒有感情上的互動。至於一般的工作、朋友關係，水星三宮已可讓大家聊個沒完沒了，有助彼此了解。

水星在第四宮

第四宮是一段關係的情感基礎，代表這段關係如何走過來。水星四宮可以說這段關係是建基於彼此的溝通和思想上的交流，例如大家最初認識時，可能覺得有很多共通的話題可以分享，又或被對方的想法、聰敏所吸引，進而建立感情。

另外，第四宮也是內心情緒的部分。水星四宮代表了大家討論、聊天的東西，可以是一些較為內在情感的東西，會將自己的感覺表達出來。

這也是家庭、家居的宮位，如果是家人、夫妻，可能會很注重家中跟通訊、學習有關的布置，例如放很多書在家，又或會有良好的通訊設備等。

水星在第五宮

第五宮是跟享受、玩樂有關的宮位。對於雙方來說，在這段關係中最享受或覺得好玩的，可能不是什麼浪漫的事，而是可以輕鬆自在的跟對方聊天、討論，從中

亦可以表達自己。一起時的玩樂活動，可以是去上課學習、逛書店、短途旅行之類，總之可以刺激腦袋的事情都可提供愉快的感覺。

如果有子女的話，水星五宮代表著重跟子女的溝通，又或對子女的教育。

如果是一對創作夥伴，五宮水星代表你們可以互相交流，透過討論而激發創意。

水星在第六宮

第六宮跟工作、服務有關，如果放在家人／伴侶這類關係上，也可說是在日常生活中，大家需要負起的責任。在第五宮玩樂完畢，到了第六宮就要處理實際的生活細節。

水星六宮，是大家在生活相關的事情上可以多做討論和溝通，可能平日的話題離不開柴米油鹽這些生活小事情。

而如果大家是工作夥伴的關係，則溝通變成了工作中重要的部分，如果維持有效的溝通，對於工作的效率和效果，都是一個重要的關鍵。假設這是一家公司團隊的合盤，水星在六宮，老闆可能就要多給大家溝通、說話技巧上的訓練，好讓工作更順利。

水星在第七宮

第七宮是大家對這段關係、或「關係」這回事的看法。水星七宮，就是雙方都認為溝通是關係中很重要的部分，而大家在這段關係中，不但會有很多想法上的交流，更會認為因為跟對方的討論、互相學習，而令這段關係更完整。

當大家變成一個組合、一隊團隊，特別有利從事一些跟水星相關的事，例如貿易、教育、學習，甚至寫書——非常有趣地，本書的兩位作者，組合盤中的水星就

剛好位於七宮——也就是透過寫作去互相合作了。

第七宮也是對外的關係，水星七宮代表這個團隊會重視跟其他人的溝通，例如對外的合作夥伴、客戶等。

水星在第八宮

第八宮代表了一段關係中的深層情感部分，特別是一些深層的恐懼、陰影等。水星在第八宮，彼此的討論、話題，可能不是一般的風花雪月，而是一些較為深層的東西，像自己恐懼的情緒、一些禁忌的話題等，而如果雙方願意打開這個脆弱的部分，跟對方去討論，將有助關係上的發展。

第八宮也代表分享資源、跟他人有關的金錢事項，所以如果是生意／財務上的夥伴，這個位置頗為配合金錢上的交易、買賣事宜。

水星在第九宮

第九宮跟探索人生有關，所以代表了人生道理、宗教、信仰這些議題。水星在第九宮，代表大家所談論、感興趣的話題，都在於探索和了解人生，可以說是天文地理宗教哲學都會刺激著雙方的思考。當然，如果大家是教育、學術性的夥伴，水星九宮將有利大家在知性、思想上的交流和研究。

另外，這也可以代表跟外國的貿易、商業活動，如果大家是商業上的合作夥伴，甚至是異地之合作，則更配合水星九宮的能量。

水星在第十宮

第十宮是這一組人的公眾形象、名聲和地位。水星十宮，可能會讓人覺得這兩個人／這個團隊很有知識，掌握了很多資訊，又或他們會對公眾發表自己的想法、言論。反之，其他人也可能對這段關係或當中的成員有較多的談論。

　　第十宮也是這段關係的目標、成就方向。對於大家的共同目標，雙方也會多做討論、分析、思考。而這些目標，亦可能跟教育、學習、交易、商業活動、寫作等水星事宜有關。（詳細的當然要看整體的星盤結構）

水星在第十一宮

　　第十一宮是一個關於團體、朋友、共同理念、對未來憧憬的宮位。水星十一宮代表大家對於一些理念、理想，關於社會的事情，以至對於未來都有一定的看法，並會多做討論和思考。

　　而彼此的溝通，就算是長輩跟後輩、上司和下屬的關係，都會較為朋友式的分享。

　　而大家亦會樂於跟其他朋友、團體多做交流，分享彼此的想法。

水星在第十二宮

　　十二宮是一個私密的宮位，水星十二宮，可能大家之間有很多祕密可以分享，又或這段關係中有一些祕密是不願意讓其他人知道的。

　　十二宮也是一個跟心靈、靈性有關的宮位，通過一起討論或學習相關的事情，有助二人互相了解。而靈性成長的東西，亦可成為大家連繫、溝通的橋樑。

　　當然，如果這部分發揮不良，也容易代表溝通上的障礙，不願意去表達自己，又或感到思想上不太相配。其實這都是源自於不願意說出內心的話，如能注意這部分，就有利於改善彼此的溝通。

組合金星＊十二宮位

金星在第一宮

金星本身就代表了愛情、關係、合作、吸引力。所以金星在第一宮，代表雙方很容易就被對方吸引，容易一開始就產生好感，並認為大家走在一起就是一段良好和諧的關係。大家亦會努力去維繫這段關係中的和諧感，樂於去平衡、妥協，找出共識。

第一宮也是給別人的印象。這兩個人走出來，就給人一種漂亮、和諧的感覺，別人會覺得這一組很相配合襯。

如果這是一對創意組合，例如從事藝術工作的拍檔，會讓人覺得真的很有藝術氣質，當事人亦會覺得很容易一起發揮美感。

金星在第二宮

金星代表了金錢、品味、美藝，位於第二宮，也就是回到自己的宮位。大家都重視一些漂亮的東西，以及藝術、美學相關的事物。

另外，亦會看重金錢物質，二人還可以一起去累積財產和金錢。所以這個位置對於事業／財務上的夥伴相當有利，因為大家會共同努力去賺錢。

金星也代表了關係和合作，位於第二宮，代表雙方都會很重視這段關係，不過，亦要注意這段關係的價值，可能是建基於物質和金錢，這對於財務夥伴當然是很合理的，但對於一些情感關係，還需看看星盤上其他代表感情的部分，是否可做一個平衡。

金星在第三宮

第三宮是彼此的溝通、想法，金星在此宮位，代表大家相當重視溝通、思想上的交流，又或被對方的說話、想法所吸引。而且，雙方的對話會注重保持關係的和諧，例如有問題也會有商有量，說話的方式也可能會保持優雅禮貌。話題方面，有可能會側重於談論關係、金錢、美感的事情。

「溝通」總是人與人相處之間的重要一環，無論是什麼關係，如能像金星三宮般在溝通上保持平衡、能夠顧及對方的感受，凡事可商量而達到共識，都有助於關係良好的發展。

金星在第四宮

第四宮是一段關係的基礎，也就是這段關係源自何處。金星四宮，可說是這段關係的源頭，是基於彼此對對方的「愛」、好感、或吸引力。就算是非情侶關係，也可說容易對對方有一種良好的感覺。

如果大家是家人／伴侶關係，金星四宮代表大家會相當重視家庭生活，價值觀會放在維繫家庭的和諧。同時亦會合力打造一個舒適、漂亮的家，而大家所花的金錢，也可能會多落在家居上。

金星在第五宮

第五宮是戀愛、玩樂、享受生活的宮位，跟金星的能量頗為配合。金星五宮，容易為大家帶來一種愉快的戀愛感覺，一起時可以好好去享受生活，玩樂的節目也可以跟藝術、吃喝玩樂有關。

第五宮也是自我展現的宮位，金星於此，這兩個人走在一起時，總是可以展現自己漂亮、有吸引力的一面。

而這一對也可以是很好的創意組合，例如可以一起發揮創意，創製一些漂亮的東西，或從事各種藝術活動。當然，如果是生意、工作上的夥伴，更可以通過在藝術創意上的合作來發揮創意，甚至賺取金錢。

金星在第六宮

第六宮跟工作、日常生活有關，而且要求雙方都付出、為對方服務。金星在六宮，如果得到正面的發揮，就是大家都會重視為對方付出，並維持和諧的關係，在日常生活的細節、工作的分擔中，表達對對方的愛和感情。當然，這不像金星五宮那般享受，但是如能在日常事務中付出，也是另一種愛和責任的表現。

如果彼此之間是工作夥伴的關係，則工作當中容易維持和諧，雙方都會傾向妥協和找出共識。

金星在第七宮

金星位於第七宮，就是回到自己的宮位。無論是什麼關係，雙方都會相當重視對方，覺得對方有吸引力，並且在這段關係中視大家為一個整體，而不只是兩個單獨的人。

這也顯示會傾向在關係中讓步、妥協，以維持和諧。正面的方向是彼此可以遷就對方，但亦要注意會變成過度的讓步，放下了自我，甚至最後會覺得有點委屈。這些是正負面的可能性，所以重點是學習去察覺這些事情，而你自己做出調較。

至於對其他人的關係，也會傾向於保持平衡、和諧，特別有利於一些經常要對外的合作關係，例如國家的外交隊伍，又或要常面對客戶的公司，金星七宮不但有利人際和合作，亦有利通過這些合作而賺取金錢。

金星在第八宮

第八宮是關係中親密情感的部分，金星八宮容易為雙方帶來較強烈的情感，或深層的情感連繫。

第八宮也是一個代表危機和轉化的宮位，金星是關係和價值觀，所以金星位於第八宮，這一段關係可能會經歷一些強烈的轉化、大家要一起面對一些危機，又或在價值觀上做蛻變。如果能夠一起去面對這些轉變，關係自然會變得更強壯。

另外，第八宮也跟共享財務有關，如投資、稅務、借貸等。例如大家一起去投資，又或彼此是財務上的夥伴，金星八宮會較有利於這些財政事項。

金星在第九宮

金星在第九宮，大家對這段關係，可能會傾向於做一些知性、哲理性的討論，特別是渴望從當中找到一些意義，而且更會重視彼此的信念、信仰、世界觀等是否能夠配合，並不是單純的談情說愛。

大家對於「關係」的期望，可能會希望彼此可以一起成長，而通過這段關係，大家的眼光會變得更廣闊，又或可以為大家帶來一些新的體驗。一起去旅行、探索這個世界，或一起去學習研究某些學問，都有助於關係有所成長。

若是商業／工作上的夥伴，金星九宮會較有利於一些國際業務。

金星在第十宮

第十宮是公眾形象，在社會上別人對此關係的看法。金星十宮，就像某些名人一樣，一起時就會被人看作是「金童玉女」，甚至外界會期待這段關係是一種模範。而當事人在這段關係中，亦容易活在別人的目光或期待下。

第十宮也是共同的目標或成就，如果是工作／生意上的夥伴，可以通過達到事業的目標而獲得金錢上的收穫，又或雙方可以有平等、和諧的合作，而一起向著目標進發、打造成就。而事業上的目標，或許會跟金錢財務、藝術、美感、人際的事情有關。

金星在第十一宮

第十一宮是社交宮位，而金星亦跟打交道、建立關係有關，所以這一段關係，可以是一段和諧的友誼，大家有著共同的價值觀和理念，互相支持，為著未來去創造價值。

而雙方一起時，會熱衷於參加社交、團體活動，一起結識朋友。亦可以是一起參加一些藝術、美感，以至財務的團體。

其實無論是何種關係，金星在十一宮，都代表了有一份和諧、平等、愉快的友誼存在著，有利於整體關係的發展。

金星在第十二宮

第十二宮，是一段關係中較為隱密、看不見的部分。金星在十二宮，潛藏的問題可能是彼此看不到這段關係的價值、重要性，又或總是把這段關係隱藏，不願意讓人知道。

如能發揮正面特性，則可以是大家在心靈層面上，有一種愛的聯繫，就算雙方未必意識得到，但還是會感到一份情感在心中。而十二宮也是一個無私付出、犧牲的宮位，大家亦可能會為了這段關係，放下自我而無私的付出。

另外，亦可以通過從事一些靈性的活動，及多花一些時間一起獨處，去認識隱藏著的內心情感，並發掘大家的價值出來。

組合火星＊十二宮位

火星在第一宮

火星在第一宮，這是充滿活力的一對，一起的時候充滿了熱情，但同時又可能容易發生衝突，吵吵鬧鬧的。因為火星的能量可以是炙熱、激情、充滿活力的，也可以是衝突、競爭，這端看二人如何運用這些能量了。

所以火星一宮，大家可以一起檢視衝突競爭的源頭何在，然後一起去處理。同時也可以有意識地去運用火星的能量，例如一起去做運動、或參與一些競爭性的活動。

這也可以是一個充滿行動力團隊，例如若這是運動員的組合盤，又或公司成員的，那麼大家都可以發揮到火星的動力和活力。

火星在第二宮

第二宮跟金錢、價值觀有關。火星二宮，可以代表二人走在一起會很有動力和行動力去賺錢，但同時亦有可能花錢時很衝動。

大家可能會因為金錢、價值觀上的差別而發生衝突，例如在共同的財務上，誰負擔什麼，如何理財，都可能會引起紛爭；又或對於同一件事彼此的價值觀不盡相同，亦會因而有所衝突。

不過，我們總是要視乎不同類型的組合盤去做出詮譯，例如如果這是一隊銷售隊伍的組合盤，那麼火星二宮，可代表大家會在財務、爭業績上競爭，亦很有動力去賺錢，這個組合倒是對業務和公司來說很有幫助。

火星在第三宮

第三宮跟溝通說話有關，所以火星三宮，大家容易在言語上發生爭執衝突，各自都認為自己的想法是對的，很努力的去証明自己比對方的頭腦優秀。第三宮也是跟觀點有關，所以雙方也容易為某些觀點、消息、新聞等辯論。如果這是公司成員的組合盤，那麼大家在會議上，可能就會出現激烈的辯論了。

當然，從另一角度去看，火星三宮也代表說話之間充滿了火花，彼此的說話和想法可以刺激對方的頭腦。而通過熱烈的溝通，有助加強大家之間的熱情度。

無論任何關係，都要注意火星帶有攻擊性，所以要小心大家在說話上會互相傷害，損害關係，這點要特別留意。

火星在第四宮

第四宮是一段關係的源頭、基礎之處，火星在四宮，代表大家走在一起是源自最初的激情，相互之間有性的吸引力；又或大家在爭執、競爭之中，亦能擦出一點火花。

第四宮也是一個內在安全感、情緒相關的宮位，火星在四宮，或許在這段關係中，彼此之間的情緒，除了激情，還會有憤怒的情緒，容易為了安全感、家庭的問題而爭執。

從另一角度去看，火星四宮亦可以建立一個充滿活力、熱情的家，又或大家會很重視地保護家庭。

火星在第五宮

第五宮跟自我展現、創意和戀愛有關。如果這是伴侶關係的組合盤，則這段戀愛可說是充滿了激情、熱烈的火花，而大家在這段關係中，可以充分的表現自我。

第五宮也是玩樂、享受生活的宮位，所以一起時，總是熱情滿載的去玩樂，尤其當大家一起從事一些火星的活動，如競賽、運動，都可以發揮火星的能量。

如果這是一個創作組合，則可以說在創作上充滿了動力，亦會以行動去執行，並不只是停留在空想的階段。

跟子女、小孩的關係，則要注意容易產生衝突，對孩子過於操控。

火星在第六宮

第六宮是一個關於服務的宮位，也就是在跟對方相處時要為對方服務、付出。不過火星的能量較為自我和獨立，所以火星位於第六宮，則可能大家為了日常生活、或工作上的事務而產生衝突，這都是源自於火星自我的能量。所以，這需要學習第六宮所要求的謙虛、低調和付出，以火星的熱忱和動力去做，則有助發揮火星的正面能量，減低磨擦。

另外，火星六宮也代表大家會在工作上出現競爭。其實競爭也是一種推動力，如果能運用這種競爭性，有助互相提升表現。但如果變成一種惡性的競爭，則大家在工作上會容易發生衝突磨擦。

火星在第七宮

第七宮是大家對「關係」這回事的看法，包括身處的這段關係。火星七宮是大家都充滿了熱情和動力，情侶關係上亦有一種性的吸引力。不過火星代表獨立、自我，所以雙方也會希望在關係中保持自我，亦可能因此導致衝突。所以一方面彼此之間存在著一些激情，但同時也容易帶有攻擊或競爭性。

另外亦需注意在這段關係中的憤怒情緒，大家往往會將憤怒都投射在對方身上，認為問題和磨擦的源頭都是來自對方。所以得多注意這方面的投射，如能認清自身內在的憤怒，有助減少彼此之間的磨擦。

第七宮也代表對外關係，所以這個組合，對於其他人可能會帶著競爭的心態，亦可能覺得別人是在攻擊自己。也要注意跟別人之間的衝突爭執。

火星在第八宮

第八宮是大家進入親密關係的時候，對對方的親密感，同時內在的一些原始恐懼也會被引動出來。火星跟生存的議題有關，我們生下來便要積極的爭取求存，當中自然牽涉到被遺棄的恐懼。火星第八宮，往往就會引發出在親密關係當中的一些恐懼情緒，特別是妒忌和憤怒，害怕對方會離開自己，也容易導致在這段關係中的互相操控。

另一方面，火星八宮也代表了強烈的情感連結，彼此之間存在著激情的部分。

另外，第八宮也是跟他人有關的錢財。所以可能容易跟別人在金錢上出現競爭，又或為著財務事宜而發生衝突。

火星在第九宮

第九宮是一個探索人生哲理的宮位，跟信仰、信念、宗教有關。火星在第九宮，大家可以充滿行動力和熱情一起去探索人生，例如一起學習、到外地旅遊，又或去找出共同的信念等。這些活動都可以燃起彼此的熱情。

另外，火星亦可代表大家會為了信念、信仰、哲理、宗教這些問題而發生爭執，因彼此的想法信念不同而導致磨擦。所以到底如何去運用火星的能量，需要雙方一起調整。

火星在第十宮

第十宮跟事業、成就有關。大家可以為一個共同的目標奮力拚搏，火星的推動力有助雙方一起達到這個目標。尤其如果這是一對事業上的組合，則更可推動這個

共同事業的發展了。

不過，這也代表大家會在事業上成為了競爭對手，例如都希望能擊倒對方以表現自己的優秀。亦可能為了事業、成就的問題而發生衝突。

第十宮也是這段關係在社會上的形象、地位，這兩個人／團隊可能會給人一種充滿競爭性的感覺，在別人眼中亦是相當拚搏的團隊，彼此之間的競爭、衝突亦容易外顯給別人看見。

火星在第十一宮

第十一宮是大家的共同理念、對於未來的看法和憧憬。火星十一宮，代表大家可以為一些理念、為一個未來，或社會上的事務，而一起努力奮鬥。同時，亦可代表為了這些事情，因為理念不同而產生衝突。這些都可以說是火星的一體兩面，端看當事人如何運用相關的能量。

第十一宮也代表這兩個人／團隊在朋友、團體當中的表現。火星十一宮，表示這個組合會在團體當中渴望成為先峰、領導者，亦可推動整個團體採取行動。同時這也代表一群人中總是充滿了競爭性，視其他人為競爭對手，總是想超越對方。

火星在第十二宮

第十二宮是一個私密的宮位，亦是大家在這段關係當中，一些看不見、想否定、壓抑的部分。火星在十二宮，可能彼此間的熱情、憤怒、競爭的情緒都會被壓抑下來，大家不敢去表現。但壓抑的部分如果不去面對，往往會以其他的方式走出來，例如一些祕密的敵人，而當事人會覺得為什麼好像總是有其他人對自己不滿，或做出一些暗地攻擊的事情。其實這些都源自於十二宮被否定的情緒。

所以，火星十二宮的組合，可以以冥想、靈修這等心靈成長相關的方式，去處理彼此潛藏著的不滿或憤怒，透過了解和對這些情緒的肯定，有助這段關係健康的

發展。

組合木星＊十二宮位

木星在第一宮

木星代表成長、探索、對於人生智慧的追求。木星在組合盤的一宮，這段關係當中，其中一個重點就是大家都會重視學習、哲理、一起去探索新鮮未知的東西，而且這段關係更有助雙方一起成長、擴闊彼此的眼界。

木星一宮的組合，一起看事情、在待人處事方面都會抱著開心樂觀的態度，而其他人看到這兩個人／團隊，亦會視他們爲樂觀、有智慧的人。

如果這個組合是教學團隊、或從事出版傳播之類的工作，木星一宮相當適合這種傳播知識的工作，別人也會期待從他們身上學到一些東西。

木星在第二宮

木星二宮，代表大家在金錢、物質、資源上，會有一種豐盛的感覺，這不一定代表很有錢，但至少會有較多機會去賺錢，而且對於金錢總是抱著樂觀的態度，不會老是爲金錢問題煩惱。

另一方面則代表有較多的賺錢機會，但同時也要注意對於金錢的態度也容易變得過度慷慨，總是認爲財來自有方，於是花錢也會很豪氣。

第二宮也跟自我價值有關，木星二宮代表這段關係可令雙方都更有自信，又或大家認爲這段關係很有價值。

木星在第三宮

第三宮跟溝通、學習、思考、說話有關。木星三宮，可以說這兩個人／團隊，總是有說不完的話，大家都樂於溝通、表達自己的見解，而且所說的話題可以是一些較有深度的道理、聊一些關於信念、信仰相關的議題，甚至是國際事務之類。

最重要的，是通過彼此的交流，大家都可以擴展眼界，在智慧上有所增長。亦基於這種知性上的互動，大家可一同成長，一起去發掘人生的意義。

木星在第四宮

第四宮是家庭宮，所以如果大家是家人／伴侶關係，木星四宮可以代表家庭生活愉快，在家裡大家會著重個人的空間和自由。

第四宮也是跟內在的情感和安全感有關，亦是這段關係的根基。這關係可說是建基於一種愉快的感覺，大家可以坦率地分享自己的感受，亦可以有一些知性的交流，內在有一種豐盛的感覺。

如果大家一起投資，亦容易在房地產上有較好的機會，成爲財富的來源。

木星在第五宮

第五宮跟自我展現、戀愛、玩樂有關。木星五宮，可說大家在相處時可感到開心愉快，因爲雙方都可以自在地表達自我，有一種無拘束的感覺。如果這是一段戀愛關係，更加強調了一種樂觀、開心、自在的戀愛感覺。

大家一起時亦有很多玩樂的機會，而且一起享受的時光，可以是一起去旅行、學習、做運動，又或討論一些學識見解，交流意見。大家的共同興趣，可能是跟哲理、旅遊、宗教等有關。

木星在第六宮

第六宮跟工作和服務有關，亦是日常生活。木星在六宮，彼此在日常生活當中都會樂意並慷慨地為對方服務，願意分擔生活上的責任。而在生活當中，則會注意彼此之間的空間和自由。

如果這是一個合作夥伴、工作的關係，木星六宮會給雙方帶來愉快的工作環境，亦樂意為對方服務，不會過度的斤斤計較。

而這兩人／團隊對於其他人也會願意付出，特別是如果這是從事服務性工作的團隊，則可以提供優質、讓人感到愉快的服務。

木星在第七宮

無論是什麼關係，木星位於第七宮，大家都會覺得這段關係可以讓雙方一起成長，跟對方一起就會有所得，從中獲得一些智慧，又或得以開展眼界。而且，大家可以透過這段關係去學到一點人生道理，亦覺得這樣的關係富有意義。

一同成長的同時，也會給予對方空間，不會互相束縛，甚至覺得在對方身上總是有學習的機會，有很多東西可以探索，不容易沉悶。

而這兩個人／團隊對外的關係，也會有較多人際互動，相處時也開心愉快。例如如果這是銷售團隊，則可能會有不少客戶。

木星在第八宮

第八宮代表了關係中的親密感，以及危機和轉化。在這段關係中，大家在親密感上不一定有很強烈、深層的連結，反而會傾向於知性上的交流，而且大家會保持一定的空間，同樣感覺愉快。

而在這段關係中，可能大家都需要面對不少危機和轉變，但通過這些轉化，有助雙方的成長，並可從中學習更多關於人生的東西。

第八宮也是跟他人在資源金錢上的關連，木星在八宮，代表在共同投資方面會有較多賺錢的機會，但亦要注意可能會過度的進取冒險。

木星在第九宮

木星在第九宮，就像回到自己的宮位一樣。這段關係的一個重點，就是大家一起去探索、去發掘新鮮的經驗，甚至一起去冒險，從中去探討一些人生的哲理，開拓眼界，進而達到成長的目的。

彼此可能有很多想法、見解可互相討論、交流，特別是關於信念、信仰、宗教、道德的東西，可以刺激大家的思維。

另外，也會有很多機會出外旅行或跟外國聯繫，所以如果這個組合盤是事業上的夥伴，也會有利於一些跟外國有關的生意，或教育、出版這類事業。

木星在第十宮

第十宮是在社會上的地位和形象，這兩個人／團隊，可能會一直渴望在地位上的提升，例如得到更多人的認同、或爭取到一定的名望、受到別人的肯定等。同時亦較容易在社會上建立一個知性、慷慨的形象。

大家的共同目標可能會相當宏大，同時亦會有不少的機會，讓大家去發展、爭取成就。而透過向著目標邁進，雙方也可以一起成長、互相學習。

如果是事業上的夥伴，大家可能都有很遠大的事業目標，並會全力發展，希望可以有更大的成就。

木星在第十一宮

第十一宮是友誼、團體，木星在第十一宮，代表無論大家是什麼關係，總是會像朋友一樣，為未來或共同的理念互相支持、向對方學習，並一起成長。大家對於未來總是抱著樂觀的心態，會為了理想而努力。

這兩個人 / 團體，也可能會身處不同的團體當中，又或大家有很多的朋友，社交生活相當熱鬧，亦會特別熱衷於參與一些宗教、教育、旅遊有關的活動。

木星在第十二宮

第十二宮會是這段關係的隱密宮位，一些大家都埋藏在潛意識裡、不太意識到的部分，例如一些潛藏的問題或感受。而木星在十二宮的一個優點，就是大家都會比較坦白直接的去討論彼此的感覺，從而更互相了解，讓關係成長。

不過，由於木星在這個隱密的宮位，大家不容易在表面上看到這段關係的一些優點或益處，必須雙方願意探索內心，多些共處，才能夠看到關係中讓大家得益或成長的部分。

同時，亦可一起通過靈性的學習和探索，增加彼此的了解而讓關係有所發展。

組合土星＊十二宮位

土星在第一宮

土星一宮，這段關係給人的印象會是比較傳統、保守的，跟外界亦較為疏離，讓人覺得有點冰冷。而二人之間的關係可能比較冷淡，大家著重的可能是一些較為實際、現實的東西。各自講求空間、自給自足，不會過度依賴對方。

在這段關係當中，雙方可能會有一些對這段關係恐懼、不安，或覺得發展這段關係會有困難和障礙。但如果可以堅持下去，土星也會帶來安穩和長久，而且大家也可以做出承諾，發展出一段可靠的關係。

土星在第二宮

第二宮跟金錢物質有關，當土星落到這個宮位，這兩個人／團隊，對於金錢物質方面總是有恐懼感，常常覺得不足，害怕變得匱乏貧窮，為金錢問題而擔憂。

但同時，亦可適當地運用土星的能量，就是因為常感到不足，對於金錢變得小心翼翼，並建立出謹慎的理財態度，亦因對財務的規劃，可以慢慢累積財富。

另外，第二宮也代表自我價值，需注意大家在這段關係當中，總會覺得自己不夠好，懷疑自己或這段關係的價值。可能需要用較長的時間慢慢去發掘和肯定當中的價值。

土星在第三宮

第三宮跟思想溝通有關。土星在第三宮，大家在溝通方面可能會感到有一些障礙，不容易或不敢於去表達自己，又或雙方都固執於自己既定的想法，因而造成溝通上的隔閡。可以嘗試以土星的能量，用一個有系統、有條理的方式，把想法說出來，這樣有助彼此的溝通。

如果大家是伴侶或家人的關係，因第三宮也代表了兄弟姊妹、親戚，土星三宮容易跟他們之間有距離、隔閡，因此亦需要時間去建立、改善關係。

土星在第四宮

第四宮代表了內心的情感及一段關係的基礎。土星在第四宮，可以說彼此的內心都有較強的恐懼感，對於這段關係不太信任，亦傾向隱藏和壓抑情感、害怕流

露，所以在情感的交流會較爲缺乏，彼此的交流可能只停留在一些實際的事務上。

所以，土星在四宮，需多花點時間和耐性去面對彼此的恐懼，放下防衛，加強情感的交流。不過，土星四宮其中的一個優點，就是可以通過時間的歷練，建立出穩定的感情基礎。

土星在第五宮

第五宮跟戀愛和玩樂有關，應該是一個輕鬆、愉快的宮位，但土星的能量剛好相反，比較沉重、講責任和限制。所以土星在第五宮，特別如果是戀愛關係，好像不易感受到那份輕鬆的戀愛感受，甚至覺得不易表達愛意。

而大家也似乎較爲拘束，不太會去玩樂、享受人生，總是在約束自己，不敢放輕鬆去享受。

如果是夫妻關係，對於子女會相當嚴格、要求高，但也要注意彼此之間容易築起一道牆，感情較冷淡疏離。

土星在第六宮

日常生活的宮位，土星在六宮，大家在日常生活或工作上（如果是工作關係）都會相當認眞。第六宮是工作、認眞、負責任，會努力的把事情做好，亦很有條理規劃。所以土星來到這個宮位，倒是可以好好發揮正面能量。不過也要注意，可能會覺得必須爲對方負起很多責任而感到吃力，變成了一種負擔，所以要好好調較，以取平衡。

如果這是一個工作團隊，所提供的服務可以是相當專業和認眞，亦很負責任，可說是土星優秀的一面。

土星在第七宮

第七宮是大家對身處這段關係，或對「關係」這回事的看法和態度。土星在七宮，大家在一起會講責任、承諾，又或爲了社會約定俗成的規範去做，例如到了某個年齡就結婚之類。對於關係的看法或期望，也會是比較傳統的。而大家建立關係時，也會按部就班，不會太急進。好處是大家都會傾向於建立長久穩定的關係，但也要小心會被責任而規範。例如可能大家相處不來，卻爲了責任而繼續走在一起。

如果是工作夥伴，或對外的合作關係，土星代表關係可以持久，亦會重視承諾和責任，在工作層面上看來則頗有利。

土星在第八宮

第八宮是關係當中的親密感，土星在八宮會把這種親密感壓抑下來，這是源自己雙方對於親密關係的恐懼，害怕把情感拿出來，或跟對方融而爲一，一旦被遺棄就會相當可怕。

第八宮也是面對危機和轉化的宮位。在大家需要面對危機或轉變時，可能會比較抗拒，不願意改變。

而關於財務、跟他人的資源分享的部分，跟二宮一樣，對於這兩個人／團隊來說，會常常害怕資源不足，爲財務的事宜擔心之類。不過，如能因此而學習踏實地規劃，倒能夠在投資方面慢慢累積財富。

土星在第九宮

第九宮是二人關於信念、哲理上的討論與探索，在這方面，大家都是抱著小心謹慎的態度，而討論的方向或所相信的東西，都是比較實際，而不是一些太過虛無抽象的理念。

在討論一些學問、信念上的事情時，大家可能都會堅持自己的觀點，較不願從對方的角度去看事情。又或當大家要磨合一些觀念時總會有點困難。

土星雖然帶來壓力或隔閡，但如果能花些耐性和時間，慢慢培養出共同的信念，倒是可以建立出鞏固的信念基礎。

土星在第十宮

第十宮代表了共同目標和事業成就，土星在第十宮，大家都會十分努力、堅毅的，為這個共同目標前進，渴望做出一番成就。所以如果這是一個事業夥伴的組合盤，土星在十宮倒是相當配合，代表大家都願意為著目標去打拚，而且通過時間的磨練和建立，可以變成事業上的權威，或打造一個專家的形象。

在邁向共同目標的過程當中，土星難免會帶來困難和考驗，但如果大家能夠堅持下去，努力不懈，假以時日自能創出一番成就。

土星在第十一宮

第十一宮是彼此之間的友誼成分，就是大家能否互相支持，有一些共同的理想。土星在十一宮，一方面可說大家之間容易有一些隔閡，不會輕易的向對方伸出友誼之手。但大家的關係，如能經過時間的考驗，倒是能夠發展出長久的友誼。

而如果大家有一些共同的理想，又或一起參與一些社會事務，都會十分努力及堅毅地去達到相關的目標。

至於跟其他朋友、團體的關係，可能會較少共同朋友，又或跟他們的關係較疏離冷淡，但這些朋友可能會是較為成熟、或專業的人，亦可培養出長期的關係。

土星在第十二宮

第十二宮是兩個人在心靈層面，或潛意識上的連繫，特別是一些隱藏著，我們不容易意識得到的部分。土星在這裡，在這方面的連結，可能會有一些障礙和隔閡。甚至大家可能會覺得在關係上，似乎欠了點什麼，又或隱隱地覺得不妥，卻又不知是什麼，那就是土星在十二宮作祟。

第十二宮是我們最私密的部分，一段關係能否健康發展，就視乎大家能否打開心扉，好好去了解內心深處，並將心裡的說話，收藏的東西都拿出來跟對方分享，當中甚至可能包括那些平日我們不敢說的話，像對對方的不滿、埋怨等等這些阻礙著關係發展的東西。

所以土星在十二宮的，可能需要花更多的努力，去學習坦誠的了解和表達自己私密的部分，慢慢建立出心靈上的連繫。

組合天王星＊十二宮位

天王星在第一宮

這兩個人／團隊給人的感覺，就是很與眾不同，甚至很突出、捉摸不住，所做的事情總是讓人出乎意料之外。

而對他們自己來說，在這段關係中的其中一個重點，就是獨立和自由，兩人會互相尊重彼此的空間、生活。而且會強調自己一個人的獨特性，不會因為進入關係而喪失自我，亦不會受世俗的規矩所限制，而會勇於去按自己的想法而為，感覺較為自我。

彼此之間的關係會較為疏離，冷淡，又或傾向理智的溝通。一起時可能會有些

新的創意出來，所以頗爲適合一些創意組合。

天王星在第二宮

第二宮跟財務、金錢、物質有關，飄忽不定的天王星來到第二宮，代表在一起時，金錢上總是比較多變化，可能突然有一筆收入，同時也會有不少預想不到的開支。不過，如果這是一個事業上的組合，則大家可以透過一些跟創新、科技、發明，憑著嶄新的創意去賺錢。

第二宮也是關於價值觀和自我價值。這個組合會較爲重視一些新的意念，不會受傳統的價值觀影響，反而很有自己的一套，較爲我行我素。同時亦會認爲一些創意，反傳統的東西很有價值。

天王星在第三宮

第三宮跟溝通、思考有關。天王在三宮，大家走在一起就可以激發出創意，帶來天馬行空的想法，可互相刺激思維。當然，對話、討論也會較爲理性、抽離和客觀。

而兩人在一起看事情的角度，也可能會較與他人不同，總是可以從新奇的角度出發，看出一些非一般的東西。

思想上亦較爲開放，可以接受新事物。如果是一對創意組合，天王三宮可以引發很多的創作火花，以及嶄新的思維。

天王星在第四宮

第四宮是家庭宮，也代表我們的家庭觀念。天王星在四宮，大家在一起時會有一種非傳統的家庭觀念，就是不必一定要像傳統的電視劇那樣一家人溫馨地住在一起，反而可能強調彼此之間的空間和個人生活，就算大家是家人或夫妻，也可能常

常要分隔兩地，又或各自有自己的生活之類。

第四宮也是內在的情感，所以這部分是比較疏離的，就算表達感情，也只停留在以理性的方式表達，對於一些情感關係，需要多注意組合盤上是否還有其他情感交流的部分。

天王星在第五宮

第五宮是自我展現、戀愛和玩樂的宮位。天王在第五宮，大家在一起時總是覺得有很多新鮮刺激的玩意，不會沉悶，所以在戀愛的時候也會覺得是好玩愉快的。大家在一起可以無拘束地展現獨一無二的自己，保持自我，感覺自由自在。

而如果有子女，對於他們也會採取較為開放自由的態度，大家像朋友一樣，沒有傳統的尊卑規範。

如果這是一對創意組合，則天王五宮當然可以帶來無限的創意，新穎又與眾不同。

天王星在第六宮

第六宮是跟日常生活、工作有關，是一個講規律的宮位，沒有第五宮的玩樂，而是要處理生活或工作上瑣碎刻板的事情。所以天王星位於六宮，可能會覺得面對生活或工作上的責任相當受困，常渴望打破這些規矩，自由自在地生活。

又或者可以在生活和工作中打破舊有、特定的模式，以自己的方法去做，不必停留在舊有的框框中，這些都是活用行星能量的方法。

如果是工作上的夥伴，則大家在工作上會較為獨立，各做各的，亦可在工作上發揮創意，但對於一些很講求合作性的團隊，則可能要注意各自為政的問題了。

天王星在第七宮

天王在七宮，代表雙方對於「關係」的看法，是傾向於比較自由獨立的方式，就是大家可以有自己的空間和生活，較爲疏離，不必常常黏在一起；又或如果是戀愛關係，也認爲不一定要按著傳統的想法什麼時候結婚之類。會有自己獨有的相處方式，旁人可能覺得古怪、標新立異，甚至覺得有點反叛，但如果能堅持自我的方法，也就不必在意他人的眼光。

至於跟其他人的關係，會保持友善、朋友平等式的相處，但始終會有一段距離，不會太過親密。

天王星在第八宮

第八宮是關係中的親密感，很講求深層情感上的連結，是一個大家融而爲一的宮位。但天王星是一個理智、獨立的行星，跑到第八宮，可以說大家在情感上會較爲冷淡疏離，不容易放下自我，難以將自己內在較爲深層、軟弱的部分給對方看見。所以在建立親密關係上，要特別注意這方面的挑戰。

而在跟他人的財務關係上，較容易會有突發的事件，像突然的收穫、計算不到的支出等，當中的變化也會較多。如能在財務上保持獨立的財政，則較能呼應天王的能量。

天王星在第九宮

第九宮代表了大家的共同哲學、信念，而天王星擁有強烈的好奇心，所以位於第九宮，可說是大家對於一些新奇、獨特、富創意的學問會特別感興趣，亦可一起去探索，甚至創造出新的理論、想法。同時亦會打破傳統的信念，無論在宗教、道德觀、人生智慧、科學上，都會嘗試去鑽研一些新的概念。而大家在討論不同的想法和理念時，亦會較爲理智客觀，抱持開放的態度。

第九宮也是學習和旅遊的宮位，天王在九宮，大家也會喜歡一起去學新的學問，又或到新奇好玩的地方去探索。

天王星在第十宮

第十宮是共同的目標和成就，在前進的過程中可能會經歷較多的變化和起伏，例如目標經常變換，又或達到某種地位後，不一定會一直持續下去，可能有較多的**轉變**。

天王十宮相關的目標和成就，不一定是世俗上大眾所認同的那種，而是有一種獨特性，破舊立新的成分在內。如能一起創製一些特別的東西出來，所獲得的地位成就也就是非一般的了。

第十宮也是名聲、社會上的形象。天王十宮的組合，在社會人士眼中總是有點特別、反叛、又或覺得這些人很有創意，但未必爲傳統派所接受。

天王星在第十一宮

第十一宮是團體、友誼的宮位，天王在十一宮，就像回到自己的宮位一樣。

無論這是什麼樣的關係，這段關係中的友誼成分，會保持著平等、開放、自由、獨立的態度，大家可以討論一些共同的理念、對未來的看法。

而大家在團體、朋友之間，總是會與眾不同，在一群人中較爲突出，雖然跟其他人都會表現友善，但又會保持一定的距離。

天王星也代表推翻和反叛，在十一宮，如果這是個社會、政治的團體，則會帶著一種挑戰權威，或推翻現有制度的立場。

天王星在第十二宮

第十二宮是一段關係中，大家隱密、甚至不願意面對、否定的一些部分。天王星代表反叛、自我，大家在這段關係中可能不太敢於去將獨特的自我表現出來，害怕別人覺得奇怪、不合傳統規矩，而不接受自己。在心靈層面上的連結，亦會較爲冷淡、疏離。

但天王星有一個正面的特性，就是坦率、直接。如果大家願意打開心扉，將自己內心深處的部分坦白直接的表達出來，同時，學習去接受自己和對方自我與獨特的一面，將有助關係上的成長。

組合海王星＊十二宮位

海王星在第一宮

海王星在一宮，兩人在待人處事的態度上，會帶著夢幻、理想化的眼光去看世界，正面的是有慈悲心、同理心，樂於去幫助別人。但同時也需留意可能過度的理想化、不切實際，把一切都想得太美好。

第一宮也是給別人的印象，海王有一些綺麗、夢幻、理想化的感覺，所以這兩個人／團隊，可能成爲別人的一種理想的投射，例如像電影中的戀人，又或所謂的「夢幻組合」。

而且，也需視乎這個是怎樣的組合，如果是藝術上的夥伴，又或義工團隊，則海王一宮有助大家一起發揮藝術或慈善的性質。

海王星在第二宮

第二宮跟金錢、物質的事務有關。海王在二宮，大家在理財方面可能會較為模糊、迷失，對金錢的掌控和概念不太清晰，所以要小心在共同財務上出現的混亂，甚至不知道錢總是花在哪裡。

如果是事業上的夥伴，則更要注意這些財務上的問題，但如果大家是從事藝術、靈性、慈善這類海王星的工作，那倒能夠呼應海王的能量，憑著這些項目去賺錢。

在價值觀方面，不會有太強硬的原則，反而頗有包容性。但要注意，可能對於這段關係不太清楚當中的價值所在，甚至不太肯定大家走在一起有多重要。

海王星在第三宮

第三宮跟溝通思考有關，而海王星很容易讓大家在溝通上出現誤解、迷糊的情況，如果能夠覺察這個問題，則可嘗試改善溝通，凡事多做解釋，說個明白，以免產生不必要的誤會。當然，如果大家是工作上的夥伴，則更要注意一些文書、通訊上的錯漏。

不過，海王星也有他正面的地方，就是有一種包容性和同理心，大家在思想上會比較容易站在對方的立場想事情，或去包容不同的想法。甚至在溝通上容易建立一種心靈上的連繫，不一定什麼都要把話說出口。

海王星在第四宮

第四宮是一段關係的基礎，海王在四宮，可能大家對對方、或對於這段關係有一種理想化的渴望，覺得對方就是自己想要的人，可以一起建立關係之類。

而如果大家共同建立家庭，可能會有一個很美好、理想的家的畫面，一起為這

份渴望去努力；但也要小心想得太美好，過度的理想化，到最後發現現實並非如此而變得失望。

另外，海王四宮也可能代表對大家的根和家庭有一種迷失感，就像不知哪裡為家，欠缺安全或安穩的感覺。

所以海王四宮在打造理想的家的同時，也要提醒自己踏實一點，別老是活在夢幻當中。

海王星在第五宮

第五宮跟戀愛、玩樂有關。海王五宮，對於情感關係來說可能會有一種夢幻、浪漫的感覺，就像在電影或小說當中那種，而且大家就像融而為一、不分你我。對於這段戀愛可能會過度夢幻化，直到有天突然面對現實，難免會失望而回。

第五宮也是一個創意的宮位，所以如果是從事創作的工作夥伴，海王五宮反倒能帶來很多的靈感和啓發。

第五宮亦跟子女有關，對於子女可以是無私的奉獻，亦可以說是過度的遷就，把自己看成拯救者，什麼都要幫子女一把。

海王星在第六宮

第六宮是日常生活及工作有關的宮位。這兩方面都比較講規律、責任，海王星卻容易讓事情變得不清不楚，甚至不太負責任，把事情弄得混亂。但同時，第六宮也講求在這段關係中，對對方的服務和付出，海王星的正面能量，就是可以為對方無私、不計較的付出，總是渴望能夠為對方做一些最理想化、最美滿的事情。

如果這是一個工作夥伴的組合，對於他人提供的服務，是會放下身段、帶著犧牲精神的服務，但也要注意當中可能會有混亂、不切實際的問題出現。

海王星在第七宮

第七宮是大家對於關係的態度和看法。海王在七宮，大家對於「關係」會有很理想化的期望，總是覺得應當像童話故事中的公主和王子那樣；又或被對方吸引，可能只是因為對方符合自己的想像，或對方某些條件滿足了自己一些夢幻式的渴望。所以要注意，在進入一段關係時，先想想如果抽離這些夢幻的期待，是否能夠看清楚真實、現實中的對方？否則老是活在幻想中，一段關係是很難健康發展的。

海王七宮，也容易代表一種受害者與拯救者的關係模式，雙方可能扮演其中一邊的角色，渴望有人來拯救自己，又或自己可以當超人去救贖他人。

不過，無論是對對方，還是對於其他人，都容易帶著一種同理、慈愛的心態，總是可以從他人的角度去看事情，跟別人建立一種一體感。

海王星在第八宮

第八宮是關係中的親密感，講求大家在這段關係當中放下彼此的防備、融而為一的感覺。所以海王在八宮，可讓雙方在情感上更容易的連結在一起，甚至無分你我；而大家一起面對著危機或轉變時，亦可互相依靠。當然亦有可能是期望對方在危機當中拯救自己，或總是把自己看成是受害者。

第八宮也是跟他人的財務關係，海王在這裡，必須相當小心在財務處理上，容易出錯、混亂、數目不清之類，甚至被欺騙的情況。

海王星在第九宮

第九宮是對於人生道理、宗教、信念的探索。海王在九宮，大家對於人生有崇高的理想，抱著一種渴望世界大同的信念，而大家在討論一些學問、道理的時候，也會比較理想化，有點像滿腔理想的哲學家，要小心往往只停留在空想的階段，卻

忽略了現實或可行性。

對於一些靈性、神祕學、宗教的事情會特別感興趣，渴望從這些方面獲得一種心靈上的救贖或慰藉。

海王星在第十宮

第十宮關於共同的目標或在社會上獲得的成就，海王在十宮，容易爲此而感到模糊，到底要往哪裡去？有什麼目標？似乎都不容易找到。

另一方面，亦可代表大家可以一起去追尋夢想，「人因夢想而偉大」，大家就是爲著這一份遙不可及的夢想而努力。

第十宮也是這兩個人／團隊在社會上的形象、地位。海王在此，可能在社會上的形象不太清晰，容易被人忽略；但同時，海王亦是一種夢想的投射，另一種可能性就是成爲社會上眾人眼中的理想組合，就像某些社會的名人，大眾會把理想、美化的渴望放在他們身上。

海王星在第十一宮

第十一宮是友誼、團體的宮位。海王在這裡，代表彼此之間的友誼，又或是跟其他朋友的關係，會有較多理想化的期望，亦可能是大家不分你我，沒有界限，能易地而處。同時，亦傾向於認識一些朋友，是比較藝術、靈性、或理想主義的。

第十一宮也是對未來的憧憬，海王在此，暗示一些對未來理想的盼望。這些盼望可以是一種推動力，讓大家爲此而努力，但同時亦可以代表夢幻一場，不切實際。所以這完全視乎大家如何去運用海王的能量。

海王星在第十二宮

第十二宮是一個跟心靈、靈性有關的宮位，海王在十二宮，就像回到自己的家一樣。在這段關係中，大家在心靈層面上可以有一個無界限的連結，比較容易將一些隱藏在內心的東西跟對方分享。

不過，第十二宮也可以是一段關係中，束縛著大家的地方。海王在此，可能大家都害怕受到傷害，覺得非常脆弱，在關係中，不自覺地覺得自己是受害者、或總是等待他人的拯救。多加探討和覺察當中的感覺，正面地運用海王的能量，像透過靈性、冥想、藝術方面來面對自己的心靈，以及這段關係受到束縛的地方，都有助這段關係的發展。

組合冥王星＊十二宮位

冥王星在第一宮

冥王代表權力和轉化，這兩個人／團隊，可能不其然的希望向外界展示自己的權力，而在待人處事上，傾向於去操控，希望獲得權力，亦帶著轉化他人的動機。

第一宮是給別人的印象，冥王在一宮，給人的感覺可能會比較神祕，別人總是看不清內裡的葫蘆在賣什麼藥，而當事人亦會較為保護自己，不會輕易將自己的事讓別人知道。

而兩個人之間，亦可能存在一些權力拉扯的問題，如果能夠運用冥王的能量，則大家可以透過這段關係得到轉化、治療和成長。

冥王星在第二宮

冥王在二宮，大家對於錢財、資源、物質的東西會有深層的恐懼，常常害怕會失去，所以會抓得很緊，或有強烈的控制欲。

而冥王星也是一個很極端的行星，可以代表徹底破壞，也可以是蘊藏龐大的財富，所以冥王二宮，有可能會經歷錢財物質上的重大失去，但如能從中學習理財，重新建立新的價值觀，亦有一個累積龐大財富的潛能所在。

在價值觀、自我價值方面，冥王二宮可能會經歷在價值觀上的深層轉化，就是大家在一起會認為一些原有的價值觀已不再適合自己，然後慢慢以新的價值觀去面對人生。

冥王星在第三宮

第三宮是溝通、思考、學習的宮位。冥王星在這裡，就是雙方的溝通不會只停留在表面的風花雪月，聊天時總會做一些深入的探討，一直發掘下去。特別是對於一些神祕學、心理學、人性內心的東西，都會有興趣，或可以一起去學習。

不過也要注意大家在溝通上，自我防衛的意識較強，除非對對方有強烈的信任，否則可能不太敢於去表達一些內心的東西，又或在說話上，總是有一些權力、操控的課題，例如說一些很強硬的話，或要對方認同自己的話之類。這些都可通過深度的溝通而有所改善。

冥王星在第四宮

第四宮是這段關係的基礎，也是大家的內心、情緒的部分。冥王在這裡，彼此內心中總是帶著一些深層的恐懼，這可能源於自己的童年、過去，將那些恐懼的情緒帶到這段關係當中。害怕什麼呢？冥王的恐懼是怕被遺棄，或是一些生存的議

題，又或童年所受到的創傷之類。所以冥王在這個位置，大家都要多注意這些情緒的部分，如果能一起去面對，可以透過這段關係去治療和做出轉化。

就算這不是一段情感關係，而是事業、工作上的夥伴，也需要注意關係當中情緒上的部分，這些深層的恐懼，會帶來一些權力鬥爭、操控的問題。

冥王星在第五宮

第五宮是戀愛、玩樂、享受的宮位，應當是輕鬆愉快的，但冥王的到來會讓這段關係的愛情感覺變得強烈、深層，就是我們常說那種「激情」、「轟轟烈烈」、「沒有你我不能活」的感覺。強烈的愛情，同時也容易帶來強烈的不安和恐懼，深怕對方會離開自己。

第五宮也代表創意，自我展現，如果這不是情感的關係，而是一些工作上的夥伴，則大家可以創製出一些帶有神祕感的東西。

在自我表現上，大家也會透過這段關係得到強烈的轉化，就像打造一個新的自我，有一個新的自己走出來一樣。

冥王星在第六宮

第六宮跟日常生活、服務、工作有關，冥王第六宮，可以說大家對於生活、工作有強烈的投入感，會做得徹徹底底，為對方傾盡心力的服務。

但同時，冥王也有另一種可能性，就是權力上的鬥爭，這特別可能出現在工作關係上，就是大家常說的「辦公室政治」，為了權力和操控，你爭我奪。

冥王亦有徹底轉化的能量，所以當大家一起時，生活模式或工作的規律都會變得很不一樣，將過去的習慣完全改掉。

冥王星在第七宮

第七宮是大家對於「關係」或這段關係的態度和看法。冥王在此，雙方對於這段關係會極度的投入強烈的情感，但背後可能亦有一種互相操控的心態，因當中會帶著一些深層的恐懼，非常害怕對方會背叛或離棄自己。

從另一角度去看，冥王帶有強大的轉化和治療的力量，透過這一段關係，雙方可以對自己內心深處有更多的認識，面對內心的恐懼，從而有所成長和轉化。

至於對於其他人的關係，則可能會出現一些權力鬥爭的問題，又或總是希望在關係中可以有一種掌控權，亦不容易向他人透露自己的事情。

冥王星在第八宮

冥王在第八宮，就像回到自己的宮位，第八宮是一個跟危機、轉化有關的宮位。冥王在此，大家可能會一起經歷、面對一些危機，從中把自己內心的寶藏發掘出來，而通過這段關係，大家亦會經歷不少轉化。

而第八宮也是深層的情感、親密的關係，所以在這段關係中，難免埋藏在內心深處的情感、特別是一些害怕分離、被遺棄的恐懼，都會透過大家的互動而被引動出來，而冥王的情緒通常是相當激烈的。

但這也是一個好機會，將內心很多情緒垃圾都找出來，將之掃走，也就是一個治療了。

至於跟他人之間的財務關係，冥王可以是摧毀，也可以是寶藏，注意這方面的鬥爭或相關的危機，但同時也可從中建立龐大的財富。

冥王星在第九宮

第九宮跟信念、信仰、人生哲理有關，冥王在此，對於相關的學問和討論都會有很深層的探索，什麼都要追根究柢，甚至會有激烈的討論。而大家亦可透過相關的討論和探索，從中經歷一些轉化，甚至療癒。

又或當大家一起的時候，自己已有的信念會受到衝擊、被打破，並重新再建立新的信念和世界觀。

這個位置頗為適合一些研究學問的夥伴，往往會因為大家的分享和互動，而能發掘得更深更徹底，對學術研究很有幫助。

冥王星在第十宮

第十宮是共同的目標和成就，冥王在這裡，代表大家對於得到社會、事業上的成就有很強的野心，並希望可以從中獲得權力。

如果這是事業上的夥伴，在邁向事業目標時，大家有很大的決心，誓要達到這個目標為止，不過同時也要注意當中的權力鬥爭問題，又或過程當中會經歷一些強烈的危機或變化。

冥王十宮也代表當兩個人在一起時，大家的目標亦可能因此而徹底改變，跟舊有的不一樣。

第十宮也是在社會上的形象，冥王給人的感覺就是很有力量、很強勢，但亦帶有神祕感，所以會給人很有企圖心、甚至有勢力的感覺。

冥王星在第十一宮

第十一宮是大家的友誼成分，冥王在此宮位，可以說大家可以是很親近、投放

很強情感的朋友，有著一些強大的共同理念，甚至帶著一些可以轉化他人、社會的願望和憧憬。

可能會喜歡參加一些跟神祕學、心理學有關的團體，又或參與一些較為激烈的社會運動。跟其他朋友／團體，可能會有一些權力的問題，但同時亦可通過一些團體活動，讓彼此得到轉化。而彼此的共同朋友，可能也是一些低調、有權力或跟治療有關的人。

冥王星在第十二宮

第十二宮是一段關係中大家不太意識得到、潛藏在背後的部分。冥王在此，可能有一些激烈的情緒、強烈的恐懼，大家一直壓抑著，不以為意，又或不想去面對。如果不去面對這些深層的情緒，像妒忌、控制欲、恐懼等，他們就會隱隱地破壞著這段關係。

如能運用冥王的力量，則大家在心理、靈性層面上，其實有一種轉化的欲望，當中有一股強大的動力，推動大家一起在這方面發掘、鑽研，從而達到蛻變和治療。或許經歷一些危機或變化後，對於自己的心靈會有更透徹的了解，而讓自己和整段關係重生。

組合凱龍星＊十二宮位

凱龍星在第一宮

第一宮是整體上給人的印象和感覺，而凱龍在第一宮，別人會覺得這兩個人／團隊古古怪怪的，好像跟一般人很不同，甚至會帶著一種輕視的眼光。而當事人亦可能覺得別人總是歧視自己，甚至在攻擊著自己的傷口似的。

但如能學習、認清並肯定自己的獨特之處，勇於突出自己，自然可以慢慢建立出自身的特色，亦不畏懼別人的眼光。

凱龍在一宮，這段關係的其中一個重要課題，就是面對自己的傷口，互相學習，並從中找到治療。

凱龍星在第二宮

第二宮跟自我價值有關，所以當大家在一起可能就會觸動到內在的一個傷口，懷疑自己的價值、甚至這段關係到底有什麼價值？有什麼值得大家繼續經營下去、走在一起？如果是一段情感關係，可能需要處理的就是「到底我有多值得被愛」這個傷口。

另外，第二宮也是跟金錢、財務有關。凱龍在此，也要注意金錢可能成為關係中的敏感課題，一不小心就會因為金錢的事而刺中彼此的死穴。

凱龍星在第三宮

第三宮是我們的思想和溝通，凱龍是我們的傷口和敏感點，所以大家在溝通的時候，說的話就會不自覺地刺中彼此的傷口，所以得注意說話的內容和技巧，也要知道什麼應該說、什麼要避忌一下。當然，也可以透過學習和溝通，從中去了解彼此的傷痛，並可一起討論，去互相開解、治療傷口。

第三宮也跟學習有關，所以大家亦可一起去學習一些跟治療、心靈成長有關的東西。

如大家是家人夫妻，則在兄弟姊妹、親戚當中，可能會是與眾不同，甚至被視為怪咖的一對。

凱龍星在第四宮

第四宮是這段關係內在情感的部分，也是過去和家庭。凱龍在這個宮位，大家在情感上都會相當的敏感，一些原自於童年、家庭、過去的傷口，都會在這段關係中被引動出來。所以這個位置很講求雙方是否願意一起面對過去，以及內在脆弱的部分，只有這樣，才能透過這段關係去成長和處理這些傷口。

第四宮也是這段關係的基礎，如果是凱龍的話，大家可能是基於彼此有一些類似的傷痛、過去的經歷而走在一起，感覺就是可以互相理解而產生出同理心。正面的方向是大家可以互相扶持而去處理這些問題。

凱龍星在第五宮

第五宮是玩樂、享受、戀愛的宮位。凱龍在此，戀愛的感覺可能不是一般的甜蜜浪漫，反而可能因為對對方的傷痛，產生一種同理或憐憫的心，因而生出愛戀之情。

第五宮也是自我展現，就是在這段關係中我們能否盡情的表現自我。凱龍在此，或許會覺得自己跟別人很不同，亦怕對方不接受這樣的自己，總是害怕去表現自我。但同時凱龍的課題就是通過這段關係，學習去肯定並接受自己獨特的一面，勇敢的展現自己，在這段關係中才能輕鬆自在。

凱龍星在第六宮

第六宮是日常生活、服務、工作的宮位，一段關係中，大家無可避免，亦必須經常面對的，就是日常生活的瑣碎事，又或每天的工作。凱龍在這個宮位，就特別容易因為這些日常的責任、枝微末節的地方，觸碰到彼此的傷口，例如總是認為對方做得不夠好，未盡責任。

其實第六宮講求的，是爲對方謙厚的付出，爲生活或工作負起責任。而凱龍其中一個課題，就是要我們了解到每個人都有傷口、有不足之處，而去培養出同理心和謙厚的態度，不要以爲自己是高高在上的。所以凱龍在此宮，就是要求我們學習謙虛，爲對方服務。

凱龍星在第七宮

第七宮代表對關係的態度，凱龍在這裡，大家可能會因爲彼此的傷口而互相吸引，例如對對方的傷痛有一分憐憫心，又或發覺彼此有類似的傷口和經歷，從對方身上照見自己的傷痛。正面的運用，可以因爲互相了解而互相支持，一起去治療。但亦要小心大家可能只是因爲對對方的同情，又或可以互相依附而走在一起。

而這兩個人／團隊跟其他人的關係，可能總是覺得跟別人格格不入，害怕別人看輕自己、不接受自己，需要學習去接納自己的獨特性。另外，亦可代表著治療者與病人的關係，例如醫師、治療師的團隊，如有凱龍在七宮，則相當配合。

凱龍星在第八宮

第八宮代表了一段關係中的親密感，就是當兩個人在一起，需要打開心房，將自己較爲內在、脆弱的部分流露出來的地方。凱龍在八宮，大家的內心深處可能較爲脆弱，總是害怕會受到遺棄，總是覺得自己不好，怕對方嫌棄自己，自然內在充滿了恐懼。凱龍的課題，就是透過一起面對這些恐懼和傷口，去了解到自己獨一無二的地方，甚至接納自己最軟弱的部分，並慢慢去建立親密關係。

至於在跟他共享的財務方面，則要小心在這方面會變得依賴，又或當問題出現時，總是覺得自己是無辜的。學習負起責任去處理財務上的問題，是凱龍八宮的課題。

凱龍星在第九宮

凱龍是大家之間的敏感點，或所謂的致命傷。第九宮跟信念、信仰有關，所以凱龍在九宮，當大家談到一些關於宗教、政治、信仰相關的話題時會變得敏感，一不小心就可能會觸碰到對方的神經。

亦可以說大家的一些共同信念、信仰會與別人不同，甚至在別人眼中是頗為另類、不易被接受的。

凱龍也跟治療有關，所以在九宮，也代表大家可以一起研究學習一些有關療癒的學問，又或從自身的傷口中，去領悟一些人生道理和智慧。

凱龍星在第十宮

第十宮是大家在社會上的形象，在世俗的眼光下的模樣。凱龍在十宮，這兩個人／團隊在社會上的身分或形象會是較為另類的，別人並不容易接受，甚至會有一種排斥的感覺。但如果能夠衝破這些眼光，走自己的路，則可發展自己獨一無二的一面，並在社會上建立自成一派的形象。

第十宮也是大家的共同目標，凱龍在此，可能這段關係就是讓大家一起走上治療的路，未必一定是成為治療師，但一起去探索心靈，了解自己的傷痛，並藉此去療癒，都會是這段關係所帶領的方向。

如果這是事業上的夥伴，如果大家是從事跟治療有關的工作，又或從事的類型是比較非傳統的，都頗為配合凱龍的能量。

凱龍星在第十一宮

第十一宮是大家在團體、朋友圈中的情況。凱龍在十一宮，可以說這兩個人／團隊，在一群人當中總是跟其他人有點不一樣，甚至會給人一些異類、怪怪的感

覺，所以較容易在朋友、**團體**的事情上受到傷害，總是覺得別人不接受自己。但凱龍的課題也是讓我們去接納自己的與眾不同，從而發揮自我的獨特性。所以就是要學習在團體當中，如何去肯定自己的獨一無二。

另外，凱龍十一宮也可以代表大家傾向於加入一些跟治療有關的團體或活動，例如一些身心靈的成長活動，或是受創後的互助會之類。

凱龍星在第十二宮

第十二宮是一段關係中最為隱密的部分，隱密得連當事人也不一定知道是怎麼一回事，甚至無意識的壓抑或收藏著這部分。

而凱龍在十二宮，就是大家可能都會將過去的傷痛，或在這段關係中所受到的傷害都埋藏在心底。不過，如果只是一直壓抑和否定，這些傷口還是會隱隱的影響著這段關係，甚至會有所破壞。所以大家最好能夠一起去面對，坦誠的討論內心的感受，特別是覺得受傷的地方，才有助彼此的成長。

組合南北交＊十二宮位

南交在第一宮，北交在第七宮

第一宮代表自我、獨立，而南交點則是大家習慣了、感到自在的地方。所以在這段關係中，雙方要從一個比較自我、獨立的位置，慢慢學習北交在七宮的課題，即是學習如何跟對方相處，如何相互依賴、合作，而不是只著眼在自我、自由方面，凡事要考慮到對方，或站在對方的立場去看。

此外，就是去學習信任及為這段關係做出承諾。當然，北交點的地方就是我們要去學習，並感到困難、帶有挑戰的部分，所以在最初階段，大家會覺得跟對方相

處實在不容易，卻要逐步去學習放下自我，而建立這段關係。

南交在第二宮，北交在第八宮

第二宮跟金錢、物質有關，南交在二宮，代表大家對於如何運用資源、處理財政方面，都會覺得容易、自然，例如大家都會有一些共同的價值觀，又或在錢財上的處理會有接近的態度。

對於二宮物質相關的事情，大家會感到容易處理，但對於第八宮，北交相關的事情，例如情感上的深層連結，在一段關係中內心情感的部分，可能就會覺得有點困難。例如如何可以打開內心的部分，跟對方交流？又或除了在物質、資源（二宮）以外，有更多的情感連繫？這些都是大家需要共同學習的地方。

南交在第三宮，北交在第九宮

南交在第三宮，代表大家在溝通、說話方面，會感覺更容易更舒服，聊起來有一種親切感，仿佛天南地北什麼都可以談，還可以發掘共同的興趣、話題，思想方面也似乎較易磨合。但這可能只是停留在一些較爲表面、膚淺的話題，如渴望關係有所成長，或彼此的交流更深入，則要向九宮的北交進發。

亦即在討論、學習方面，層面需要更拓展，以及多探討一些人生哲理，或以打開彼此的眼界爲目標，通過對哲理、新鮮事物的探索，有助大家一同成長。

南交在第四宮，北交在第十宮

第四宮是內在的情感、家庭、內心的安全感，南交在四宮，代表大家在一起時容易建立安全感，就算是初相識，也會對對方有一種似曾相識的熟悉感。而當大家一起建立家庭時，也會覺得那是理所當然的事。

不過反過來，第十宮的北交點是挑戰、感到困難的地方，所以這兩個人／團隊

的課題是如何在社會上建立一定的地位、得到某些成就，而讓別人認同。大家在私人生活的相處上感到容易，但當要去面對社會上的體制、世俗的眼光時，如何去獲得別人的肯定和認同，便成爲了一道課題、一個挑戰，但如能努力向此邁進，便能有所成長和學習。

南交在第五宮，北交在第十一宮

第五宮是享樂、戀愛的宮位，南交在此，大家可一起享受生活、玩樂，並感到輕鬆好玩，在戀愛的層面也容易會擦出一些愛情的火花。彼此遇上的時候有一種熟悉，像不知哪裡見過你的感覺，當大家要各自建立、展現自我時，亦是輕鬆自然。

而第十一宮北交所在，就是大家如何跳出「二人世界」而走進人群、團體。在一群人當中，如何跟大家混在一起？或在團體當中，自己到底是扮演著什麼角色？對於共同的朋友如何共處，這都是可能的難題。

還有，十一宮代表了共同對未來的憧憬，大家如何能不只停留在面前的玩樂，而一起去計畫將來？又如何從自我，發展到建立共同理念？這些都是是由五宮的南交邁向十一宮北交的課題。

南交在第六宮，北交在第十二宮

第六宮是日常的工作、生活上的責任，南交在六宮，代表大家都習慣於爲對方服務，認爲付出是理所當然，亦可維繫工作或日常生活中的正常運作，讓大家都感到舒適自在。

而第十二宮的北交，就很講求彼此之間的心靈連結，除了處理日常要做的事之外，在心靈的部分有沒有交流？彼此是否願意將心裡的想法都讓對方知道？因爲北交所在是關係中感到困難、有挑戰的部分，所以北交十二宮，大家總是覺得要打開心扉、或將收藏得很隱密的部分拿出來是一種困難，必須認眞面對，才可以讓這段

關係有所成長。

南交在第七宮，北交在第一宮

南交在第七宮，代表大家都習慣了互相依賴，好處是可以互相支持幫助，亦感覺跟對方在一起才能讓自己感到完整，在一段關係中，懂得從對方的立場去想、重視跟對方的承諾，都是很重要的。

不過，如果在一段關係中只是依賴對方，或只在意對方如何看待自己，就會容易變得失去自我。所以北交在第一宮，代表在這段關係中，成長的課題是如何保持獨立，明白跟對方一起，不是相附相依的，而是雙方是獨立的個體，有自己的自由和空間，亦不要因為對方而失去了自我。

南交在第八宮，北交在第二宮

第八宮是關於親密感的宮位，南交點在此，就是大家較容易去建立親密的關係，感情上會有較深層的連結，不過，同時也會覺得二人密不可分，老是習慣了黏在一起，如果沒有對方，就仿佛內心被掏空了似的。

而北交點在第二宮的課題，就是學習除了情感上的連結，大家在相處、接觸上，也要顧及一些較為世俗的事情，像金錢、物質，如何去處理資源、財政上的事務，這些都是要學習的地方，大家的價值觀是否一致，或如何磨合，也是這段關係的關鍵所在。

南交在第九宮，北交在第三宮

南交在九宮，大家比較習慣一起去探討和研究一些人生哲理、學術性的東西，又或去探索新鮮、未知的事物。這些較高層次的東西不是不好，而是除了這些高瞻遠矚的事情外，還有很多現在、當下的東西需要理解和討論，如果光是想著未來、

或一些高深的學問，往往會忽略了眼前生活的資訊。

所以北交在第三宮，代表大家要學習從未來返回當下，其實每天那些看似瑣碎的聊天、想法的交流、甚或一些八卦小情報，都可以成為這段關係的成長骨幹，讓大家做出思想上的交流，從中彼此了解。

南交在第十宮，北交在第四宮

南交在第十宮，大家比較在意的，可能是一些共同的目標和成就，特別是在社會上的地位，在意外界的人如何看自己。可是，在努力地為目標拚搏之外，一個不可忽略的地方，就是北交四宮的部分，即是彼此感情上的交流、內在的情緒和安全感，以至一起建立的家庭。

在外頭得到了名聲、認同、讚賞，還是需要注重內在情感的部分，雖然對於這方面的交流，大家會感到不容易、陌生，但打好情感的基礎，營造在一起時舒適安穩的氛圍，學習向對方表達內在的感覺，才有助這段關係成長。

南交在第十一宮，北交在第五宮

第十一宮是社交、團體、朋友的宮位，南交在此，大家可能習慣於團體的生活，亦很著重自己在朋友圈中擔當的角色，並且擁有共同的理念，向著未來一起前進。不過，在團體生活以外，北交在五宮，也提醒著大家的成長方面，是去建立及發展自我，而不只是顧著團體的生活，還要注重個人的創意、享樂，又或二人一起談戀愛的時間。學習去享受生活、發揮自我的創意，有助這段關係的成長，一起時也會更為愉快。

第五宮也是子女宮，北交在此代表要更注意跟子女的關係，因為這是一個富有挑戰的地方，需要多加學習跟子女的相處。

南交在第十二宮，北交在第六宮

第十二宮是一個較為靈性的宮位，代表了彼此之間的心靈連繫和默契，對於心靈上的交流，大家會感到自然自在，亦比較樂於去談談內心深處的想法和感覺。

不過，光是靈性上的交流是不夠的，北交在第六宮，也代表著需要學習的地方是現實生活上的責任、日常的枝微末節，雖然看起來不及「心靈」那麼高層次，但兩個人相處，也絕不能忽略這些實實在在的東西。為對方付出、服務，而不只是柏拉圖式的精神溝通，是在一起時感到困難、不熟悉，但需要學習的地方，關係才能有所成長。

組合行星 * 十二星座

組合上升點 * 十二星座

組合上升點在牡羊

上升點的星座，代表了這兩個人／團隊給外間的感覺，也是這段關係的一種主調。上升牡羊容易給人一種獨立、有活力的感覺，行動力、決斷力亦強，但是好勝心、競爭心也重，這兩個人就仿佛要跟其他人去爭什麼似的。另一角度看，也可以是一隊先峰，做什麼也快人一步，希望可以領先於他人，或帶領著他人向前走。

而這段關係的一種基調，就是比較強調獨立性，兩個人在一起，無論是工作關係，還是情感關係，彼此都會較為獨立，不會過度依附。

組合上升點在金牛

上升金牛的組合，會給人一種安穩、可靠的感覺，相當的可信，所以如果這是事業上的夥伴，需要面對客人，金牛上升就會特別容易讓人信任。

而這兩個人／團隊待人處事的方式，會是小心謹慎的，而且會比較注重價值、金錢、物質上的衡量，要累積足夠的物質以獲取安全感。

在這段關係中，彼此可能需要較長的時間去建立，但倒是可以建立出一段較為長久、穩定的關係，而且互相信任、忠誠。大家在一起，也會較為注重物質上的享受，也會在意經濟、金錢的狀況，有安穩的經濟基礎，才會有安全感。

組合上升點在雙子

上升在雙子座，這個組合給人的印象會是輕巧活潑、溝通力強、好學的。不過看起來較為飄忽不定、有難以捉摸的感覺。在待人處事的方式上會較為靈活，容易適應環境，但變動性亦會較大，不太穩定。

這個組合的主調會跟溝通有關，所以大家在一起，可能有很多想法可以分享，有不少話題可以聊，而且最好能夠經常保持新鮮感和變化，流暢的思想交流，有助這段關係發展下去。

如果這個組合是銷售隊伍，那代表說話、溝通、交易的雙子上升將相當符合。

組合上升點在巨蟹

巨蟹上升的這個組合，給別人的感覺可能是很柔和、感性的，但保護性也較強，可能需要較長時間，才能夠打開防衛網去跟別人打交道。

這兩個人／團隊的待人處事態度，會以感覺出發，看看感覺對不對，而自我防

衛亦較強，不會很快或很輕易就跟別人熟絡。

在這段關係中，大家在情感上會較爲敏感，但亦有較強的情感連繫。彼此會互相照顧、滋養，亦容易跟對方建立熟悉感，就算是新相識，也可能有一種一見如故的感覺，又或覺得對方就像家人一樣的親切。

組合上升點在獅子

獅子上升的組合，一走出來就很引人注意，大家的目光都會放在他們身上，而且能夠給人一種較爲高貴、有氣派的感覺。在待人處事方面，總是希望可以表現自己，並獲得別人的認同，而且亦會扮演領導角色，希望別人可以跟隨自己。

兩個人在一起，會較爲注重玩樂，一起時也容易帶來好玩、有樂趣的事，亦可以激發彼此的創意。不過在這段關係中，大家也會較注重自我，如果這是一段合作或情感關係，那麼過度的自我，在相處上可能會遇上挑戰。反過來，如果這是一隊創意或演藝組合，則容易發揮創意和表演欲，在一起可幫助大家去發光發熱。

組合上升點在處女

處女座的上升，這兩個人／組合給人的印象，可能是較爲低調、實際、實事求是的。

當兩個人在一起，在待人處事方面，會傾向於分析、仔細的看事情，也會樂於爲別人服務，而且會保持謙虛，以工作爲上。

大家在相處上亦會爲對方服務和付出，注意日常生活的一些瑣碎事宜。如果彼此之間是情侶的關係，則會較注重一些實際的事情，至於感情的部分，要看組合盤當中其他的位置來定奪。

如果是工作夥伴的關係，處女座上升頗能配合，因大家都會以工作爲重，亦會

努力的做到完美。

組合上升點在天秤

　　給合盤本身就是跟關係有關，而天秤座本身亦是代表著關係，所以天秤上升，代表這兩個人／團隊，會給人一種「好伴侶」、「好夥伴」的感覺，形象看起來優雅漂亮。

　　在待人處事態度上，會講究公平、公正，凡事會衡量，以求獲取平衡。同時亦頗懂得跟別人打交道，注重跟其他人的關係。

　　二人在相處上，會保持一種平等的關係，你付出了什麼，我也付出同樣的東西。會樂於一起行動，重視彼此的溝通，亦會懂得從對方的立場去看事情，做決定也會有商有量。

組合上升點在天蠍

　　天蠍上升的組合，給人的感覺總是帶點神祕感，不易讓人看透這段關係，同時，這兩個人／團體，也會對外界有所防衛，不會輕易將自己的事情讓人知道，會比較注重隱私，感覺上較為低調。

　　在待人處事上渴望掌握到權力，對別人或遭遇的事情，希望可以操控，但同時也有轉化他人的力量。例如若這是一個治療的團隊，則天蠍座的能量會更為配合。

　　而彼此在這段關係當中，會有較深的情感連結，投放強烈的感情，而大家通過這段關係，有可能一起經歷一些危機，但同時亦可因此獲得轉化。

組合上升點在射手

　　射手上升的組合，會給人樂觀、開朗的感覺，在別人眼中，會是熱情好動的，

326 高階占星技巧：中點技巧、組合盤、移民占星學

但同時亦會有一種知性、喜歡學習的印象。

在待人處事方面，看事情會看得較為長遠，想法也較為廣闊，可能會較為粗枝大葉，但也是慷慨、不斤斤計較的。

就算各自的性格是較為嚴謹、悲觀，但在一起時，就仿佛能夠讓彼此更為開心愉快，看事情也傾向從樂觀的一面去看。而且透過這段關係，大家可以互相學習、一起去探索人生，一起去冒險、旅行，並因此而共同成長。

組合上升點在摩羯

摩羯座的上升，容易給人一種嚴肅、正經的印象，但同時也可以讓人感覺專業、成熟。

大家在一起時，在待人處事方面會變得較為小心謹慎，亦相當的勤奮，做事有架構，總之就是要把事情做好，相當的可靠。

彼此在這段關係中，重視責任、承諾，並能夠發展成長久穩定的關係。不過在情感方面，會較為冷漠和疏離，重點倒會放在一些世俗的目標上。而且大家都較為自給自足，不會依賴對方。

如果這是工作上的關係，大家都可以一起努力，為了得到成就而拚搏。

組合上升點在水瓶

上升星座在水瓶座，這兩個人／團隊給人的印象會相當的突出、與眾不同，在別人的眼中，更可能感到有點奇怪。

這兩個人／團隊，在待人處事上相當的冷淡、理智、客觀，感覺上可能會較為冷漠。而做事方式亦會與眾不同，很有自己的風格。同時亦希望做一些特別的事，不喜歡跟一般人一樣。

當大家在一起，可能會激發彼此一些獨特的想法和創意，相處上亦注重溝通、思想上的交流，亦會有一些共同的理念。大家亦注重個人空間和自由，彼此會尊重對方做為一個獨立的個體，不會常常黏在一起。

組合上升點在雙魚

雙魚座的上升，這個組合給人的印象會是較為柔情、纖細，而大家在一起後，似乎會變得較為敏感，在待人處事、面向外界的時候，會傾向於去感受，以感覺去判斷，所以難免會讓人覺得陰晴不定，難以捉摸。

就算各自是一個很理智的人，但成為一個組合後，就會將感性、情緒的部分引發出來，注重感覺，在相處上也會講究心靈上的默契和交流。

在這段關係中，彼此之間的界線會較為模糊，不分你我，容易跟對方融合在一起，所以亦有助雙方去建立同理心，學習去關愛對方，甚至不介意為對方犧牲付出。

組合太陽＊十二星座

組合太陽在牡羊

組合盤中的太陽，代表兩個人或一群人在一起後，整個團隊的核心走向，亦是大家在一起時可以發光發熱的地方。

太陽在牡羊座，大家在一起時充滿了衝勁、活力，很有拚勁，而且凡事也要比別人走快一步，希望可以領先，當個先峰。

同時，競爭、取勝的心，也是這個組合的一個重點。無論是對於他人，還是組合成員之間，都帶有競爭性，希望自己比對方或別人好。如果是一隊銷售隊伍，可

以說大家都會勇於去衝業績。但如果彼此是情感的關係，則要注意大家都會傾向獨立，而要學習在關係當中如何連繫和相處。

組合太陽在金牛

太陽在金牛座，代表二人或這個團體的本質，都會是較為穩定，希望一切都是原來的樣子，最好不要有什麼變化，大家都會努力去維繫，希望建立長久、忠誠的關係。亦會追求物質上的安定，例如大家會一起努力去賺錢／存錢，滿足物質上的欲望。

如果這是情感、伴侶上的組合，彼此間的身體接觸、感官上的享受，都會較為重要。如果這是事業上的夥伴，則大家都會踏實的工作，為賺錢而努力。

因為金牛喜歡安穩，所以如果關係出現什麼變化，大家未必那麼容易適應、面對。要看組合盤內其他行星，有沒有一些變動型的星座去平衡。

組合太陽在雙子

太陽在雙子座，代表這段關係的本質是溝通性較強，大家注重思想上的交流、是否有共同的話題，跟對方能否好好的聊天，這些都會是關係的重點。

雙子座是變動型的星座，所以這段關係的變動性會較強，不會十年如一日，同時亦需要有新鮮感的注入，例如大家可互相學習或交流一些想法學識，多去發掘不同的話題，以保持這段關係的生命力，才不會讓關係變成一池死水。

如果這是一隊銷售組合，那麼雙子太陽特別配合這些憑口才或跟貿易有關的工作。

組合太陽在巨蟹

這個組合的本質會以情感為主導，彼此都會重視在一起的感覺，特別的念舊，所以也會不斷累積感情。當大家建立了熟悉感時，就會想一直黏在一起，如果遇上什麼變化或分離的事件，會較難以接受、適應。

大家在一起會互相保護、照顧，目標會是希望建立一個安穩的家，所以如果是情侶的組合，則大家在情感上會比較依賴對方，亦會以結婚生子成家為目標。

如果這是事業上夥伴，也會較重視感情，不會只注重利益上的東西。

無論是何種關係，大家在一起時都需要較長時間去培養熟悉感及安全感，才能建立對對方的信任。

組合太陽在獅子

太陽在獅子座的組合，看起來就像那些明星夫婦、明星組合的感覺，就算他們各自可能是低調的人，但在一起，似乎就會變得耀眼奪目，能夠引起別人的注意，而且是一個很有創意的組合，玩樂性較強。

這個組合的目標，反而會把焦點放在展現自我上，透過這段關係，讓大家都發光發熱，去表現出自己的獨特之處。

獅子座也跟娛樂、創意有關，所以如果是演藝圈的組合，會更容易去展現自我，或在表演上更引人注意。如果是事業上的夥伴，亦有利於大家一起去領導他人做事。

組合太陽在處女

太陽在處女座，這個組合的重點會在意為對方付出、服務，而且大家在一起會

330 高階占星技巧：中點技巧、組合盤、移民占星學

變得更爲實際、仔細，亦希望可以將這段關係打造得完美。

這個組合會相當重視日常生活上的細節，又或工作上的規律，大家都會爲這方面而付出。

有些情侶在一起後，可能很重視浪漫的感覺，但太陽在處女座的話，則大家會比較注重生活中實際的事情，並非談情就可以。而做爲土象星座，處女座也代表大家都會追求踏實安穩的關係。

如果這是事業上的夥伴，則大家也會爲工作的成績默默耕耘，踏實工作。

組合太陽在天秤

天秤座本身就是代表「關係」、「合作」，所以如果太陽在天秤，代表大家都會很重視「關係」這回事，目標是去建立一段和諧、平衡、對等的關係，大家平起平坐，互相付出、妥協。

太陽在天秤，大家在一起不會只考慮到自己，還會從對方的立場去想，找出共識。

兩個人在一起，會變得更注重漂亮、美感、藝術的東西，以及公平公義的事情。

如果是工作上的夥伴，合作起來也會更爲和諧，所以組合太陽位於天秤頗爲適合團隊工作。

組合太陽在天蠍

太陽在天蠍，大家會有一種很深的情感連結存在，會相當投入在這段關係中，在一起就不想分開，占有欲也會較強。這段關係可能也會牽起彼此的恐懼情緒，或內心陰影的部分，特別是害怕會被對方遺棄，總是想抓得很緊。

　　而大家也可以透過這段關係，去發掘更深層的自我，或許會經歷一些危機，並從中得到轉化。

　　天蠍座也跟共享財務、資源有關，所以如果是一些生意上或財務上的夥伴，太陽天蠍也頗配合這種能量。

組合太陽在射手

　　太陽在射手，這個組合的本質是充滿了活力，總是不停的去探索，例如去旅行、一起去學習、發掘新的學問，總之這個世界就是一個充滿趣味的地方。當大家在一起，會變得樂觀、愉快，仿佛見到對方、跟對方一起，就會特別高興似的，同時亦很注重彼此的空間和自由，不會互相束縛。

　　這個組合的其中一個焦點，就是大家會很注重知性上的交流，談論一些人生道理、智慧，又或一起去研究一些學問，所以如果是教育界或研究院的團隊，會特別能夠發揮射手的特性。

組合太陽在摩羯

　　太陽在摩羯，這個組合的本質，可能會是較為嚴肅、踏實，對於這段關係會相當小心翼翼的去經營，追求的是安穩、承諾，一段長久的關係，而不是短暫的浪漫。

　　所以就算看起來沒有激情，但大家所追求的是細水長流的關係，而大家也會重視責任，願意為對方承擔。

　　對於世俗的成就，也是這個組合的追求目標，大家會頗注重在社會上的地位、名聲，也會一起向著事業的目標進發。所以如果是事業上的夥伴，又或一家公司的組合盤，那太陽摩羯更代表大家會為了建立事業成就而更加努力。

組合太陽在水瓶

水瓶座代表了理智、新奇、創新的東西。組合盤的太陽位於水瓶座，當這兩個人／團隊在一起，大家都會注重自由和空間，並會尊重對方是獨立的個體。就算各自是較爲踏實的人，但在一起，太陽位於水瓶時，性質上就會變得喜歡追尋新奇創新的東西，渴望爲自己、爲對方帶來驚喜。

這個組合的本質會很重視理性的溝通，情感上的交流會較爲冷漠疏離。所以如果是情感的組合，要看看組合盤上，有沒有一些強調感覺的行星位置。如果只是工作、生意的夥伴，則水瓶座的理智、重視團體的性質，則有助大家的創意發揮，以及整個團體的合作。

組合太陽在雙魚

太陽在雙魚座，當這兩個人／團隊在一起，會變得較爲感性、敏感，情緒會較容易流露出來。而且大家碰在一起，似乎彼此之間的界線都融掉了，有點不分你我的感覺。

這個組合也容易建立一種同理心，願意了解對方、爲對方付出，甚至犧牲。

而透過這段關係，大家可能會去追求更高的理想，並學習一些關於心靈、靈性上的事情。

另一個角度看，也要注意在這段關係中，大家會較容易忘記、失去自我，又或過度依附對方。

組合月亮＊十二星座

組合月亮在牡羊

月亮代表這個組合的情緒、感覺、以及一些本能反應、需要。月亮在牡羊的組合，會較為熱情衝動，比較孩子氣和直率，需要証明自己比對方或別人優越，所以彼此之間可能會存在著一些競爭，又或對其他人時總是想取勝、走快一步，才能獲取滿足感。在日常生活中，大家可從事一些競賽式的活動，或一起做運動，都有助於發揮月亮牡羊的衝勁和好勝心態。

另外要注意的是，月亮牡羊也代表了一些憤怒的情緒，大家碰上也就容易觸發憤怒，或許需要從中找出背後的原因，而不只是向對方發脾氣。

組合月亮在金牛

月亮在金牛座，這個組合在情緒上是會比較安定、安穩的，起伏不會太大。在情感上，也會傾向建立長久、忠誠的關係，太多的變化反而會引起大家的不安。

這兩個人也需要建立物質、經濟上的安穩，才會有安全感，累積越多越感安心。

這個組合也相當重視日常生活中的享受，例如大家一起去吃美食，這些實際的東西反而是情感交流的重點。而金牛座也注重身體的接觸，如果是情侶的話，多擁抱或觸碰對方的身體、表達愛意，也是互相滋養的方法。

組合月亮在雙子

月亮在雙子，大家在一起，情緒方面會比較飄忽不定，心意也經常轉換，不過也因此可製造多些變化，才能保持大家需要的新鮮感。

月亮雙子需要的不是安穩，反而是新奇有趣的東西，特別是對話、討論，以及思想的交流，所以需要多發掘聊天的話題，才能滿足內心的需要。如果有一天大家都發覺無話可說，那就要注意關係上可能出現問題了。

要滋養這段關係，大家可以一起去學習新的知識、上一些課程之類，滿足了腦袋，就是滿足了大家的內心。

組合月亮在巨蟹

月亮在巨蟹座，大家在這段關係中，相當的感情豐富、內心也很敏感，情緒上的起伏也可能會較大。情感上大家都會有互相依附的感覺，會彼此照顧對方，滿足對方的需要，藉此讓感情更深、拉得更近。

月亮在巨蟹，保護性也比較強，可能大家初認識的時候，會需要多一些時間去放下防衛，慢慢建立感情。又或對於外界，大家也會努力去保護自己和這段關係。

彼此都渴望有一個安穩的家，這樣才有安全感。夫妻之間可能會很重視買房子的問題；若是事業上的合作夥伴，可能會需要建立一個安全互信的基礎，才能順利合作。

組合月亮在獅子

這兩個人／團隊在一起，感覺就像很好玩、很多樂趣似的，而且也充滿了熱情，相當的溫暖。

要在這段關係中獲得滿足，大家都要努力保持開心、娛樂的氣氛，而且獅子座也是較為自我，喜歡得到注意，所以雙方都需要獲得對方的重視和讚美，又或在一起時，要得到其他人的注目。所以想維繫這段關係，不要吝嗇對對方的讚美。

在日常生活中，大家可以多參與一些娛樂表演活動，又或為生活加多一點奢華

的味道，都有助滋養彼此。

組合月亮在處女

處女座月亮的情感相當細膩敏感，看起來好像沒有很大的起伏，但實際上就算很細微的事情，也可以觸動彼此的神經。

對於月亮處女座來說，感情這回事，需要審慎的分析和觀察才能夠去肯定，亦渴望這份感情純潔和完美，所以大家可能需要較長的時間去互相認識，直至彼此觀察分析足夠，才能肯定這段感情，或覺得有足夠的安全感。

在日常生活中，大家會比較注重一些生活上的細節、實際的事情，生活較有規律，還有很關心健康的事宜。

組合月亮在天秤

當組合的月亮位於天秤座，代表大家都很需要得到對方的滋養，有點害怕寂寞的感覺，所以總是希望對方可以陪伴自己，就算是工作團隊，也會很喜歡有人可以一起合作的感覺。

天秤座是風象星座，大家之間的情感連繫會比較注重思想交流和溝通，討論一些話題、各抒己見，會特別覺得舒服。

日常生活中，可以多接觸一些漂亮的東西，或把家布置得整齊美麗，都會讓大家感到滿足。

組合月亮在天蠍

月亮在天蠍座，大家會有很濃烈的情感，無論是開心不開心，都可以很激烈和極端。而且會有較強的占有欲和妒忌心，以及深層的恐懼和猜疑，總是害怕對方會

背叛和離棄自己，很容易就會抓著對方不放手，越把對方捉得緊，越感到安心。

不過，天蠍座的自我保護力很強，所以需要大家在一起較長的時間，建立了信任，才會真的投入感情，或把心打開。

在日常生活方面，大家都比較保護自己的隱私，可能會喜歡兩人靜靜地在一起，亦不會將私事輕易告訴他人。

組合月亮在射手

月亮在自由自在的射手，大家在一起，情緒上總是輕快、開心的，感覺上變得很樂觀。但同時，這段關係也需要很多的自由和空間，不能受到對方的管束，才能保持愉快和舒適。

大家有一顆冒險的心，喜歡去探索新的事物，學習新的東西，所以如果一起去旅行、學習、或討論不同的事物，都可以帶來滿足、愉快的感覺。

因為射手喜歡自由，所以這個組合，就算是夫妻、情侶關係，也未必太注重要建立家庭，除非大家感覺這個家不是一個束縛，否則反會讓雙方感到不安。

組合月亮在摩羯

月亮在摩羯，這段關係在情感方面似乎會較冷淡、疏離，沒有什麼激情，反而追求安穩，亦會努力去維持，希望可以長長久久。但也要注意可能會把情感過度的壓抑，總是不敢表達出來。

摩羯做事總是小心翼翼的，也很會權衡利害，所以月亮組合在摩羯，大家可能都會計算一下在這段關係中，到底對自己有什麼好處、有什麼損失，用理智實際的去衡量，不會感情用事。

月亮摩羯的事業心也很重，如果是事業夥伴的關係，大家都會很努力為著目標

去拚搏。如果是夫妻情侶關係，彼此也可能會較專注於事業，不會老是談情說愛。

組合月亮在水瓶

水瓶座理智又冷漠，組合盤的月亮位於水瓶，在這段關係中，大家感覺上會較為疏離、冷漠，就算有任何情緒，也會以理智分析，甚至不能接受太激動或親密溫馨的感覺。

大家在情感上的連繫和滋養，反而會放在聊天、討論上，只要可以有思想交流，甚至激發出一些創新的想法和念頭，都有助製造新鮮感，滿足雙方。

在日常生活中，最好讓大家多保留一點私人空間，有自己的獨立生活，會讓大家感到舒服一些。

組合月亮在雙魚

月亮在雙魚座的組合，情感上會相當的豐富、細膩又敏感，彼此的一句話或是一些舉動都可以觸動敏感的心。不過，情緒上也較為多變不定，起伏較大。

雙魚座相當有同理心，大家很容易會感受到對方的內心，彼此的感覺仿佛融而為一。也因為可以易地而處，並對對方做出包容及體諒，大家比較容易建立起默契，甚至有種心靈相通的感覺。

在日常生活中，可以憑著一些藝術、靈性的活動，去維繫感情，並滋養彼此的內心。

組合水星＊十二星座

組合水星在牡羊

水星代表我們的思想、溝通說話的方式和態度。水星在快速的牡羊座，這兩個人／團隊在一起時，說話思想也會變得迅速，可以很快做決定，而且想到就會立即行動。

不過牡羊座也代表衝動和競爭，所以也要注意大家在說話的時候，用詞可能會過度強硬，又或不經大腦就說出來，甚至帶有攻擊性，容易形成言語上的衝突。

而且大家在說話時也較為自我，總是想贏對方，所以要多注意彼此的溝通技巧，小心會因為這些問題而傷害這段關係。

組合水星在金牛

水星在金牛座的組合，思想和說話方式都較為謹慎、小心，可能要想得清清楚楚，把實際情況好好考慮後才會把話說出來，或做任何決定。所以如果是生意、事業上的合作夥伴，特別對於金錢財務上的決定和考慮，都會很懂得計算並小心翼翼。

水星在金牛，大家都會很重視說話的可信度和承諾，不會隨便答應對方什麼，所以雖然有時做一個決定、或表達自己的想法時需要較長的時間（相對於快速的牡羊或輕巧的雙子），但會很守信用、亦很可靠。

組合水星在雙子

水星在雙子，就是跑回自己的星座。雙子座是一個很重視說話和溝通的星座，也有很多想法，大家在一起仿佛有說不完的話題，天南地北什麼都可以聊。不過雙

子座是比較輕巧靈活的，所以對於一個話題不會說得太認眞和深入，輕鬆聊天輕而易舉，但說到做出承諾，或仔細做一個決定時，可能會失去耐性，或者說了出來，轉頭又有另一種想法了。

如果這是一個銷售隊伍，那麼代表說話、交易、機巧的雙子，會相當適合銷售的工作。

組合水星在巨蟹

巨蟹座是水象星座，重視感覺、情緒、感情，當水星位於巨蟹，這個組合在思想溝通方面，會有較多的情感交流，容易把自己內心的感覺說出來。但同時說話、想法，也會受到情緒的影響，對於一件事情的看法，不是用理智的角度去分析，而是感覺對了就可以了。

大家在溝通說話的時候，也會有較強的保護性，就是如果跟對方還不是太熟悉、沒有足夠的安全感時，未必會輕易透露自己的想法。直至有一定的安全感，才會把內心的感覺流露出來。

組合水星在獅子

獅子座熱情又充滿創意，當組合盤的水星座落獅子座，代表大家在一起時，很容易互相激發創意，又或總是可以想出一些特別、新鮮的想法，所以這個位置也很適合一些創意團隊。

大家在說話交流時，總是帶著開朗熱情的氣氛，不過獅子座也是較爲自我的，大家在說話時，總是會以自己爲出發點，如果在一段關係中，每個人都只是考慮到自己，而忽略了對方，那自然容易阻礙到溝通。所以水星在獅子座的組合，也要多留意這方面的問題，別忘了有時也要想想對方立場。

組合水星在處女

處女座重視細節，分析能力強，所以當水星位於處女座時，彼此之間的溝通、想法，都會較為理智、講邏輯，會一起分析事情，看事情也會相當仔細。

彼此之間的話題，都會傾向一些日常生活，又或比較實際的東西，未必會常常談情說愛，但聊一下生活瑣事，或許就是大家相處的方式。

另外，也要注意在溝通說話時，可能總是會從一個批評、挑剔的角度出發，小心因此而說了一些令對方不高興的話。

組合水星在天秤

天秤座是風象星座，所以十分注重溝通，水星在天秤的組合，會喜歡有對方做伴而聊天、或討論一些話題。雖然大家說起話來有時像在辯論，但天秤座溝通的方式，就是喜歡從不同的角度出發，去分析、衡量，透過這樣的溝通，以維繫這段關係。

而且雙方總是可以站在對方的立場去看事情，不會只想到自己，所以凡事都可以有商有量，不會強硬將自己的想法加諸到對方身上。而這種態度，對於一段關係來說，有助彼此的溝通，也有助這段關係變得更和諧。

組合水星在天蠍

當這兩個人／團隊在一起，看事情總是可以更深入，仿佛能夠看穿表面，而看到一件事或一個人的內在部分，直覺力也比較強。

彼此之間的說話溝通，都會相當深入，例如討論到某一件事情，不會只在表面風花說月，而是尋根究柢、探求真相。

天蠍座也是一個情感強烈的星座，水星在此，溝通方式可能會帶著強烈的感情，也可以透過多溝通，將內心深處的感覺表達出來，增加彼此的情感連繫。

而且，當大家在一起後，也可能因爲彼此之間的相處，而讓大家在思想上有一些改變和轉化，看事情的角度也會變得不一樣。

組合水星在射手

水星在射手座的組合，大家在一起時，看事情的角度好像都會變得更樂觀，有更多正面的想法。

彼此之間的對話、談論的話題，範圍都可以更拓展，通過這種交流，可以帶給雙方更高遠的目標，眼光也會更擴大，在智慧上能有所增長。而大家感到有興趣的東西，都會跟人生、宗教、信仰、外地等有關。

水星射手座的說話方式相當直率，有什麼會直接說出來，所以彼此的溝通會是很坦誠、眞實的，但也要小心有時會過度的輕率直接，而不自覺的惹對方不高興。

組合水星在摩羯

水星在摩羯座，大家的溝通和想法都會很嚴謹、實際，凡事習慣謹愼思考、審視一番，說話也會小心翼翼，以免犯錯。看事情的角度，也較爲實際或計算利害得失，實事求是，注重結果和成效。如果這是一段情感關係，可能會少了一些甜言蜜語。但對於工作夥伴來說，這卻有助於把工作做好。

另外，水星摩羯對於自己的想法也會較爲壓抑，除非是想得很清楚，否則不會輕易的把話說出來。但同時也很注重承諾、以及說話的可靠性。

組合水星在水瓶

　　兩個人／團隊在一起，而水星落在水瓶座上，可說是一個非常有創意的組合，可以互相激發彼此天馬行空的想法，別人甚至可能覺得這組人的想法很奇特，跟主流很不同。

　　水星水瓶的想法會是突破傳統、較爲前衛的，甚至水瓶座代表了未來，所以大家看事情也會很有遠見，不會單單考量當下的情況而已。

　　溝通上頗爲理智，凡事有根有據，以事實和邏輯出發。但如果要用言語來表達感受，對水星水瓶來說可能不太容易。

組合水星在雙魚

　　水星在雙魚座，可能大家會比較注重心靈上的溝通，有時不一定會把話說出來，一些非言語性的溝通，例如從彼此之間的眼神、神態、動靜，可以感覺到對方的想法。

　　雙魚座是沒有界線的，所以大家在思想上很容易融爲一體，心領神會的明白對方的想法，有助彼此建立默契。不過也要注意，大家之間的溝通可能不清不楚，說話含糊，容易引起誤會。所以要多加留意這個問題，以免造成誤解。

　　而大家感興趣的話題，會跟藝術、靈性的東西有關，多做這方面的探討，也有助加強彼此的溝通。

組合金星＊十二星座

組合金星在牡羊

　　金星是欲望、想得到的東西，無論那是金錢、物質，甚至是「對方」。而位於牡羊座的金星，代表這個組合的人，想要一樣東西時就要立即得到，不能夠等待。在享受方面，如果要吃一頓大餐，這個組合並不是那種坐下來慢慢享受的模式，而是只要快就可以了，想要而立即得到，是最大的「享受」。

　　金星也代表金錢態度，而對於這個組合來說，金錢是一樣需要去競爭、努力去拚搏而得來的東西，或許彼此之間在金錢上會有一種競爭，但也可說大家在一起賺錢的動力也很強。而同樣地，花錢的時候，也容易變得衝動。

　　大家對外的人際關係，會是充滿了熱情和主動性，但也會喜歡跟別人競爭，總是想證明自己比別人更棒。

組合金星在金牛

　　金星在金牛，對金錢和物質都相當重視，總是覺得累積得越多，安全感越大，所以這個組合對於金錢會看得較重，理財方面也會很謹慎。

　　而金牛座也很注重享受，所以無論多努力的累積金錢，還是會懂得花在一些生活享受上，特別是感官性強的，例如去吃美食、買漂亮的東西、做個水療之類。

　　至於對關係的看法，彼此都會追求安穩和長久的關係，並且重視承諾，所以也會努力去維繫這段關係，亦希望不要有什麼改變。

組合金星在雙子

　　金星雙子的價值觀會比較注重通訊、溝通、學習、知識的吸取，所以大家會認

為值得花錢買的東西，可能是一些跟通訊有關的物品，如電話、電腦之類，又或一起去上課進修等。雙子對於金錢並不如金牛那樣抓得緊緊的，會抱著一個較為輕鬆隨意的態度。

對於關係的看法，會比較在意彼此是否能夠做思想上的交流、溝通方面是否愉快，有沒有東西可以聊，如果彼此之間都有一些共同有趣的話題，或能夠多做溝通，都有助強化這段關係。

組合金星在巨蟹

金星在巨蟹座，對於金錢會看得比較緊張，較為省儉，因為巨蟹座需要很多的安全感，而金錢、物質，會是當中一個重要的來源。而所花的錢，可能都會放在家庭上，家人也會成為了這個組合賺錢的推動力。

對於關係、愛情的態度，金星巨蟹的組合，會有很豐富的感情，關係建立得越長久，感覺就越安心，而且也會對彼此一路走來的日子特別珍惜，不會輕易忘記。而如果這是情侶關係，大家都會認為談戀愛就是要結婚、建立家庭，是一種較為傳統的愛情觀。

組合金星在獅子

金星在獅子座，對於金錢，大家都相當的慷慨豪氣，會願意花錢在一些較為奢華的物品和享受上，對於其他人，在金錢上也不會怎麼計較，總是覺得在金錢上慷慨，會讓自己看起來很有面子。

對於關係的看法，總是帶著一種虛榮炫耀的心態，希望自己這段關係可以引起別人的注意，希望讓他人羨慕，就像明星一樣。

不過要注意的是，在這段關係中大家可能都比較自我，都希望對方或其他人遷就自己、聽自己的說話，所以需要留意別太過自我中心，容易影響關係。

組合金星在處女

處女座對於金錢相當懂得計算分析，所以就算兩個人各自很會花錢，但當兩人在一起，組合盤中的金星位於處女座時，都會變得較為精打細算，對於金錢也會謹慎起來，而且都會花在一些實際有用的東西上。

而對於關係的態度和看法，處女座其實很樂於為人服務，所以大家都會願意為對方及他人付出。而在關係上，也會以理智分析形況，若發現有什麼問題，會實事求是的討論分析，但自然也不會太浪漫或講究感覺了。

不過，大家對於「愛情」、「關係」，都會有一個很高的標準，希望可以符合自己心目中理想的完美境界，但這樣很容易給自己及對方太大的壓力，或因為總是不能達到完美而對關係感到失望。

組合金星在天秤

金星回到自身守護的天秤座，自然感到舒服並容易發揮。天秤座喜歡一切漂亮的東西，所以這兩個人／團隊，都會願意花錢在衣飾打扮、生活的享受上，而且覺得這樣會是大家在一起時的美麗時光。

金星在天秤座的組合，都會努力去保持和諧，盡量避免衝突，也會在意彼此之間是否對等、公平，不會讓其中一方特別強勢。所以就算不是情侶組合，而是工作上的夥伴，彼此的合作性也會很強，懂得互相尊重。

而這個組合也很懂得跟其他人打好關係，亦熱衷於一起參加不同的聚會、社交活動等等。

組合金星在天蠍

當兩個人／團隊在一起，大家對於金錢可能會相當的重視，天蠍座喜歡占有的

感覺，這樣才會覺得自己很有掌控感和權力。這個組合或許會視金錢和物質為權力的象徵，會很努力的賺取金錢。

在關係方面，天蠍座會非常的投入，感情很強烈，但亦容易產生一種疑慮，總是害怕對方會背叛自己，所以有時會捉得很緊，沒法放鬆。

天蠍座也跟危機有關，所以這個組合可能會經歷財務或情感上的危機，從而讓這段關係成長、轉化，變得更為成熟。

組合金星在射手

金錢對這兩個人／團隊來說，就是要慷慨地花出去的東西，總是樂觀地以為錢會自動進來，不必費心。但也要小心因為這種心態，花錢毫無節制，或過度浪費。

對於關係的看法，大家會覺得開心就足夠，而且最好能給予彼此自由，不必互相約束，所以未必會太重視婚姻或承諾，有時能夠保持一定的距離，反而才能讓雙方感到舒服自在。

在平日的相處中，如果能夠一起去旅行，或一起探索一些學問知識、人生哲理，都是一種享受，有助維繫關係。

組合金星在摩羯

金星在摩羯座的組合，會相當重視事業成就、社會地位這些東西，就算是情侶關係，一起時也可能會在意彼此的事業發展，多於沉醉在浪漫、情愛當中。而對於內心的情感、對對方的愛慕之情，也傾向壓抑，不會輕易表達。

對於關係、愛情的看法，大家也會是較為傳統的，而且很重視大家在一起是否會受到他人的認同，又或被社會接受。

對於金錢的態度，摩羯座是很保守和嚴謹的，只會花在有用或實際的東西上，

反正對生活上的享受要求也不高。所以如果大家是財務、事業上的組合，金星摩羯的謹慎和實際將有助於理財。

組合金星在水瓶

水瓶座的關係會是較為冷淡、疏離的，彼此之間最好不要太親密，各自保留一些私人空間。而且對於關係、愛情的看法，都會相當的理智，合則來不合則去，不必有情感的牽絆。而且大家也能接受一些非傳統的關係，就算跟主流社會的期望不一樣，也會我行我素，不理會他人的眼光。而在這段關係中，大家都會重視思想上的交流，喜歡理性的討論。

至於跟其他人的關係，會相當友善，重視朋友，但同時也會保持一些空間和距離。

對金錢態度，會理智客觀的處理，對於物質或享受的東西，不會太過重視。

組合金星在雙魚

金星在雙魚的組合，大家對於愛情、關係的看法，充滿了理想化的期望和想像，最好就像童話故事中的情節一樣甜蜜浪漫。而大家在一起，就是不分你我、合而為一，事事為對方著想，為大家犧牲和付出，充滿了豐富的情感。

在金錢態度方面，大家都不會太計較，甚至對於金錢的概念會較為模糊，錢花在哪裡都不清楚。反而大家更注重靈性、內心的東西，一起的時候做些浪漫的事情，談談情，就已經很享受、很有感覺，不必計算金錢物質的多少。

組合火星＊十二星座

組合火星在牡羊

火星代表了這個組合的行動力和熱情，火星在牡羊，可說這個組合充滿了活力衝勁，想到什麼都會立即去做，行動力超強。

如果這是情侶的組合，那麼彼此之間會有強烈的激情及性的能量。一起時，可以多安排一些戶外、體力的活動，例如多去做運動，有助發揮火星的能量。

這個組合會帶著較強的競爭性，可能會視對方為對手，總是想贏對方，又或一起時總是想戰勝他人，以顯示自己的優秀。

組合火星在金牛

火星在金牛的組合，無論做什麼行動，總是小心翼翼、非常謹慎，會想清楚才去做，而且一旦行動就會堅持到底，就算遇到困難也不會輕易放棄，相當有毅力。

火星亦關乎一些生存的議題，為了什麼而拚搏？火星在金牛，會努力的賺錢存錢，認為要有一定程度的物質和金錢，才能安心的生活下去。

而兩人之間會產生衝突或爭執的地方，往往是為了金錢或價值觀的問題，而吵起來就相當堅持己見，不會輕易讓步。

組合火星在雙子

火星在雙子座，這個組合的行動力往往會放在學習、爭取知識、溝通上，可能總是很有拚勁的去學習不同的東西，很多事要去思考、很多話想說。但同時彼此間也容易在說話上有所衝突，發生爭執吵吵鬧鬧的。另外，亦要小心說話上帶有攻擊性，傷害到對方或他人。

做事方面，相當有彈性和適應力，能夠按不同情況而做出配合，但耐性較低，有時未必有耐性去完成一件事，甚至半途而廢。亦可能在同一時間，把精力投放在不同的地方，想做的事太多，也因此集中力太過分散，未能專心做好一件事。

組合火星在巨蟹

火星在巨蟹座，這個組合的自我保護性較強，尤其對於內心的感覺、私人的事情，都會盡力保護，不喜歡受到他人的干擾，最好讓他們自己處理就好了。

如果兩人是情侶、夫妻或家人的組合，火星在巨蟹，也代表大家會很努力去保護這個一起建立的家，如果有人對這個家產生任何侵擾或攻擊，可能會引起火星巨蟹的極大反擊。

這個組合在情緒方面會較為敏感和強烈，亦容易引起一些憤怒的情緒，而在行動方面，往往會受到情緒的控制。

組合火星在獅子

火星在獅子座，大家在一起會相當熱情、盡情玩樂、盡情享受、找樂趣。但這種激烈的能量，同時也可以變成衝突和暴躁的脾氣，較容易動怒，甚至會表現得很戲劇化。特別是火星在獅子，自尊心較強，總是渴望自己可以拿主意，並希望他人聽自己的話。而當自尊心受到攻擊或傷害，又或有些事沒法按自己的想法而為時，就會特別容易動怒。

在行動力方面，獅子座不但充滿幹勁，同時也是固定星座，所以一旦要做某些事，就可以持續下去，不會輕易放棄。

組合火星在處女

火星的熱情和動力，落在處女座身上會變成仔細小心的行動，而不是熱辣辣的

拚勁。火星在處女座，行動上會相當的仔細，會先分析、計算清楚，然後再去做，而所做的事都會做出實際的考慮，不會一時衝動而去做，亦會樂於為他人服務。

而火星也代表彼此的競爭、會發生衝突的地方，這個組合容易為了一些細微、日常生活的事而有所衝突，不過發脾氣不是大吵大鬧的模式，而是比較毛躁、碎碎唸之類。

如果這是一個工作的團隊，火星處女座有助於落實工作，亦會努力把工作做好，務求達到完美。

組合火星在天秤

火星來到天秤座，再衝動火爆，也會受到講究和諧優雅的天秤影響，少了一股蠻勁，倒是在行動處事方面，多了一份禮儀和風度。

由於這是組合盤，涉及兩個人或一群人，所以大家在行動之前，總是有商有量，先衡量利弊得失才會下決定，但也容易有猶豫不決的毛病，思慮過多而未能決斷地行事。

至於大家可能會發生衝突的地方，往往會是為了公平、公義的事，但天秤座式的衝突，都是口頭上的辯論，不會有什麼粗暴的行為。

如果這是性愛關係，在性方面會比較注重享受、愉悅的氣氛，會視之為浪漫的事。

組合火星在天蠍

火星本來就是天蠍座的守護星之一，所以當火星位於天蠍座，火星的衝動、爆炸力會得到強大的發揮，特別是添加了天蠍座的深度和徹底。所以，這個組合做事的方式會是用盡全力，而且非要達到目標不可，無論遇上什麼困難，也會有強勁的

意志去衝破，而且一做就會做得很徹底，不會虎頭蛇尾。

火星天蠍有這樣強的行動力和爆炸力，相對來說，憤怒的情緒也會很強，這個組合的成員之間，可能會存在一些激烈的情緒，還有占有欲、妒忌心，這些都很容易被激發出來，並形成大家的衝突。但同時也有非常強烈的激情，彼此會緊緊的抓著對方不放。而如果大家是情侶關係，性愛會非常重要，其中代表了彼此的激情和占有欲，會通過炙熱的性愛來表達。

組合火星在射手

當組合盤的火星位於射手座，兩個人在一起充滿了活力，很有動力的到處去探索，學習不同的東西、去體驗人生。而這個組合也可以是很有衝勁的旅遊夥伴，充滿了冒險精神一同探索世界。

在行動做事方面，這個組合的確很有熱誠和幹勁，但因為射手座是變動星座，堅毅力不足，不容易持久地把事情做到底。不過適應能力強，所以遇上任何的變化，總是可以調節而有彈性的處理。

另外，火星射手座做事，總會從一個宏觀的角度去看，或許會忽略細節，但反而適合做大型的規劃和行動。

組合火星在摩羯

火星在摩羯的組合，你會發覺當大家在一起時，做事會變得更有規劃、更小心謹慎，而且一早就會安排好，看看如何把事情妥當的完成，亦會相當實際，不會做虛無飄渺的空想。若真心要完成一件事，會很有耐性，吃得了苦，不怕艱辛。

彼此之間的力量和幹勁通常會投放在事業上，如果是工作夥伴的組合，火星摩羯自然會得到恰當的發揮，但如果是情感關係的組合，則要注意會不會過度專注於事業，而忘記彼此的情感部分。當然，這要再參考組合盤中的其他配置。

組合火星在水瓶

水瓶座是一個很理智的星座，代表行動力和衝勁的火星落入水瓶座，自然會變得冷靜理性，行動和做事都會先做理性的考慮，不會衝動行事，就算感覺很憤怒，也會以理智去控制怒氣。所以這兩人／團隊，就算有什麼衝突、氣憤的地方，也會冷靜的思考，不會輕易動手動腳。

水瓶座也是一個愛新鮮、創新的星座，所以這個組合在行動上，可能會做出一些反傳統的事，讓人出乎意料之外，甚至讓人覺得很反叛。

組合火星在雙魚

當熱情的火星遇上如在大海中的雙魚時，就像一團火被淹熄一般，兩個人在一起，行動力仿佛減弱了，做事也缺乏焦點，要做的事看來欠缺規劃。

不過，每個星座總有不同的面貌，也具備不同的優點。例如火星在雙魚座，力量可以投放在藝術創作、靈性成長方面，又或行動時，可按直覺、感覺而為，不一定要設定什麼限制界線。

至於當大家發生衝突或憤怒時，當中會混雜了很多複雜的情緒，也會引出一些受害的感覺。所以這個組合倒是需要多注意相處時的憤怒情緒，因為雙方都較為敏感、脆弱。

組合木星＊十二星座

組合木星在牡羊

當兩個人／團隊在一起，透過彼此之間的相處互動，可讓大家都成長進步。而

木星在組合盤中，可以看出這個組合的成長方向和步伐。

木星在牡羊座，這個組合的成長速度相當快速，也容易發展出自信、對自己的肯定。總是認爲自己會比別人優越，也充滿了拚勁去擊敗他人。仿佛當大家在一起就能產生強大的動力，互相支持，一起成長發展。

大家在信念、信仰方面，會一起向著同一目標邁進，對於自己認爲對的東西，一定會努力維護和爭取，如果別人跟自己的信念不一樣，可能會因此而發生衝突。

組合木星在金牛

當這兩個人／團隊在一起，大家會慢慢的一起成長，並非一步登天，但可以打好基礎、逐步的發展，所以也給予彼此足夠的時間去互相認識、建立信心，或磨合彼此的信念。

至於大家的信念，會是一些比較實際的東西，要有實實在在的根據才會去相信。在信仰或道德觀念上，也傾向於比較傳統保守。

另外，大家認爲可以發展、甚至覺得幸運的地方，會是財富、金錢、物質方面，所以這個組合可以一起去累積財富、賺取金錢。也特別有利於事業、生意上的夥伴。

組合木星在雙子

這段關係的發展方向和模式，就如雙子一樣，多變、也是多向性的，大家在一起可以嘗試不同的東西，互相學習，爲關係灌注新鮮感和變化。不過，雙子座的最終目標也是豐富自己的腦袋，汲取不同的知識。所以這個組合可以有很多思想的交流，也可以天南地北無所不談，豐富彼此的知識，讓大家在學習當中成長。

至於在信念、道德觀方面，這個組合會抱著好奇、學習的態度，卻不會堅持哪

種觀念一定是對的，反而會就不同的觀點去討論。

組合木星在巨蟹

木星在巨蟹座，這個組合的成長方向，可能是建立一個安穩的家，就算大家不是夫妻或家庭的關係，巨蟹座也可代表一個安全感的根基或環境，所以這個團隊要有所成長，必須先建立一個讓大家都感到溫暖、如家一般的環境，彼此之間互相愛護、關心，培養出熟悉感，整個團隊才可以慢慢的得到發展。所以即使是事業上的團隊，除了在業績上拚搏外，也不能忽略組員之間的感情連繫。

而大家的信念、道德觀、信仰，也傾向於較為傳統，巨蟹座並不能接受太過新鮮前衛的想法。

組合木星在獅子

這個組合的發展成長方向，會是成為一隊發光發熱、讓大家都注意到的明星團隊，大家可以盡情展現自我，以自己獨特之處去建立整個團隊的特色。就算是夫妻情侶關係，也可以成為矚目、自信、耀眼的一對。

而這個組合要尋求成長，可以通過發揮創意，又或在跟玩樂、娛樂、表演相關的事項去發撅。

不過，這個組合也要注意，木星在獅子座，自信、自我的部分也可能無限的放大，有機會變得過度的高傲、自負，以為全世界只有自己最捧，所以要小心這方面的問題。

組合木星在處女

這個組合可以尋求成長的方向，會是在日常生活和工作方面，學習為對方或其他人付出和服務，或把手頭上的工作做得妥當。通過為別人付出和工作上的磨練，

大家就會一起成長，以及發揮服務他人的精神。

對於人生、道德的看法，會是比較執著、也抓得很緊，甚至可能會有道德上潔癖，有很多原則，黑白分明，對錯也要分辨得清清楚楚。

不過，處女座的過度注重細節、挑剔，木星的無限放大，這個組合很可能會把彼此的問題和瑕疵不斷放大，忘記欣賞對方的優點而影響彼此的關係，這點要特別注意。

組合木星在天秤

天秤座本身就代表了關係，所以在組合盤上，木星位於天秤座，大家可以透過這段關係學習互相合作、如何和諧地相處，有問題可互相妥協，或從彼此的立場看事情，這些都有助大家共同成長。

而大家在信念、道德觀上，會很重視一些公平、公正、公義的事情，而且也會喜歡討論一些跟人生、宗教、哲理相關的議題。而且大家也很重視和平，所以如有什麼問題，也會盡量以平和的方式去解決。

這對組合會很注重跟其他人的關係，所以一起時也會樂於參加不同的社交活動，從中得到樂趣並有所得益。

組合木星在天蠍

當大家在一起，會對於一些神祕學、心理學、生死相關的東西感興趣，並一起去探索，同時亦可透過這方面的認知、建立出來的智慧，特別是去發掘大家的陰影，以更了解自己和對方的內心，有助彼此的共同成長。

天蠍座也跟投資、分享資源、共同財產有關，所以這個組合也可以在相關的方面發展，亦可能在這方面比較幸運。

不過有一點要注意，就是小心對彼此的控制欲或有占有欲無限擴張、把對方緊緊抓著不放，而造成這段關係中的壓力。

組合木星在射手

木星在射手，就是回到自己的守護星座。這個組合感到最愉快、舒暢的地方，就是可以自由自在，無拘無束，大家給予對方空間和自由。

這個組合會樂於不斷去追求眞理和知識，可以一起去旅遊、不斷的學習、探索人生，交流想法，都會讓大家覺得這段關係特別有意義。

這段關係需要不斷的尋求成長，如果有什麼阻擋著、讓大家停滯不前，沒有東西可以繼續學習，就會覺得沒有意思了。

不過也要注意，小心變得過度樂觀，想事情想得太遠而忘記現實的狀況，變得不切實際。

組合木星在摩羯

這個組合要成長和發展方向，會是建立世俗的成就、在社會上的地位、在事業上做出一番成績，並希望受到其他人的認同。

不過，這個發展步伐會較爲緩慢，因爲摩羯座總是小心翼翼、加諸各種限制，而且會相當謹愼，看清楚實際的情況後，才一步步的向前行。雖然緩慢，但因爲小心、有耐性，又能夠堅持，所以反而能夠建立好足夠的基礎。

至於在信念、道德觀方面，會是較爲傳統保守的，注重社會的階級、亦很尊重長輩的想法，而且對於自己的信念會相當的堅持，不會輕易轉變。

組合木星在水瓶

　　木星在水瓶座，大家在一起所追求的會是一段獨立、平等的關係，有足夠的空間，這段關係才能夠成長，否則只會讓大家感到窒息。

　　這個組合會一起去探索不同的理念，會有遠大的理想，尤其對於社會上的事、人道主義相關的議題特別關注。而對信念、道德觀、信仰方面較為開放，可以接受一些嶄新、非主流，以及反傳統的想法。

　　這個組合，在不斷成長的過程當中，可以互相支持，一直去發掘自己與眾不同的地方，敢於承認自己的獨特性並發揮出來，透過這段關係而展現獨一無二的自己。

組合木星在雙魚

　　木星在雙魚，也是回歸到自己守護的星座。這個組合會特別注重心靈上的成長、精神上的滿足，大家在一起，需要感到心靈上的豐盛，才會覺得這段關係有意義，而不是物質上的累積。所以，大家可以一起去學習一些跟靈性有關的東西，有助關係的發展。

　　而這個組合，會相當慷慨、極富慈悲心和同理心，很樂於幫助別人。所以也可以一起去做些慈善活動，發揮大愛的精神，為這段關係加添意義。

　　不過也要注意，精神境界當然重要，但小心變得過度的理想化，把一切想得太美好，而脫離了現實。

組合土星＊十二星座

組合土星在牡羊

土星在組合盤中，代表了這段關係中大家壓抑、限制或感到恐懼的部分。

土星在牡羊座，彼此之間就算有一股熱情也會壓抑下去，不會輕易表現出來。而且在行動力或決斷力方面，可能會過度小心，欠缺了一份衝勁，做起事來速度較慢。

不過反過來，這也代表行事會謹慎穩重，大家會逐步的達成目標，也會有一份堅毅的精神。

如果這是一個事業上的夥伴／團隊，當大家能夠集中精神去做一件事時，往往可以得到實際的成果，獲得一定的成就或地位。

組合土星在金牛

對於這個組合來說，最懼怕的可能就是沒有足夠的金錢、物質，而財務問題也可能是這個組合需要面對的一項挑戰。對於財務的處理會相當小心謹慎，不會胡亂花錢，也會很努力的去賺錢存錢。

另外，關於自我價值方面也會感到有所不足，總是怕自己在這段關係中不被重視，又或整段關係在他人眼中，其實沒什麼可取之處。

其實，這些都是來自於土星的考驗和限制，憑著金牛座努力的打造和建立，還是可以建立穩建的財務，以及慢慢發掘、認同自身之價值。

組合土星在雙子

　　土星在雙子座的組合，可能大家在溝通方面會有一些障礙，或許對於心裡的話，無法好好的表達出來，又或說話時總是詞不達意，容易引起誤會。就算自己是一個能言善道的人，不知為什麼走進這段關係中，就會發覺有話說不清似的。

　　受到限制的地方，往往就是需要努力的地方，所以大家需要加強彼此的溝通，凡事再三確認、講個清楚，又或要鼓起勇氣去表達自己。亦可嘗試不同的溝通模式，像電郵、寫便條之類，以輔助溝通。最後，反而會有機會建立扎實的溝通橋梁。

組合土星在巨蟹

　　土星在巨蟹座，雙方需要處理的會是情緒、內心部分的問題。大家可能會壓抑著內心的感覺，無論開心、不開心，有什麼不滿，又或對對方的關愛，都無法輕易表達出來，甚至兩個人在一起時不容易感覺到對方的關懷愛護。

　　也因為這種情感交流上的障礙，會容易讓雙方覺得缺乏安全感，總是不能肯定彼此之間的愛，不知對方是不是一個可以信任、或真的能夠照顧自己的人。

　　這個組合需要多花一些努力去打開自己的心房，將內心的感覺拿出來，讓對方感受到，然後才能慢慢建立出一定的情感基礎，讓這段關係繼續發展下去。

組合土星在獅子

　　獅子座跟戀愛、玩樂、享受有關，所以這個組合，特別是情侶關係的話，可能不容易感受到戀愛的樂趣，反而會視這份戀情為一種責任或壓力。但也可以說，因為這段戀情，而讓自己變得更為成熟懂事。

　　而獅子座也是跟自尊心、信心有關的，大家在一起，感受就像是少了一份自

信，雖然渴望受到對方或其他人的尊敬，但總是覺得欠缺了一點什麼似的。

不過，這些限制和壓力也會變成一種很好的磨練，因為自我感到不足，便可慢慢努力去做一些讓自己感到驕傲的事，並培養出真正的自信。

組合土星在處女

土星在處女座，這個組合會讓自己承受不少壓力，因為責任感很重，做每件事都務求做到盡善盡美，連最細微的地方也不放過。如果發現處理某些工作、或日常的事務做得不夠好，可能會相當的自責。

如果這是事業、工作上的夥伴，土星處女座有助大家認認真真的去辦事，而且會因為這樣的努力、仔細和謹慎，可以做出一定的成績。

如果是情侶夫妻關係，則要注意在日常相處的事務上，給予彼此太大的壓力，或加諸太多的限制。同時也要小心因此影響健康。

組合土星在天秤

土星在天秤座，大家對於「關係」這回事都會用很認真的態度去對待，不但注重當中的和諧，更重視當中的承諾，以及彼此是否都負責任，願意為這段關係經營和努力。所以，大家對於這段關係會很認真，不會抱著玩玩的心態。

不過，也要注意可能因為太過注重「承諾」這回事，看得相當重，所以不敢輕易答應對方什麼，往往需要較長的時間才能建立對此關係的信心，並願意做出一些承諾。

所以無論這是伴侶關係，還是合夥關係，彼此認真的態度，都有助讓這段關係長久地發展下去。

組合土星在天蠍

天蠍座雖擁有很豐富濃烈的情感，但受到土星的限制和壓抑，不會那麼容易的流露出來，雖然大家的內心總是渴望能有更深層的連結，但同時也十分恐懼將自己藏得最深的情感拿出來，往往會造成親密關係的障礙。

這個組合也帶著強烈的恐懼感，常常防衛、害怕會有危機出現，又或者害怕被背叛、被遺棄，難免會對對方有一種戒備的心態。

另外，天蠍座也跟分享資源、共同財務有關，如果彼此之間有些金錢上的連繫，需注意這方面可能會遇上困難或問題。不過，如果建立穩健的理財態度，倒是有潛能可以累積大量的財富。

組合土星在射手

射手座需要自由、空間，需要跑來跑去，喜歡到不同的地方去探索，可是受到了土星限制，大家會感到束縛，在不斷去冒險、學習新事物時，還要負起很多的責任、做慎重的考慮，很容易感到不自在。

不過，這些責任也會讓大家在追尋自由時有一個限度，不會不顧一切的放任，反會考慮到在一段關係中，彼此也需要有一定的責任存在。

而這個組合在鑽研學問、探究人生的時候，也會採取謹慎的態度，反而有助於在這方面打好基礎，有更豐富的成果。

組合土星在摩羯

土星是摩羯的守護，所以這個組合可說有極重的責任感，非常重視傳統、紀律，彼此之間有什麼承諾、原則、規矩，都會一一遵守，這有助大家建立長久的關係，但也要小心變得過度的死板，遇上問題時不懂變通。

這個組合在事業、社會上的成就充滿了野心，總會很努力的向上爬，但同時也很容易產生不足感，覺得自己比不上他人，又或對自己過度的嚴厲批評，給予大家太大的壓力。如果大家是事業夥伴，這些事業上的野心可以是一種推動力，但如果大家是情感關係，則要注意會否對彼此太過苛刻，而忽略了情感上的交流。

組合土星在水瓶

土星也是水瓶座的守護之一，所以這個組合可能會有一些天馬行空、很有創意的想法，但同時也會考慮到實際的層面，能夠將這些想法去落實。而對於大家的理念、想法，會相當的堅持，不會輕易放棄。

水瓶座也跟未來有關，那是對於未來的期盼和規劃。受到土星的約束，這個組合對於未來可能會有點懼怕、較為悲觀，總是有很多的擔憂。

土星和水瓶的性質都是冷漠疏離的，講理智、實事求是，但如果這是情感組合，則要看看組合盤上的其他位置，有沒有一些情感交流的地方，否則要注意會否過度冷漠。

組合土星在雙魚

雙魚座充滿了無邊無際的想像力，也擁有細膩敏感如大海般的豐富情感，可是遇上了土星，可能會感到想像力無法隨意發揮，彼此之間有什麼情感也要克制一下，不能隨性表達。但凡事都有正反兩面，反過來說，抽象的感覺和想法得到了土星的幫助，可以用實質的形式表達出來，讓對方或他人更容易理解或感受得到。

這個組合需要面對的另一種挑戰，就是欠缺一種踏實的感覺，講責任、穩定的土星，在雙魚座中就像在大海中飄浮的船，大家對於這段關係總是有一種沒法踏實的感覺。但雙魚座要求的是絕對的信任，看似抓不緊，但如果能抱著全然的信任，自然就能建立內心的安全感。

在分析外行星——天王、海王、冥王、凱龍在組合盤上的星座特性前，必須先了解這些是世代性的行星，如果組合盤中的成員，大家的年齡相近，那麼出生星盤上的外行星星座應會是一樣的，而在組合盤當中自然會一樣。

所以單從外行星星座來分析，不會有額外的意涵，而是必須結合外行星在組合盤上的宮位參看，才可以分析得更爲仔細貼切。

當然，如果組合盤中的成員，年齡上有一定的差距，又或當中有來自不同世代的人，那麼組合盤中外行星的星座，則有機會跟組合盤成員出生盤中的不一樣，在這種情況下，就會因爲大家的組合而產生新的能量和意涵了。

組合天王星 * 十二星座

組合天王星在牡羊

天王牡羊代表這個組合帶有一種追求獨立、渴望自由的特性。大家總是有點不安於室，不能安定下來的感覺。所以如果這是情侶夫妻的組合，在建立家庭、追求安穩的時候，天王牡羊那種不能停下來的動力，可能會讓彼此重新檢視相處的模式。

在符合一般追求安穩感情的規範中，也要接受彼此之間是需要多些空間和自由，保持雙方的獨立性，才能夠配合彼此的能量。如果沒有察覺到這種特性，很可能會不自覺的去推翻這段關係的安穩性和當中的承諾。

如果這是工作上的夥伴，則大家都可以獨立工作，而且整個團隊也會有很強的開創性，往往會有新的點子、創新的念頭，並且充滿動力去開展各項計劃。

364 高階占星技巧：中點技巧、組合盤、移民占星學

組合天王星在金牛

金牛座代表金錢、物質、價值觀這些事情，這個組合可能會有一些獨特的價值觀，與眾不同的品味，甚至會跟社會大眾所認同的不一樣。而從其他人眼中看來，則顯得有點格格不入或古怪。

這個組合在金錢方面，可能會不太穩定，容易有突如其來的收入或支出；但另一方面，也可以憑著嶄新、有創意的想法去賺取金錢。

對於「安穩」這回事，這個組合會有自己新的體會和理解，他們追求的，可能不是大眾心目中一成不變的穩定，而是認為自由、開放、多變才是有價值的。

組合天王星在雙子

天王星在雙子座，當大家在一起時，總是可以激發對方的思考和創意，彼此之間可能有很多的討論和話題，而且可以從嶄新的角度出發，想出新的可能性，總之在一起的時候，會有很多新的思維刺激。

如果這是一個事業組合，特別有利於一些講求創意、或以通訊、溝通為主的工作，因為大家較容易想出新的點子，甚至發明一些跟通訊有關的東西，這些都可以充份運用天王雙子的能量。

組合天王星在巨蟹

天王在巨蟹座的組合，大家對於「家庭」可能會有新的想法和角度，跟傳統主流的有所不同。例如若這是家人、情侶、夫妻的關係，可能會認為大家就算是一家人，也不必過度依附或黏在一起，反而可以擁有各自的空間，保持多一些距離。又或大家對於家居的布置，會有很多創意，把家居布置得很有個人獨特的風格。

另一方面，由於巨蟹座渴望的是安全感、互相照顧及滋養的感覺，而天王星的

變動、不安，增加了大家在情緒上的起伏和不安定，總是欠缺了一點安全感。

組合天王星在獅子

這個組合頗為愛現，很能展現自己很特別、與其他人不同的地方，而且亦渴望其他人可以注意到自己。

天王星加上獅子座的組合，極富創意，並能互相激發，去創作新的東西出來。特別對於藝術、表演這些事項，會有獨特的創作力。

天王及獅子有個共通點，就是比較自我，所以這個組合在相處的時候，可能會較為自我，各有自己的堅持或想法。所以還得配合其他行星的位置，看看有沒有可以互相合作或妥協的地方，畢竟在一段關係中，二人的合作或磨合是很重要的。

組合天王星在處女

當大家在一起時，工作的方式、流程，又或日常生活中會產生新的形式、作法，而不會被一些規則所限制，尤其可以在一些細節當中，找出新的可能性，並做出更改變動。

這個組合可說是一個打破常規的團隊，例如大家是工作夥伴，會有一些新的做事方式，不會總按照舊有規矩辦事；又或如果大家是家人或伴侶，在日常生活中可能會較為隨性，不會規定何時一定要做什麼。而且最好能夠在工作或生活中加添新鮮感，有助為整段關係注入動力。

組合天王星在天秤

這個組合對於「關係」的看法，無論是當下的關係，還是對於跟其他人的關係，都會打破傳統的規則，從一個嶄新的角度出發，甚至會推翻主流社會的模式。

　　對於「關係」，傳統上總會有一些特定的模式，例如兩個人談戀愛，什麼時候要結婚生子、組織家庭之類，但天王天秤的組合，未必會認同這種模式，他們有自己的一套，總之讓自己感到自在、自由的，就會去做，像同居不結婚、又或先生子後結婚等等，只要喜歡就會去做，不想受到社會文化習俗的束縛。

　　而這個組合，在關係當中也很注重個人空間、自由和獨立，不喜歡受到管束，也不喜歡去操控對方，只要大家保持平等就好。

組合天王星在天蠍

　　天王星在組合盤所在的位置，代表在這段關係中，哪一部分會讓大家得到嶄新的經驗或激發，而天蠍座是跟親密關係、深層心理有關。所以當大家的關係一直向前邁進，愈來愈深、變得愈親密時，彼此對於自己的內心、心理、以至恐懼或陰影，都會有新的啓發和了解，雖然當中的過程會讓人感到不安，但這也是一個自我發現、醒悟的過程。

　　另外，這個組合對於心理學、玄學、神祕學，以至一些禁忌的東西，都會很有好奇心，並且可以從中發掘到新的元素，並從一個嶄新及開明的態度去看待這些事物。

組合天王星在射手

　　這個組合可以真正的開拓彼此的眼界，為雙方帶來各種新鮮的體驗。這段關係就像為雙方開啓了一道門，讓大家看得更遠，並能夠嘗試各種新的事物，整個世界看來變得更大。

　　大家可以透過一些學術討論、對人生的看法交流，進而互相啓發，甚至打破一直抱持著的信念，思想得到啓迪，從中一直成長。大家在一起時，所發展出來的信念、信仰，也可能會跟傳統、主流的相當不同。

組合天王星在摩羯

　　摩羯座跟傳統、架構、權威有關，本身的性質是較為保守、不喜歡變化的，總是按著教條辦事。但天王星的到來，會將這些東西一一打破。這個組合對於一些傳統或主流的制度，總會覺得不合時宜或設限太多，而想去推翻、不跟隨主流走，並且建立自己的規矩。

　　如果這是一個事業的夥伴或團隊，可能會挑戰上司、或打破公司中的既有規則，所以比較適合在一些容許較多個人化或自由度的地方工作，否則很容易會跟上司或公司產生衝突。

組合天王星在水瓶

　　天王在水瓶座，就是回到自己守護的地方，加強了自由、獨立、反叛、創新的性質。

　　這個組合在一起，會引發一種強大的創意和變動的特性，為雙方帶來很多的新鮮感、與眾不同又刺激的體驗，例如總是會帶給對方驚喜，又或想出很多新奇有趣的東西，為生活注入新的刺激感。

　　水瓶座是較為自我的，所以在這段關係中，大家一方面要學習尊重彼此空間，同時也要懂得在保持自我當中，如何跟對方合作、以至共同生活，及接納對方的想法，而不只是停留在自我的層面上。

組合天王星在雙魚

　　天王星在這段關係中，帶給大家的嶄新的體驗，往往會是跟心靈方面有關的。例如大家可能對於心靈成長、治療、靈修、新世紀思想這些部分可以互相啟發，帶來新的想法，或從中得到一些不同的領悟。

天王雙魚也會是一個較爲理想化的組合，總是希望事情可以達至心目中的理想境界，又或單純地去追求一些理念和夢想，而忽略了現實情況。

組合海王星＊十二星座

組合海王星在牡羊

在二十世紀當中，暫未有組合盤出現海王牡羊的可能性，所以此部分暫不做探討。

組合海王星在金牛

在二十世紀當中，暫未有組合盤出現海王金牛的可能性，所以此部分暫不做探討。

組合海王星在雙子

在二十世紀當中，出現組合海王在雙子的可能性亦很低，例如一人在 1930 年出生（海王在處女座），另一個在 2012 年出生（海王在雙魚座），這樣才會有組合海王在雙子出現。

這個組合在溝通、思想方面，容易產生模糊、迷失、溝通不良的情況。可能大家相隔了很多世代，所以在思想上始終有距離，而需要花多一些努力去磨合。

組合海王星在巨蟹

海王在巨蟹的組合，對於家庭、根源，充滿了理想化的渴望，可以一起努力打造一個夢想之家。又或大家對於國家都有一份共同的理想，所以這也可以是爲了建

立美好家園而共同奮鬥的組合。

　　不過另一方面，這個組合如果是家人的關係，也有可能對於「家」這件事感到迷失，像找不到扎根的地方，又或爲了家庭的事而感到失望。

組合海王星在獅子

　　這會是一個充滿了想像力和創造力的組合，非常熱烈的要去創造自己的理想世界和夢想，特別是在藝術創作方面，會有特別豐富的啓迪。

　　海王星也代表失望和迷失，所以在創作的過程中，容易感到迷惘，不知應往哪個方向走。

　　另外，當大家在一起，會比較容易放下自我，這樣對於一段關係，或許有助讓雙方更懂得從對方的立場看事情。

組合海王星在處女

　　這個組合會有強烈的服務和犧牲的精神，很樂意爲對方或別人付出，願意幫助別人。

　　對於工作或日常生活，有過度理想化的傾向，渴望達到心目中的完美境界。但也要注意可能會過度的理想化，現實最終會帶來失望，所以也要學習從實際的角度出發，別要求過高或想得太美好。

組合海王星在天秤

　　這個組合對於關係、婚姻、合作這些事情，會有很高的期望，想得相當的美好，例如渴望擁有如電影小說中的完美婚姻，像公主和王子一樣。過高的期望容易帶來失望，尤其是面對現實問題的時候，所以在追求理想中的關係時，也要顧及實

況。

另外，如果這是事業上的夥伴，要注意在合作上可能會有些不清不楚的地方，而導致誤解、誤會。

組合海王星在天蠍

這個組合會帶著極大的決心去追逐夢想，就算當中可能會經歷一些危機或困難，也會勇於去衝破。

當大家在一起，可能很容易便解除了彼此的防衛，而能夠感受到對方的內心情緒和心態，這將有助於關係上的發展。

不過，另一個可能性，也可以是引發出對於親密關係的恐懼，彼此選擇逃避，不願意去面對。如果可以透過這段關係去面對內心深處的恐懼，倒是可以發揮一些治療作用。

組合海王星在射手

這個組合可說是相當的理想化，對於世界、對於未來，總是抱著美麗又樂觀的想像，相信這個世界是美好的，而且大家都充滿著熱情，一起向著理想邁進。

不過也要留意一下，大家可能會過度的理想化或樂觀，有時可能不願意面對現實，又或想逃避。而當真正看清現實時，又可能會覺得失望。所以在追逐夢想的同時，也要顧及現實。

組合海王星在摩羯

這個組合在面對夢想的時候，不會只是空口講白話，而是可以一起努力去將之實現，將夢想化成現實。不過在過程中可能會感到困難、或需要付出很多的努力。

因為摩羯座所代表的，就是無比的毅力，需要時間慢慢去磨練。

　　不過，大家在一起可能也會害怕去夢想，又或不敢去想太多，互相給予了太多的限制。其實如果想像力發揮得宜，是可以把我們帶到更高更遠的地方，完成不可能的任務，這或許是海王摩羯需要思考的部分。

組合海王星在水瓶

　　這個組合在現今的世代，最能發揮想像力的地方，就是在科技、互聯網、電腦通訊的部分，又或對於社會、人道主義的議題，會有很多的理念，希望可以去實現。就算所用的方法會較為偏激，也會為了這個更高的理念去做。

　　由於海王星在 1998 年後才進入水瓶座，所以如果組合盤中的海王是水瓶，當中的成員可能大部分都是出生於 1998 年或以後。這些年輕的組合，對於社會有很多的想法和理想，並且勇於提出，甚至對現有的制度做出反抗，這也可說是這個世代的一種特色。

組合海王星在雙魚

　　海王星在 2011 年才會逐漸步入雙魚座，所以組合盤出現海王雙魚，很大機會都是在 2011 年後出生的人組成的組合盤。這個組合可說是充滿了夢想，對於整個世界有一種世界大同、不分你我的理念，亦可以是有很強的藝術感和創作力，並熱衷於靈性、自然療法、新時代思想這些東西。

　　不過，也可能會有更重的逃避現實傾向，甚至會有上癮、沉溺於某些事物的情況出現。所以如果運用這個海王星的能量，需要更強的覺察能力。

組合冥王星＊十二星座

冥王星於 1912 年進入巨蟹座，所以現代人的組合盤，暫未出現冥王在牡羊、金牛、雙子的可能性，因此由冥王巨蟹座開始。

組合冥王星在巨蟹

冥王星在組合盤的位置，代表了這個組合要一起去面對的危機、恐懼，或會經歷轉化的地方。

冥王在巨蟹，這個組合無論是何種關係，都較易缺乏安全感，總是害怕會有什麼危機或問題發生。

而大家需要面對的，可能是內在的恐懼、讓大家感到不安的地方，從中去認識自己內在情緒、內心的部分。不過，如果大家能一起經歷危機，從中亦能建立深厚的情感連結。

組合冥王星在獅子

冥王在獅子座，這個組合要面對的，可能是權力、操控的問題，例如誰拿主意、誰在這段關係中處於主導地位、如何平衡大家的權力，都是這段關係的一個議題。

而從這些事情當中，可以讓大家看清楚「自我」的部分，例如彼此是否過度的自我而忽略對方；還是常常懷疑自己，總是覺得對方想控制自己；又或為了想肯定自己而想對對方做出一些操控。

不過，透過這段關係，大家也可以得到轉化，進而發掘自己可以發光發熱的地方。

組合冥王星在處女

這個組合面對的危機和問題，會跟日常生活或工作有關，例如當大家在一起，平時自己習慣了的生活規律、或工作模式，都可能需要做出改變、互相磨合，或面對一些困難和挑戰，就算是一些瑣碎的事情，都要做出很大的改變。

另外，處女座會為了一些細微的事而執著或批評，雙方之間的權力鬥爭的問題，可能就是為了一些瑣碎的事，又或對對方有過度的批評、太過吹毛求疵而引發。所以，大家要學習的課題，可能是去接受彼此的不完美。

組合冥王星在天秤

天秤座是跟關係有關，冥王在此，當大家在一起後，對於「關係」的想法或概念會有所改變。例如自己本來認為戀愛結婚生子是必然的模式，但當成為這個組合的一員後，可能會有非常不同的想法，像接受同居、非婚生子這些截然不同的模式。

冥王在天秤，也代表大家在這段關係中，會特別注意公平、公正、公義的問題。例如雙方最好保持平等的位置，不分高低，又或者大家是否得到公平的待遇。而如何從中獲得共識，都是需要學習和面對的重點。

組合冥王星在天蠍

這個組合可能會帶著強烈的不安和恐懼，彼此之間需要面對權力鬥爭的問題，例如大家都不願將自己內心的情緒流露出來，當中有很多的猜疑，害怕對方會背叛自己之類。

其實這些都源自於內心莫名的恐懼，因而努力的想防衛保護自己。不過，如能突破這個障礙，彼此可以讓內心的情感流露出來，並加深雙方的情感連結，甚至透

過這段關係而讓自己做出重大的改變和成長。

組合冥王星在射手

這個組合需要面對的挑戰，可能是大家會為一些信念、信仰上的事情而有紛爭，例如大家的信仰不同，又或對人生的看法不一樣，而產生衝突。不過如能一起討論、研究，也可以因為這段關係，而讓大家在信念、人生哲理、思想上有強大的轉化，看人生的角度變得不一樣，並因此而有成長的機會。

組合冥王星在摩羯

冥王星在 2008 年始進入摩羯座，所以在 08 年後出生的人的組合盤，才有機會出現冥王摩羯的情況。而這亦代表了這個世代／組合，會經歷社會上的各種危機和改變，例如大機構、既有傳統、規則的崩潰。而大家在一起，也可能會有共同的方向，就是去挑戰一些權威或架構，去徹底改變社會上過去或傳統建立出來的東西。

彼此之間的相處，可能需要面對權力、控制的課題，大家都可能有較強的操控欲，希望事事在自己的掌握之中，所以需要學習放下這種控制欲，並開始建立對對方的信任。

組合冥王星在水瓶

在二十世紀到目前為止，暫未有組合盤出現冥王水瓶的可能性，所以此部分暫不作探討。

組合冥王星在雙魚

在二十世紀到目前為止，暫未有組合盤出現冥王雙魚的可能性，所以此部分暫

不做探討。

組合凱龍星＊十二星座

組合凱龍星在牡羊

　　凱龍在組合盤中，代表了大家在這段關係中，需要一起面對及經歷的傷痛，但同時也可以在當中獲得成長和治療。

　　凱龍在牡羊的組合，大家在這段關係中，可能會覺得「自我」受到傷害，例如覺得對方像在攻擊或忽略自己，或在這段關係中失去了自我，又或互相在競爭，不容易合作。

　　不過，透過這些的傷痛，有助彼此在關係中發掘及認識自己，重新肯定自我、勇於去做自己，而不是爲了對方而委屈自己。同時也明白到在一段關係當中，保持自我也是相當重要的，不必過度的貶低自己去遷就他人。

組合凱龍星在金牛

　　凱龍在金牛，大家需要面對的問題，會是一些跟金錢、物質有關的，可能總是覺得在金錢、物質上感覺不足，無論實際上擁有多少，心態上還是會爲了金錢而擔憂、覺得不滿足，總是想追求更多，或吝於付出。

　　另外，凱龍金牛也是關於自我價值的問題，可能覺得對方看不起自己，或質疑自己的價值。又或做爲一整個組合，會覺得自己好像沒有什麼值得被肯定的部分，甚至擔心其他人會貶低自己。

　　透過面對這些傷痛，在這段關係中，大家可以慢慢打造自我價值，去建立一些有價值的東西，從而對自己做出肯定。

組合凱龍星在雙子

凱龍在雙子座的組合，往往容易在溝通方面出現問題，例如彼此在溝通上有所誤會，而這些誤解又會讓雙方覺得對方的說話是在傷害自己。又或總是詞不達意，因而導致彼此之間的衝突或問題。

溝通可說是一段關係中很重要的部分，是彼此之間的橋梁，所以經歷了這些問題後，也給大家一個機會去改善溝通，勇於去表達自己，這樣才有助關係的成長。

組合凱龍星在巨蟹

凱龍在巨蟹的組合，大家在一起總是欠缺了一份安全感，在情緒上會覺得不安，老是覺得對方對自己的關心愛護不足，於是緊緊的抓著對方，又或過度關心對方，其實都是出於想掌控以彌補不足的安全感。

而如果大家是家人的關係，更代表大家需要一起去面對來自於家庭、家族、過去的傷痛，從中學習和了解自己的根源。

凱龍在巨蟹要學習的課題，就是學習信任及建立安全感，這個安全感不是依靠他人來得到，而是自己內在建立足夠的安全感、去愛護關心對方，並非死命的抓著他人不放。

組合凱龍星在獅子

獅子座跟自我展現有關，渴望別人注視自己，把自己看成國王／皇后。組合凱龍在獅子座，大家可能會覺得對方總是忽略自己、不重視自己，然後或許會很費功夫去做一些事來引人注意，但往往用了不適當的方法，而導致問題更加嚴重。

獅子座亦跟孩子有關係，如果這是夫妻關係，亦要注意跟孩子之間的相處，大家可能為了孩子的問題而發生衝突，又或不自覺地對孩子造成一些傷害等等。這些

可能都源自於自己的內在小孩曾經受到傷害，而又放到自己的孩子身上。

　　凱龍在獅子座要學習的課題，就是培養對自己的自信心、學會重視自己，不需要刻意做什麼來引人注意以肯定自己，亦可避免將自己內在小孩的傷痛再加諸於孩子身上。

組合凱龍星在處女

　　組合凱龍在處女座帶來的問題或傷痛，往往會是大家對這段關係、對對方的要求很高，在日常生活的細節中，也會雞蛋裡挑骨頭，甚至對對方做出過度的批評，這些都會傷害到彼此的關係。

　　世界上並沒有完美的情人或關係，所以凱龍在處女座，要學習的就是接受不完美，並且去為對方服務，一起努力把這段關係打造更美好，而不是只看到負面、不好的地方。

　　另外，這個組合也可能會對於治療、健康的事感到興趣，可以一起去學習或從事相關的事情。

組合凱龍星在天秤

　　「關係」本身，就已經是這個組合需要去處理的問題。例如大家曾經在不同的關係中受過傷害，而在現在的這段關係中顯露出來；或者感覺在這段關係中得到不公平的待遇，在關係中很難去妥協，又或為了得到對方的認同而過度付出等等。

　　如果組合盤的凱龍落在天秤座，大家在一起的其中一個重要課題，就是去學習「關係」這回事。透過這段關係，彼此可以學習如何相互公平的對待，保持關係中的和諧，並且不失去自己。或者，可視對方為一面鏡子，從對方身上更加認識自己，可以是這段關係的最大療癒。

組合凱龍星在天蠍

大家內在的深層恐懼，可能會在這段關係中被牽引出來，特別是一些埋藏在內心深處的情緒，像妒忌、憤怒、害怕分離、恐懼這些很原始的感覺。同時這段關係也可能牽涉到一些權力鬥爭，大家可能會很努力的保護自己，或牢牢的抓住對方不放，非常害怕受到傷害。

不過，這同時也是一個強大的轉化機會，透過這段關係，去面對自己深層的傷口，那些埋藏在心底的恐懼。如果能夠面對它，從各種情緒了解自己的課題，則是一個能夠療癒自己的好機會。

組合凱龍星在射手

凱龍在射手的組合，大家可能需要一起去面對信念、想法、信仰方面的分歧，以及其中引發的問題或傷痛。例如大家可能有不同的宗教信仰，對於人生有很不同的看法，而未能接受對方，或覺得對方是異類。又或者，大家有相同的信念，可是在外人眼中就會覺得是另類，而大家要面對來自他人的奇異眼光。

其實，大家可以在這段關係中，學習去接納不同的信仰，就算是一些較為另類的看法，或許從中也可以獲益，並拓展自己的眼光。同時透過學習不同的哲理，讓自己進步和成長。

組合凱龍星在摩羯

凱龍在摩羯座的組合，可能會認為自己在社會的制度、規範下，是比較另類的，並為了不被他人認同和接受而感覺受到傷害。例如，這個組合可能是一些另類的感情關係，又或從事較為冷門、甚至「奇怪」的工作，跟社會上的期望不一樣。

另外，摩羯座也代表父親、過去，所以在這段關係中，大家跟父親或過去的一

些傷口會被牽動，或許可以透過這段關係被帶出來，讓大家認清和面對，這就有助於察覺和治療這些問題了。

組合凱龍星在水瓶

凱龍跟水瓶座有一些共通點，就是與眾不同，較為獨特、另類，跟社會或大眾的規範和期望很不一樣。而凱龍在水瓶座，這個組合可能有某些特質是相當的獨特，甚至被其他人認為是怪胎，而不被他人接受。當事人可能會因此感到不安，仿佛跟其他人格格不入，甚至好像受到歧視似的。

因此，這個組合要學習的，就是去接受和欣賞自己的獨特之處，甚至樂於去展現出來，不必感到羞愧。這個組合更可能有些新奇獨特的想法，可以去發展治療的工作或去幫助他人。最重要的，就是去認同及接受自己的獨特另類之處。

組合凱龍星在雙魚

凱龍在雙魚座的組合，會有很強的同理心，總是能看見別人的傷口，並感同身受，對他人有一份慈悲心。不過，凱龍的傷痛，加上雙魚座的逃避，也有可能發展出負面的特性，就是只看到自己的傷口而傷春悲秋，或總覺得自己很慘很可憐，又或一直在找方法逃避，不去看清楚問題。

其實雙魚和凱龍都有強大的治療能力，所以若能懂得發揮同理心，透過自己經歷過的傷痛，從中去覺察、學習，並以這種經驗去了解對方或他人的傷口，並予以幫忙，不但有益於他人，還對自己的心靈、個人成長，以及這段關係的發展都很有利。

組合南交和北交＊十二星座

組合南交在牡羊座，北交在天秤座

在這段關係中，大家可能習慣了獨立生活或工作，亦較爲自我，而挑戰則是去建立一段對等的關係，不只是獨斷獨行、只顧自己，而是學習跟對方合作、一起生活，從對方的立場去想事情，也就是將兩個個體變成一個組合／團隊。

另外，就是要學習去「依賴」，就是明白到，有些時候的確可以靠對方幫忙，而不是所有東西都要背負上身，最重要是學習去相信別人，了解對方可以爲自己去做一些事情。

在這個學習的過程中，難免會感到不適應，或碰上一些困難，但這些都有助大家共同成長。

組合南交在金牛座，北交在天蠍座

這段關係中，大家可能習慣了在財務資源上比較獨立，亦較重視物質上的擁有，得到越多，安全感越大。

但是，當兩個人在一起，或大家一起工作時，就要學習分享手頭上的物質和資源，不是每樣東西都要那麼的劃清界線，這是你的、那是我的，而是可以一起去分享、一起去用。

除了物質、金錢、資源方面，在這段關係中，大家要面對的課題，就是在情感部分，如何勇於將之表達，跟對方做出情感上的連繫和交流，不只是停留在物質層面，這都是大家需要處理的挑戰，也是成長的方向。

組合南交在雙子座，北交在射手座

南交點是大家感到舒適、習慣了的地方，南交在代表溝通、學習的雙子，這個組合在溝通方面可能會相當暢順，總是有很多不同的話題。不過，如果希望可以獲得成長，則可以一起去研究某些學問，探索人生哲理，甚至去討論一下關於人生意義的東西，而不只是停留在日常的資訊交換或聊天當中。

這段關係的成長方向，可說是一個「智慧上的成長」，大家透過這段關係，去學會更多人生的道理，尋找更多人生的意義，亦可拓展彼此的眼界。

組合南交在巨蟹座，北交在摩羯座

這段關係在情感的部分會有較強的連繫，而大家亦會著重彼此的內心世界、私人空間。不過，老是停留在自己的世界中是不夠的，還需要看看外面的世界，跳出自己的安全地帶。

這段關係的成長、發展方向，就是一起建立世俗的成就，一起為事業拚搏，並去獲取社會上的認同。大家在一起的時候，需要多出去接觸這個世界，或按著社會上的規範去做，在私人世界以外，還是要面對很世俗的部分。

組合南交在獅子座，北交在水瓶座

這個組合可能很懂得享受，喜歡玩樂，亦很重視自我，焦點往往會放在自己身上，只要別人注意自己就好了。不過，光是顧著自己是不行的，北交點在水瓶，對於社會、團體的事務也需要參與，學習放下自我，多從集體或大眾的角度去考慮。例如大家在一起，無論是情侶還是一個工作團隊，需要顧及整體的利益，而不只是自己的事情。

當然，這個組合也充滿了創意，而且可以嘗試發揮天馬行空的想法，就算在別

人眼中有點奇怪，但也可以大膽創新，去做一些嶄新的東西。

組合南交在處女座，北交在雙魚座

南交點在處女座，大家對於生活上的細節，又或工作上的效率，都會相當執著或在意，總是希望在每一個部分都做得完美，把事情辦得妥妥當當。

而北交點在雙魚座，這個組合倒是可以學習放下一些執著，追求完美不是不好，而是要學會包容一些不夠完美的東西，學習去放輕鬆，甚至去發揮自己的想像力，而不是什麼都要計算或實事求是。

透過這段關係，大家可以學會慈悲和同理心，互相包容，甚至可以發揮大愛的精神。

組合南交在天秤座，北交在牡羊座

南交在天秤的組合，在相處、合作方面，可能會覺得相當舒服愉快，認為可以互相依靠，習慣了有對方作伴。不過，在這段關係中，大家反而要學習獨立，就是不需常常依賴對方，或什麼都要靠對方幫忙，而是可以獨立行事，並互相尊重彼此做為一個獨立的個體。

例如有些情侶就是常常要黏在一起，又或要求對方要陪伴自己；或做為工作團隊，常常依賴他人的幫忙，或需要別人下決定。當北交點在牡羊時，就要學習獨立起來，學會自己獨立處事、工作，自己做決定，不必過度的依賴。

組合南交在天蠍座，北交在金牛座

南交在天蠍座，大家在這段關係中，可能投放了很強的情感，而且在資源分配方面，也習慣了共享資源，不分你我。在這段關係中，必須要慢慢學習保持財政獨立，賺取自己的金錢，又或在工作方面，建立屬於自己的資源。

例如一些情侶可能在金錢上有共同的帳　，又或某一方會在財務上依賴另一方。但當北交在金牛座時，則最好去學習管理好自己的財務、有自己賺錢的能力。在個人價值觀方面，也該試著肯定自己的價值觀，不必事事視乎對方的立場或他怎麼看。

組合南交在射手座，北交在雙子座

這個組合會很熱衷於討論一些人生的哲理，或做新的嘗試、探索新鮮事物。大家看事情的角度，總會帶著一個宏觀或遠大的目光。不過，想有所進步或成長，則要學習把目光拉回當下，在討論那些高瞻遠矚的事情外，也要實在一點，去吸收一些實質的資訊。

特別是如果這是一個工作的團隊，大家可能會想到一些很理想化的事情，又或有很宏大的理念，但如何將之變成被人容易理解的資訊，是否可以運用在當下的情況，都需要學習和調教。否則光有遠大的想法，而沒法切合眼前的景況，也是沒有用的。

組合南交在摩羯座，北交在巨蟹座

這個組合會相當的努力，為了事業拚搏，或許會有共同的目標而一起奮鬥，希望可以在社會上爭取到一定的成就、得到別人的認同。甚至大家對於這段關係，是否受到世俗的肯定也會很在意。

不過，當北交點在巨蟹，就要學習從外頭的世界，跑回自己的內心。例如大家在拚搏之餘，有沒有留一點時間，去滋養彼此的內心和情感？有沒有一些情感上的交流？特別是夫妻或家人關係，要注意如何為大家打造一個安穩的家，除了事業成就，家庭生活也不能忽略。

如果是工作上的夥伴，也可能需要好好建立整個團隊的根基，而不只是把手頭

上的工作做好，這樣才有助整個團隊的成長和進步。

組合南交在水瓶座，北交在獅子座

這個組合可能會較著重團體的事情，例如一起參加團體活動、朋友的聚會，關心社會的事務；如果這是一個團隊，凡事也會從整體的方向和利益出發。而北交點在獅子座，這個組合的學習成長方向，是從團體之中找回自己，嘗試去展現、表達自我，勇於在人群中站出來，甚至學習去領導別人。

還有，南交在水瓶，大家在相處時可能習慣了較為疏離冷漠的態度，而北交獅子的發展方向，就是要去學習表達熱情的一面，甚至放輕鬆的去享樂，感受人生好玩之處。

組合南交在雙魚座，北交在處女座

這個組合可說是充滿了理想，重視精神上的滿足，而且滿是想像力和藝術感。不過，光是空想是不夠的，北交處女座要求大家回到現實，在想像之餘，也要看看所想的東西是否可行、是否符合實際。而且雙魚總是有點粗疏混亂，北交處女座則是要學習往細節看。

這個組合也擁有雙魚座情感豐富的特性，比較敏感，也習慣了憑感覺去做事，而北交處女座則代表要去學習實事求是，仔細的計算清楚。雖然這些都是一種挑戰，但往往是這個組合的成長方向。

案例

查爾斯王子、黛安娜王妃的組合盤

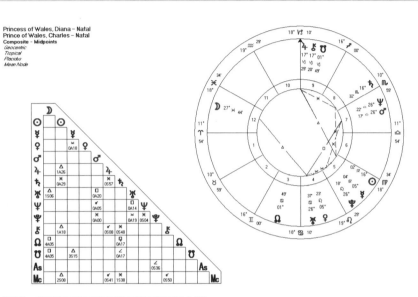

（圖說：英國查爾斯王子和黛安娜王妃的組合盤）

　　在看組合盤時，我們需要把這兩個人看成合而為一的個體，也就是大家在一起後的能量如何。

　　在上一本書《人際合盤占星全書》中，其中有皇室夫婦英國查爾斯王子及黛安娜王妃的個別星盤分析，這次我們可以看看二人的組合盤。

　　第一步可以先看太陽，組合太陽在第五宮處女座，第五宮的太陽代表這對皇室夫婦會著重自我展現，表現出充滿了個人氣派和特質的模樣。而處女座的模式是較為低調樸實的，就算是皇室人員，他們展現出來的樣子，也不像好萊塢巨星那麼耀眼，反而保持了英國人獨有的低調。而第五宮也代表了子女，太陽第五宮，可見這對夫婦的焦點之一，也會在他們的兩位王子身上。

　　這個組合盤的上升星座是牡羊座，代表了他們二人給外界的一種形象及面貌。當年他們結婚，可說是第一對皇族跟「平民」的婚姻，符合了「牡

羊」做為先峰的形象。而牡羊的守護星火星位於七宮，跟海王緊密的合相，可說這段婚姻，在別人的眼中，可真是夢幻式或童話式的關係。

而火星海王，跟四宮的天王四分（也是整個盤唯一的四分相），可說這段夢幻式的婚姻，背後其實是有一種不安、不穩定的情緒。天王四宮，代表這段關係的基礎，又或他們組織的家庭，是有點不穩定的，而且大家在心底裡都渴求自由、獨立；加上天王月亮的三分相，再度強調他們對自由和空間的需求。如果這方面的渴望得不到滿足，自由受到限制，這段關係就會變得很不穩定。

另一個重點，可以看四角的合軸星。木星凱龍在摩羯第九宮，緊緊的合著天頂。天頂就是他們在社會上的地位，相當容易理解，木星合天頂，代表了他們在社會上擁有崇高的地位，受到別人的羨慕和敬仰。不過因為摩羯的關係，貫徹他們較為務實低調的形象。不過，凱龍跟木星天頂合相，同時也解釋了他們的緋聞不斷，或常常受到媒體（第九宮）的攻擊，為他們帶來傷害。

另外，這個組合盤有一個有趣的特點，就是大部分都是柔和相位，只有一個四分相。有時大家總會覺得，一段關係的組合盤，有那麼多的三分、六分相，二人一定會相處得很和諧融洽。但其實一段關係當中，欠缺了一些強硬相位，也就像欠缺了一些火花和動力，在相處上，可能會覺得一切都理所當然，而且很快又會覺得彼此之間沒什麼愛情火花，就算遇上問題，也沒有動力去解決。

從他們的例子來看，柔和相位占大多比例的星盤，沒有為他們帶來幸福愉快的婚姻，反而讓他們的關係容易觸礁。

Chapter 3

移民占星學
Relocation Chart

　　我們起一個星盤時，是根據你的出生年、月、日、時，以及地點的經緯度去算的，也就是說，除了時間外，「地點」也會影響你的星盤，特別是宮位的排列。所以同一個出生時間，在不同的地點，會有不同的星盤。

　　而移民占星學，就是以「地點」做根據，看看在不同的城市、地點，你的出生星盤會做出何種變化。在不同的地方，星盤的重點會放在哪裡？什麼地方會特別有利發展事業、找愛情，又或利於讀書進修？透過移民占星學的各種技巧，我們可以看到自己在不同地方的星盤變化如何、重點何在，從而幫助自己，向世界不同的角落出發。

移民占星學介紹（Relocation Chart）

移民占星學在近年來越來越受到重視，因為整個世界已經變成了地球村，大家出外旅行、讀書、工作，以至移民的機會越來越多，而移民占星學剛好能給予我們更多的資訊，了解我們在不同地方的能量如何。

想要計算出生星盤，我們會根據一個人的出生日期、時間，以及出生地點的經緯度來繪製，當中牽涉到「時間」和「空間」兩部分。而移民占星學，就是假設這個人離開出生地點，到另一個地方，根據那地方的經緯度和時間去繪製出生圖，就好像他在那個地方出生一樣。這樣就可以呈現出他跟這個地方的互動，在其中會產生怎麼樣的能量，以及他會做出怎樣的改變。

而移民占星學中包含了兩種方法，一種是換置圖（Relocation），另一種簡稱為 ACG （Astro*Carto*Graphy），即占星地圖。換置圖就是上面所說道的，根據你要去的地方，繪一張新的星圖，然後看你的變化。

而另一種 ACG 占星地圖，是由一位美國占星師金·路易士（Jim Lewis）所發展出來的，他按照不同的出生地點，相關的行星位置，投影在地球的地圖上，讓我們可以很清晰的看到，在世界不同的地方，我們星盤上哪顆行星會變得特別重要，哪些能量會彰顯出來。

從中我們可以了解到我們跟不同地方的關係，了解到為什麼會特別喜歡某個地方，又或對某個地方沒什麼好感。同時當我們要選擇移民、出外讀書、往外地發展的地點時，也會有一個更清晰的了解。

換置圖（Relocation Chart）的操作

換置圖計算的概念是：將出生時間和地點的經緯度，改爲要換置的地方的當地時間及經緯度。也就是說，假設這個人是在那個地方出生。

例如某某生於 1980 年 1 月 3 日 18:00 台北，假設他要到倫敦去留學，想看看在當地的出生圖會變成如何，那麼計算的時候，以 1980 年 1 月 3 日 10:00 倫敦這些資料去計算，即是將台北時間 18:00 換回當時的倫敦時間（比台北慢 8 小時），以及地點的經緯度以倫敦爲準即可。

又或他想去紐約，則應以 1980 年 1 月 3 日 5:00 紐約去計算，因當其時紐約時間是比台北慢 13 小時。

其實如果你有運用專業的占星軟體如 Solar Fire、Janus 等，則軟體當中已有相關換置功能，只需輸入要換置的地點，軟體就會自動計算，不必自己去換算時間經緯度。

當你細看換置圖，你會發現其實行星坐落的星座度數、彼此之間的相位，跟出生圖是一模一樣的，變化的只是上升點，也就是宮位的分佈。所以在解讀換置圖時，重點是看四角、宮位的變換，換置後行星所影響到的宮位（生活領域），可按以下重點去解讀：

- 出生圖及換置圖的上升及四角之轉變、比較。
- 換置圖上有沒有合軸星。
- 在出生圖中重要的相位圖形，在換置圖中會影響哪個宮位？
- 出生圖的能量不會因爲換置後而徹底改變，所以還是需要以出生圖爲基礎，而換置圖只是在行星影響的領域中有所改變。
- 假設某人出生圖中，有一個 T 三角合著上升下降及天頂，這人會感覺在關係、事業方面，受到巨大的壓力。換置後，這個 T 三角可能落在其他宮位，並非合

著軸線，雖然此 T 三角的壓力仍在，但由於不是合著軸線，當事人所感到的壓力可能會減少。

• 又或假設某人出生星盤中，土星在第七宮，在出生地的關係發展容易感到受限制。但換置後，變成木星位於七宮，即是發展任何關係的機會會增加，對於關係的看法也會變得樂觀一些。

ACG 圖的操作

ACG 圖的操作，必須靠占星軟體才可做到。它會將你的出生星盤轉換成 ACG 圖，打開 ACG 圖，你會看到一幅世界地圖，而上面有很多不同的線，穿越不同的地區。起初看起來會很混亂，但其實由上到下的直線是天頂天底線，而波浪型的曲線是上升下降線。每條線上都會清楚標明行星的符號以及是哪一種線。

例如金星下降線穿越的地方，即代表如果將此人的星盤換置到這些地方時，金星會在換置圖上的下降點上；又或如果天頂冥王線穿越羅馬，則代表將此人的星盤

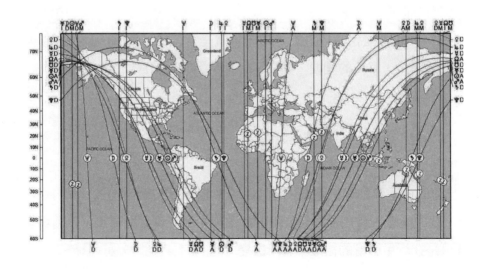

（圖說：ACG 占星地圖）

換置到羅馬時，冥王會在天頂上。

　　簡單來說，ACG 是將不同地區換置圖，用另一個方式去表達出來，並讓我們一目了然。看到行星合軸四角的換置盤，會出現在哪些地區／國家／城市，而從中可以更方便去了解自己跟不同地點的關係，以及在哪個地方受到哪顆行星的影響最大。

　　而這種影響，不一定是要到那個地方去生活，一些跟該地方有關的人或事，也可能會帶來同樣的影響。例如你的木星上升線穿過巴黎，不但去到巴黎你會感到愉快，可能遇上來自巴黎的人也會讓你覺得很開心，甚至對於巴黎的品牌會有特別的好感。

　　除了看個別的線外，某些地方，如果是有兩條線交會（上升／下降的曲線跟天頂／天底的直線交會），這個稱做「側近點」（Paran），此地對你的影響會更大，而在相同緯度的地方，也會有類似的影響。

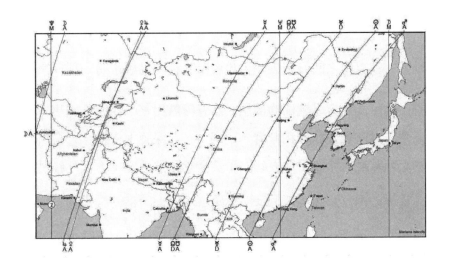

（圖說：ACG 占星地圖亦可從兩條線的交會，找到側近點）

ACG 圖行星線的詮釋

上升線經過的地方，代表對於你的外表、待人處事態度、行事方式，對外界的期望等，都會隨著該行星而做出改變。

太陽上升線經過的地點

在這個地方，你可能會顯得更有自信，尤其如果你本來是較為害羞或內斂的，來到太陽上升的地方，會更勇於去表達，樂於展現真正的自己，同時對於自己的外表也更為重視，希望可以受到別人的注意，或讓人留下深刻的印象。

在這裡，你似乎也更容易發揮你的領導才能和創作力，以及更有表演欲，希望可以突出自己的個人特色，得到別人的認同。

不過也可能會較為自我中心，只考慮到「我」，總是要別人以自己為焦點，而忽略了其他人。

月亮上升線經過的地點

這個地方，就算你之前沒有去過，也會有一種熟悉感，有一種「家」的感覺。

在這裡，你可能更容易讓你的情感、感覺流露出來，在待人處事方面，更為著重自身的感覺，以直覺去判斷和考慮。不過，自我保護力會較強，會將自己私人的事、內心的東西收藏，除非對他人建立了安全感和熟悉感，否則不輕易流露。

在這個地方，你也會將自己女性化或陰柔的一面表現出來，別人會感覺到你溫柔、母性的一面。不過，這個地方也可能令你更為情緒化，牽動你很多的情緒，尤其如果你出生星盤中的月亮受壓抑，那麼在這裡會更容易讓你感到不安，或情緒起伏不定。

水星上升線經過的地點

這個地方可能會引起你的好奇心，覺得這個地方、相關的人和事都很有趣，亦會刺激你的思考。來到這裡，腦筋似乎特別活躍似的，不但會想更多事情，也更渴望學習新的東西，吸收不同的知識。

或許你也會更重視溝通，比原來的你更多話想說，總是想表達自己的想法，或跟別人聯繫。

水星也代表走動，所以在這裡，你也會較浮動，總是不能停下來，想到處走走看看。

金星上升線經過的地點

在這裡你會發覺自己的魅力上升，別人會覺得你很有吸引力，而且你自己也似乎更著重外表和儀容，會更花心思的打扮，讓自己變得更漂亮。所以如果想認識新的對象，不妨到金星上升線的地方，特別容易吸引他人。

這個地方也讓你感覺更為愉快，可以很享受身在此處，所以一般來說，我們會對金星上升線經過的地方特別容易有好感，總是會覺得很舒適。但同時也會很想花錢，沉醉在各種享受當中，負面的部分則是容易變得懶惰，欠缺了一點拼勁。

火星上升線經過的地點

來到這裡，仿佛充了電一樣，變得特別有拼勁和活力，做事較為積極，更有膽色勇氣的向前衝。尤其如果自己本來的行動力不足，來到火星上升線的地方，可有助於激發出你的動力。而且也會較為自我，決斷力較強，特別是本身較為害羞的人，來到火星上升線的地方，則會更有勇氣去表現和肯定自己。

不過在這裡，你也可能更容易發脾氣，變得較為衝動和暴躁，小心會因此而跟

別人發生衝突，又或因為太衝動而發生意外。

火星也代表了性魅力，所以來到這裡也會更有吸引力。如果是男性，更能表現出自己的男子氣概。

木星上升線經過的地點

木星能夠帶給人開心、愉快、樂觀的感覺，木星上升線經過的地點，在那裡你會覺得特別輕鬆、自由自在，看事情也變得更為樂觀，看出去的世界也變得更為美好。

而且你會覺得在那裡，到處都有很多機會可以發展，感覺就像可以大展拳腳。

木星也跟學習、進修有關，如果想要遊學、留學，也可以選擇木星上升走過的地方，你會發覺那裡總是可以讓你大開眼界，學習到不同的東西，開拓視野。

土星上升線經過的地點

木星、金星上升線走過的地方，可能會給你較多玩樂的機會，而土星上升線，則可能會跟工作有關，或總是讓你要背負一些責任，要好好努力。你會變得更為小心謹慎，做事更加踏實，雖然會感到壓力，但也學會負責任，可說是一個給你好好磨練的地方。

當然，如果你不習慣土星帶來的壓力，在這些地方，你會覺得受到限制，甚至有點抑鬱的感覺。而就算你本來是個開朗活潑的人，到了這些地方也會收斂起來、變得較為冷漠嚴肅，做事也更有紀律。

天王星上升線經過的地點

天王星在星盤中，代表你與眾不同、獨特的那個部分，在天王上升線經過的地

方，你可能會覺得自己變得截然不同，特別勇於去表現自己的獨特之處，而不需在意他人的眼光。在打扮、形象方面，也會敢於穿出自己的風格，甚至在別人眼中，會覺得有點怪咖。

同時，那個地方也可能會讓你感到新鮮刺激，可以激發你新的思維，有助你發揮創意。

所以如果你覺得生活有點苦悶，想找尋一些新鮮感，不妨到天王上升線的地方，會帶給你意想不到的刺激。

海王星上升線經過的地點

到了海王上升線走過的地方，你可能會覺得很輕鬆，仿佛將壓力都放下，沒有什麼焦點似的。所以這些倒是可以用來渡假減壓的地方，逃避日常生活的束縛和壓力，甚至會覺得這實在是在理想中的夢幻之地。不過，如果選擇這些地方去工作或讀書，可能就少了一些拚勁和目標。

這些地方也是一些給予你藝術靈感的地方，例如，如果你想找個地方創作，尋找靈感，又或去學習攝影繪畫這些藝術性的東西，也可到海王上升線的地方。另外，參加靈修、冥想、或找個地方退休，也可到這些「海王地方」去。

冥王星上升線經過的地點

如果你覺得生活乏味，或對現在的生活感到麻木，那麼冥王上升線走過的地方，會給你很激烈的感覺，將你內在的情緒牽動。

對於這些地方，你可能會有強烈的情緒被激發出來，但同時也不會經易流露。此外，也可能對這些地方有一份恐懼感，會很努力的保護自己，害怕會有什麼危險的事發生。

不過，如果你渴望深層的蛻變，想從中獲得深刻的體驗和成長，不妨到冥王上升線的地方，給自己機會轉化。

凱龍上升線經過的地點

到凱龍上升的地方，可能會讓人覺得不太舒服，因為在那裡，自己仿佛是個異類，害怕其他人會歧視或看不起自己。而且在那裡也會變得較為敏感，內心的傷口很容易被引發出來。

不過，凱龍也有治療的力量，在這些地方，你會有更多機會去看清楚自己的傷口，以及找尋相關治療。例如你到當地參加一些治療課程，可能會有良好的效果。

另外，在凱龍上升的地方，也可以讓你學習去接受自己與眾不同的地方，不要懼怕他人的眼光，勇於去活出獨一無二的自己。

月亮交點上升線經過的地點

南交在上升的地方，就算是第一次去，也會給你一種很熟悉的感覺，而且會感覺舒服自在。不過，如果想尋求一些成長和發展，則南交上升的地方，可能會讓你停滯不前。反過來說，如果是北交在上升的地方，則會給你一種陌生的感覺，甚至在那裡生活可能會是一種挑戰，不容易適應。

不過，這也是可以讓你自我成長的地方，去學習一些新的東西。而且，南北交上升線經過的地方，會給你一種仿佛被命運推過去的感覺，像命中注定要跟這些地方有一些連結一樣。

下降線跟「關係」有關，跟他人的互動、工作夥伴、愛情關係等的性質和模式，都會隨著不同的下降線而做出改變。

太陽下降線經過的地點

在這些地方，你會發覺自己的社交生活變得更為活躍，更熱衷於跟他人互動，並渴望成為當中的焦點。同時，也會希望得到別人的認同，這樣才能夠肯定自己。

另外，在這些地方，你會更容易吸引一些有「太陽」特質的人，例如充滿了生命力、具創意、有魅力的焦點人物，而你在這些人際關係當中，也可以擔當領導的角色。在這些地方遇上的人，也有助激發你的創意，讓你可以好好發揮你的創造力。

而太陽也代表了男性，所以想認識對象的女性，也可以到太陽下降線經過的地方。

月亮下降線經過的地點

來到這些地方，你會更注重跟別人的關係，因為從中你可以得到內心的滋養和滿足。就算你本來是個較為獨立的人，到了月亮下降的地方，你也會渴望跟別人有較多的情感交流，期望別人給你照顧，同時亦會樂於去保護和照顧他人。

月亮也跟家庭有關，來到這些地方，或許你會渴望建立伴侶關係、組織家庭。

月亮代表女性，所以在這裡更容易認識女性的朋友，而男性想找伴侶，在這些地方可能會有更多機會。

水星下降線經過的地點

在這些地方，會有較多跟別人交流溝通的機會，亦容易認識一些有趣、年輕、有很多資訊提供給你的人。在這裡你不會覺得沉悶，因為總是有很多說話、學習、溝通的機會。

在這裡，你跟別人的互動，甚至是情侶之間也會更為重視彼此思想上的交流，例如大家是否可以溝通，有沒有好玩有趣的話題。

水星也跟貿易有關，所以如果你是從事這些行業，或想尋找更多商業機會、客戶，也可以到這些地方。

金星下降線經過的地點

金星本身就跟關係和愛情有關，所以如果你想認識更多人，甚至想有更多的戀愛機會，尋找理想伴侶，不妨到金星下降線經過的地方。在那裡，你可能會有更多的社交活動，而且可以更愉快的享受在其中。

而在別人的眼中，你也會變得更吸引人、更有魅力。反過來說，你所認識的人會是優雅美麗、富有藝術氣息，又或者你很能吸引力這些帶有「金星」特質的人。

金星也跟金錢有關，所以在這些地方，會有更多金錢交易的機會，所以也有助於相關的工作。

火星下降線經過的地點

在這些地方，人際互動上你會更加主動積極，而且社交活動也會變得更為熱鬧，不像金星下降那樣舒服享受，倒是更有動力和熱情，伴侶關係也會更為熱烈。不過，也要小心在人際關係上，會容易跟別人發生衝突，又或互相攻擊而鬧得不愉快。

在這些地方，容易認識到一些充滿活力、很有行動力的人。火星也代表男性，如果想認識多些男士，也不妨到火星下降線的地方去。

火星也跟性魅力有關，所以在這些地方你會變得更有吸引力，也容易發展充滿熱情的關係。

木星下降線經過的地點

如果你想拓展你的人際網絡，想認識更多人，或在工作上尋找更多的客戶、合作夥伴，都可以到木星下降線經過的地方。

在這裡，你會有很多社交、認識朋友、夥伴的機會，而且都會感到非常開心愉快，充滿了樂趣，而大家更可以有一些知性的交流，從對方身上學會一些智慧或道理，又或總是有很多人可以幫助你。

而你認識的人，也可能會是一些樂觀，很有學問，或可以教曉你一些東西的人。又或反過來，你在他人的眼中，就像一位老師或智者，可以教導別人。

土星下降線經過的地點

在這些地方，在人際關係方面你可能會變得較為內斂、疏離，不太熱衷於跟別人打交道，亦可能會覺得自己不夠好，而不太敢於跟別人交流。

在這些地方，你可能沒有很豐富的社交生活，亦或無法認識很多人，但認識到的，都可以慢慢建立長久穩定的關係，經得起時間的考驗。

在這裡認識的人，可能是一些較為成熟、冷靜謹慎的人，又或是一些專家型人物。對方可能給予你一些壓力，對你有所要求，但從中也是對你的一種磨練，讓你變得更成熟。

天王星下降線經過的地點

天王下降線經過的地方，會帶給你新鮮刺激的人際關係，你會認識到一些有趣、特別的人，跟你過去認識的截然不同。天王星跟團體、社會有關，所以在這些地方，可能會有較多的團體活動，讓你拓展人際圈子。

不過，這些關係可能會有較強的變動性，不像土星下降那樣容易保持長久的關係。而且關係亦會較爲冷漠、有距離感，你會較注意自己的私人空間和自由。

如果是伴侶，大家也最好保持一定的距離，給予彼此空間，並常常製造驚喜和新鮮感，這些都有助維繫關係。

海王星下降線經過的地點

來到這些地方，可能會碰上夢中情人，又或沉醉在夢幻式的愛情當中，充滿了浪漫的感覺。不過也要小心，這些海王式的關係，當中可能帶著很多不切實際的幻象，又或不確定的曖昧情況，而當夢幻破滅時，就會帶來失望。

海王在下降，也要注意在人際關係中，會有欺騙、模糊不清的情況出現，例如大家有合作的關係，又或要簽約時，都要加倍注意，小心受騙或誤會。

不過，海王在下降，也有機會認識到一些善良、有慈悲心的人，又或能夠激發你的靈感和直覺的人。同時，在人際關係中，大家都沒有界限，可以讓你發揮大愛精神和同理心。

冥王星下降線經過的地點

在這些地方，人際關係方面可能會出現權力鬥爭的問題，彼此都想掌握主導權，而你在跟別人交往時，也會具有保護性，不會輕易流露內心的感覺或想法。這裡認識的人，可能是很有權力、財富的人，但也可能是有很強的權力欲和占有欲的人。

在人際互動上，可能會引發出你的深層恐懼，又或一些埋藏在內心深處的情緒，但亦可因此建立帶有強烈感情的關係，讓你不易忘記。

冥王也跟財富有關，所以若要找合作投資的夥伴，或富有的客戶，在冥王下降

的地方也會有更多的機會。

凱龍下降線經過的地點

就算平日你不去理會你內心的傷口，但在這些地方，總是會透過人際關係而被引發出來。別人仿佛是在攻擊你，觸碰你的敏感點，讓你覺得受傷害。又或你在人際圈子當中，總是覺得自己格格不入。但其實這些也是成長和治療的機會，讓你學習去肯定和接納自己的弱點、與眾不同的地方，當你願意接納自己，他人自然會接受你。

在這裡，你也可能會認識一些治療師或老師，可以帶給你治療或學習的機會。亦可能遇上一些弱勢、需要你幫忙的人，透過對他人的幫助、感受到別人的痛苦，你自己也會學習到更多東西，反過來亦有助自己的成長。

月亮交點下降線經過的地點

南交點在下降的地方很容易跟別人打成一片，因為遇上的人，都會有一種一見如故的感覺，就像不知早在哪裡見過似的，在人際方面會覺得舒服自在。

而北交點在下降的地方，人際關係對你來說可能是一種挑戰，看來不容易跟別人打交道，又或碰上的人，跟自己過往認識的很不一樣，不知如何去相處。不過也可藉此去認識新的朋友，學習人際相處之道，而透過各種的人際互動，可以讓自己有所成長。

天頂線走過的地方，代表了我們的事業目標、發展、名譽地位、社會形象，會隨著不同的行星能量而有所轉變，而我們可以選擇合適的地方去做事業上的發展。

太陽天頂線經過的地點

太陽本身就是跟目標、成就、自我展現有關，太陽在天頂，代表容易獲得世俗、事業上的成就，而且其他人都會看見，受到他人的仰慕和認同。因此若想找個地方發展事業，希望可以建立自己的地位，特別是渴望成為焦點或公眾人物，例如從事演藝、表演、藝術家之類的，都可以考慮太陽天頂線的地方。

當然，到了太陽在天頂的地方，你的一言一行都很容易讓人看見，所以也要配合你的事業目標和本身的性格，如果不喜歡太高調，想保持多些私人空間，那麼這些地方未必最適合你。

月亮天頂線經過的地點

如果月亮在天頂這個位置，會較適合從事「月亮」相關的工作，例如要照顧、護理他人，跟家居、家庭、女性、歷史有關的工作，像幼兒護理、家具生意、古董買賣等，都可以在月亮天頂的地方發展，較容易獲得成就或地位。

不過，也要注意在這些地方，你的情緒總是容易受到外界的影響，或常為了事業、地位、名譽的事而變得敏感、起伏不定。又或在這些地方工作的話，跟上司之間的關係可能牽涉到一些情感，不容易公私分明，所以到這些地方發展就必須考慮這些問題。

水星天頂線經過的地點

水星在天頂的地方，比較適合從事跟通訊、溝通、貿易、寫作、教育相關的工作，都會較容易得到肯定，獲取名聲。而你的言談、想法、寫作作品，都會成為別人認同你的地方，所以如果你想當一名作家、演說家之類這些跟「說話溝通」有關的工作，在水星天頂的地方，會較容易得到發揮和認同。

　　不過，當然也需要考量你水星的性質。例如水星在你命盤中是壓力點，在天頂的話，也要小心你的事業、地位，可能會受到別人的言論所影響；又或你的言行稍有不慎，說錯了或做錯了任何事情，都會被眾人看見，所以還得注意出生星盤的水星性質如何。

金星天頂線經過的地點

　　金星在天頂的地方，特別容易將你優雅、漂亮的一面在公眾前展示出來，大眾看你，會覺得特別有吸引力和魅力。金星也代表了價值，所以在這些地方，似乎更易彰顯出你的價值，又或可以透過事業成就，來打造你的價值。當然，這也關乎你個人星盤中金星的相位，如果你的金星受到壓力，那麼這些地方可能會突顯了你相關的問題，但同時也是給你磨練的好機會。

　　金星在天頂的地方，特別適合從事跟人際關係、漂亮有關的行業，例如公共關係、時裝、美容、外交之類，都會因為你的品味和人際手腕而得到認同。

火星天頂線經過的地點

　　如果你想激發自己的奮鬥心和企圖心，那麼火星在天頂的地方可能會適合。在這裡，你會將能量都放在事業上，努力的打拚、競爭，希望獲取成就，成為當中的領導者。而在事業上，你可以突顯出你的決斷力和膽量，在大眾眼中，你會是一個很果斷和有衝勁的人。

　　不過，火星在天頂的位置，在事業上的競爭也會較為劇烈，亦要注意可能受到別人的攻擊。

　　火星在天頂的業務，會是一些跟運動、軍事、機械之類有關的，較容易為人所肯定和認同。

木星天頂線經過的地點

　　木星在天頂的地方，可以為你的事業帶來很多的發揮空間和機會，亦有助提升你的名聲和地位，所以若是你想在事業上大展拳腳、爭取名聲，都可以選擇木星天頂線經過的地方。而且，你會覺得在建立你的事業時，也可在當中找尋到一些人生意義，並非單純為名為利那麼簡單。

　　而你建立出來的公眾形象，也會讓人覺得你所做的事是有益於他人，或覺得是很宏大的事。

　　木星的其中一個意涵是「擴大」，所以也要注意，無論你做出來的事，是好或不好，也會被突顯出來，甚至被誇大，也就是說，如果是一些錯失或醜聞，也會「壞事傳千里」。所以木星天頂也不是絕對的好，端看你做出了什麼成績。

土星天頂線經過的地點

　　土星所代表的，是慢慢的磨練，經過一段時間的努力，就會逐漸做出成果，並建立一定的成就。所以土星天頂線走過的地方，在事業上打拚雖然會很辛苦，或許需要承受很大的壓力，但如果願意努力，則可以建立扎實的地位和成就，而且還會相當的持久，不會輕易被打破。同時，透過這些鍛鍊，也可以讓你變得更為成熟，學會負責任。

　　在這些地方工作，可能會是跟大機構、有名望的公司有關，又或可從事一些專業，像會計師、財務師之類，都能給人一種很專業的形象。

天王星天頂線經過的地點

　　如果你想在事業上有個 180 度的**轉變**，一個大突破，想轉換事業方向，到天王在天頂的地方，應可做出**轉變**、新嘗試，給自己新的刺激。

在這些地方，你可以從事一些較為冷門或另類的行業，也可以是跟科技、航空、發明有關的工作，較容易得到發揮的機會獲得成就。另外，在這些地方，亦適合參與一些社會服務、或為了人道主義去打拚的工作。

不過，在這些地方，事業發展可能會較不穩定，例如經常要變換方向，又或你不願停留在一份工作上太久。總之，這些地方可以帶給你刺激和變化，但也要有心理準備會較不安定。

海王星天頂線經過的地點

如果你有一些夢想想去追逐，又或你的事業是跟藝術、電影、設計、慈善、靈性的東西有關，則海王天頂線走過的地方，可能會較為適合，有助你在這些方面開創一番事業。而你所做的東西，容易引起大眾的共鳴，引發大家的想像，甚至有潛能讓人覺得你是大家的代言人，對你仰慕，把你看作是偶像。

不過，海王星的另一面，也有可能讓你對事業失去了企圖心，沒有心思去拚搏，甚至對於事業的方向也會迷失。所以最好是搞清楚有什麼夢想要追尋，才能在這些地方好好發揮海王的力量。

冥王星天頂線經過的地點

冥王在天頂的地方，可能會激發起你的企圖心，不只希望在事業上可以得到什麼成就，而是想獲得權力，想要能掌控一切。不過，其中也可能牽涉到權力的鬥爭，又或經歷種種的危機，從中去建立你的事業。但當你真的做出一些成績時，可以具有很大的影響力，甚至可以轉化他人，成為一個位高權重的人。

而冥王在天頂的地方，也較適宜從事一些跟神祕學、心理學、財務、偵測等相關的事業。

凱龍天頂線經過的地點

凱龍在天頂的地方，你所從事的工作，在大眾世俗的眼光來看可能會覺得奇怪、另類，不容易接受，而你自己也可能害怕或介意他人的眼光。但如果真的能夠接納自己的工作，反而可以建立出獨特性，做一些獨一無二、很有個人特色的東西，才是真正打造成就的方向。

而凱龍在天頂的地方，特別適合從事治療、教學、輔導這類可以幫助、有益於他人的工作。

月亮交點天頂線經過的地點

南交點在天頂的地方，發展事業對你來說，簡直就是駕輕就熟，可以很自然地為了事業去努力，要獲取地位或成就也不是困難的事，只是要注意可能會因此而忽略家庭或私人生活。

至於北交點在天頂的地方，可能你會很渴望建立一番成就，但當中需要面對一些困難，中間也有很多學習的機會。建立事業成就並不容易，但這是讓你成長的一個方向，甚至覺得有一種使命感，或有一股推動力，推動著你去發展事業。

天底線經過的地方，代表著你在當地的家庭及私人生活、情緒、安全感、歸屬感，都會受到該行星的性質所影響。而如果你想選擇一個地方移民定居，合適的天底線會是很不錯的選擇。

太陽天底線經過的地點

來到這些地方，特別是移民或長期居留，會覺得在這裡建立的家，總是能帶來溫暖和開心的感覺，而且你的焦點也會放在家庭生活上，可以建立一個帶給你活力

和愉快感覺的家庭。

太陽也對應父親和男性，所以在這些地方，可能會引發出一些跟父親有關的議題，例如會更注重跟父親的關係，又或碰上一些帶著父親形象的男性。又或如果你是男性，亦有機會在這裡建立家庭或成為父親。

不過，也可能會把焦點放了在家庭上而忽略了事業上的發展，當然這必須觀察整個星盤的組合，以及天頂部分。

月亮天底線經過的地點

月亮本身就是跟家庭和根源有關，月亮在天底的地方，就算是一個陌生的地方，也能給你一種熟悉感，有一種「家」的感覺，而且很容易就能建立歸屬感。在這裡會覺得安全、舒適，比較容易在這些地方落地生根，所以選擇移民的話，找月亮天底線的地方是比較適合的。

月亮也跟女性、母親有關，所以在這個地方，可能會引發出一些跟母親有關的議題，例如認識帶有母親影子的人，又或女性可能想當媽媽。

水星天底線經過的地點

水星代表走動、短途旅行，所以水星在天底的地方，可能不是一個讓你感覺平靜的家，而是一個讓你常常跑來跑去的地方，例如跟朋友、鄰居會有不少交流，又或為了學習而忙碌，甚至有機會常到其他的地區、城市旅遊或工作。如果你喜歡較有趣味、可以跟別人多做交流的地方，水星天底會是不錯的選擇。

另外，在這裡，跟家人之間也會有較多的溝通、更多的話題。而你會對這個地方的歷史、文化，都會感到興趣，會是一個不錯的學習環境。

金星天底線經過的地點

如果你想建立一個舒適、漂亮、感覺和諧的家，可到金星天底線的地方，那裡會讓你覺得愉快、開心，也很享受待在家的時光，或許會花費許多心思把家居弄得漂亮。

金星也跟金錢有關，在這裡投資房地產，又或建立一個家居辦公室、在家工作，都可以有較多賺錢的機會。

而在這裡建立的關係、找尋伴侶，都可以給你一種安穩的感覺，甚至可以建立家庭。因此，在這裡生活應該是相當舒適的，只是小心變得太懶惰！

火星天底線經過的地點

來到這個地方居住，可能會充滿活力，總是有很多能量似的，滿載著很多熱情，但同時也可能引發出一些憤怒情緒，感到不安，容易跟家人發生衝突，又或對這個地方有一些不滿。

在這個地方，生活可能會變得很忙碌，如果你喜歡熱鬧的生活，在這類型的地方，真的可能讓你停不下來。

火星在天底的地點，其實比較適合喜歡繁忙熱鬧生活的人，又或從事一些競爭性活動，但如果想要一個安穩舒適的生活，那可能就不太適合了。

木星天底線經過的地點

來到這個地方，你可能會感受到木星帶來的樂觀和快樂，覺得這個是一個機會遍地的地方，如果是移民到這裡，則在這邊的家庭生活特別開心愉快，甚至較容易找到空間較大的房子。

木星也跟長途旅行有關，所以如果在這裡定居留學，可能會有很多走動的機會，跑到不同的國家，又或有更多機會跟外國人接觸。

木星亦代表學習，所以這些地方也會帶來很多的學習機會，如果想留學，又或想修讀一些課程，這些地方會是適合的選擇。

土星天底線經過的地點

土星在天底的地點，容易帶來束縛和壓力的感覺，需要背負較多的責任，特別是來自家庭的責任。

不過，這裡同時也可能帶來安穩實在的感覺，若想在這裡扎根，可能需要一段長時間去建立，因為起初會有一種恐懼或疏離的感覺，待慢慢適應後，才能夠建立安穩的根基。

在情緒上也會多一些壓抑，不輕易表達自己的情感。所以就算只是到這些地方去旅遊，感覺上也可能不太享受，又或沒有什麼好玩愉快的感覺。所以，土星天底線的地方，可能會比較適合工作、發展業務，而不是享樂或定居。

天王星天底線經過的地點

如果想找一些新鮮刺激感，這些地方應可滿足你。例如到這些地方旅遊、遊學，又或接觸來自這些地方的人，都會讓你覺得刺激又好玩。

而如果你到這些地方長期生活、定居，雖然可能會有不少新鮮感，但走動變化也可能很多，例如需要東奔西跑，不容易安定下來，而且在情感上，會有一種疏離的感覺，不易建立歸屬感和安全感。而在這裡的家庭生活，會很需要自己的空間，很重視獨立性和自由。

天王星也代表團體和社會，所以來到這些地方生活，也可能會有較多的團體活

動，又或認識不同的朋友。

海王星天底線經過的地點

這些地方可能會帶給你一種「這就是理想中的家」的感覺，滿足你的幻想、符合心中的想像以及對理想的追求，而且很容易融入其中。

如果想找一個地方去渡假，甚至去逃避一下，脫離現實的束縛，海王天底可以給你這類感覺，就像去渡假村、甚至迪士尼樂園那樣。

另外，這些地方也適合去參與一些靈性或藝術活動，讓你去尋求靈性上的成長、發展你的藝術創意。

不過，海王星也代表迷失，在這裡也容易感到迷惘，不知自己的根源何在的感覺。雖然像是一個理想的地方，但又不夠實在，像沒法扎根似的。

冥王星天底線經過的地點

如果要刻意選地方移居或讀書的話，大概很少人會去選冥王在天底的地方。因為在這裡，情緒上不易感到安穩，甚至內在的一些恐懼、陰影都會被引發出來。而在這裡建立的家，也可能容易遭遇危機和問題，不容易營造安穩舒適的氛圍。

不過，如想尋求人生的轉化，想來個翻天覆地的轉變，又或去參加一些成長課程，去面對內心的陰影，藉以做一些深層的治療，那麼冥王天底的地方也算是適合的選擇。

凱龍天底線經過的地點

這些地方相當適合做靈性之旅，因為在此，可能需要面對內心的傷口，又或一些跟過去、家庭有關的問題，都會在這裡被引發出來。如能利用這個機會去了解自

己的內心、處理這些問題、甚至去學習治療，都可以是一個成長的機會。

不過，如果在這些地方定居，甚至建立家庭，則可能較為困難，容易因為家庭、種族的問題而受到傷害。例如別人當你是異類，不易接受你成為那個地方的一分子之類，對於自己的內心和情緒，都會是一種傷害。而要學習的，就是去接納這個與眾不同的自己，以及自己的根源和文化。

月亮交點天底線經過的地點

南交點天底線經過的地方，會很容易給你一種熟悉感、歸屬感，就算是一個陌生、未去過的地方，也仿佛回到家一樣。不過，如果有一些過去的事情一直未能解決，則可能在這個地方再度重覆，要你去面對和處理。

如果是北交點在天底，這個地方可能讓你覺得陌生，甚至在這裡生活會感到不容易，必須強迫你去面對一些挑戰，但也因此，給你一些機會去學習新的東西，從中得到成長，也可以給自己嶄新的人生體驗。

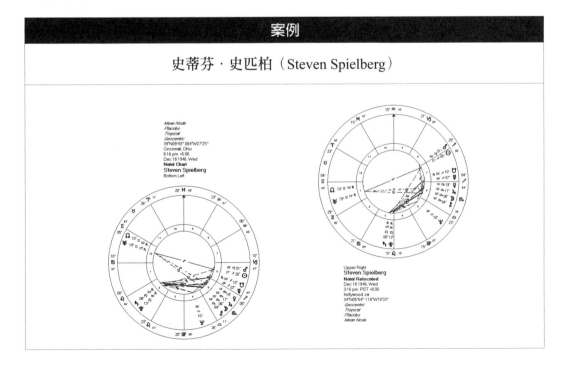

要了解換置圖和 ACG 圖的操作和分析，我們可以從美國大導演史蒂芬·史匹柏（Steven Spielberg）的案例來看。

史匹柏出生在美國俄亥俄州的辛辛那提市，先看他的出生圖，上升巨蟹，太陽射手在第六宮，四顆星包括命盤守護月亮都在天蠍座第五宮，代表著他有很強烈的創作力，而且可以將一些跟心理、權力鬥爭、危難、內心恐懼的東西，透過創作表達出來。

而第六宮的太陽、火星、南交及水星，亦暗示著他人生焦點和能量都會放在工作上。而天頂則是雙魚，他的事業發展和成就，都會跟藝術創作、想像力有關。這些都是他的出生星盤帶來的能量，當他換置到不同的地方，這些能量就會在不同的領域中彰顯出來。

要了解換置圖和 ACG 圖的操作和分析，我們可以從美國大導演史蒂芬·史匹柏（Steven Spielberg）的案例來看。

史匹柏出生在美國俄亥俄州的辛辛那提市，先看他的出生圖，上升巨蟹，太陽射手在第六宮，四顆星包括命盤守護月亮都在天蠍座第五宮，代表著他有很強烈的創作力，而且可以將一些跟心理、權力鬥爭、危難、內心恐懼的東西，透過創作表達出來。

而第六宮的太陽、火星、南交及水星，亦暗示著他人生焦點和能量都會放在工作上。而天頂則是雙魚，他的事業發展和成就，都會跟藝術創作、想像力有關。這些都是他的出生星盤帶來的能量，當他換置到不同的地方，這些能量就會在不同的領域中彰顯出來。

嘗試把他的出生圖換置到加州的夢工場好萊塢，上升星座變成了雙子，原先在五宮的天蠍星群，移到第六宮，代表著他的創作力，可以在工作上表現出來。而天頂由雙魚變成水瓶，正好呼應他拍的電影，往往跟高科技、外太空、外星人有關，加上在出生圖十二宮的天王星，在好萊塢的圖就跑到第一宮了，可說他的突破性、嶄新的想法，可以更容易表達出來。

再看合軸星，冥王在三宮合著天底，意味著在這個地方，會容易經歷權力鬥爭的問題，但同時也有機會獲取權力。水星亦在七宮合下降點，代表在好萊塢，他跟其他人會有不少思想上的交流和互動。

在他的出生圖上，有一個小三角，由土星冥王、水星、海王形成，頂端在四宮的海王，代表他在藝術創作上，相當有天份，而且還可以將之落實（土星），將他深度的想法（冥王三分水星），以藝術的方式表達出來。而這個小三角，在好萊塢的換置盤上，頂端的海王由四宮移到五宮，加強了海王的創作意味，更變成了一個讓史匹柏展現自我的地方。

而冥王合天底這個部分，再看看 ACG 圖，就可以看到冥王天底線穿過加州的洛杉磯。當我們看整個 ACG 圖時，就可以看到換置到在全世界各地方，合軸星會有哪一些了。

舉一些例子，天王天頂線穿過法國巴黎，可以說史匹柏在法國巴黎，更能突顯他拍攝科幻片的形象，會因此而受到大家的認同。在亞洲方面，他的海王天頂線剛好就穿過香港，同時太陽和火星上升線也在附近，可說他的名聲、創作力，還有他的藝術成就，特別容易在香港這邊突顯出來，並為人所認同，甚至相當受歡迎。

如果他想好好休息或渡假，看到他的月亮、木星、金星天底線都穿過極北的格陵蘭，在那裡便可感覺相當愉快和舒適了。

國家圖書館出版品預行編目資料

高階占星技巧：中點技巧、組合盤、移民占星學／魯道
夫、Jupiter、傅瀚瑤 CICI 著. -- 初版. -- 臺北市：春光出
版：家庭傳媒城邦分公司發行, 民105.02
　　面；　　公分（命理開運 75）

ISBN 978-986-5922-79-5（平裝）

1. 占星術

292.22　　　　　　　　　　　　　　　105001468

高階占星技巧（全新增訂大開本）
——中點技巧、組合盤、移民占星學

作　　　者／魯道夫、Jupiter、傅瀚瑤 CICI
企劃選書人／劉毓玫
責任編輯／何寧
內文編輯／劉毓玫

版權行政暨數位業務專員／陳玉鈴
資深版權專員／許儀盈
行銷企劃／陳姿億
行銷業務經理／李振東
副總編輯／王雪莉
發　行　人／何飛鵬
法律顧問／元禾法律事務所　王子文律師
出　　　版／春光出版
　　　　　　台北市104中山區民生東路二段 141 號 8 樓
　　　　　　電話：(02) 2500-7008　傳真：(02) 2502-7676
　　　　　　部落格：http://stareast.pixnet.net/blog
　　　　　　E-mail：stareast_service@cite.com.tw
發　　　行／英屬蓋曼群島商家庭傳媒股份有限公司城邦分公司
　　　　　　台北市中山區民生東路二段 141 號11 樓
　　　　　　書虫客服服務專線：(02) 2500-7718 / (02) 2500-7719
　　　　　　24小時傳真服務：(02) 2500-1990 / (02) 2500-1991
　　　　　　讀者服務信箱E-mail: service@readingclub.com.tw
　　　　　　服務時間：週一至週五上午9:30～12:00，下午13:30～17:00
　　　　　　劃撥帳號：19863813　戶名：書虫股份有限公司
　　　　　　城邦讀書花園網址：www.cite.com.tw
香港發行所／城邦（香港）出版集團有限公司
　　　　　　香港灣仔駱克道 193 號東超商業中心 1 樓
　　　　　　電話：(852) 2508-6231　　傳真：(852) 2578-9337
　　　　　　E-mail：hkcite@biznetvigator.com
馬新發行所／城邦（馬新）出版集團　Cité (M) Sdn. Bhd.
　　　　　　41, Jalan Radin Anum, Bandar Baru Sri Petaling,
　　　　　　57000 Kuala Lumpur, Malaysia.
　　　　　　電話：(603) 90578822　傳真：(603)90576622
　　　　　　E-mail：cite@cite.com.my.

封面設計／鍾瑩芳
內頁排版／游淑萍
印　　　刷／高典印刷有限公司

■ 2016 年（民 105）2月 25 日初版
　2023 年（民 112）12月 28 日二版1.7刷

Printed in Taiwan

售價／550元

城邦讀書花園
www.cite.com.tw

104台北市民生東路二段141號11樓

英屬蓋曼群島商家庭傳媒股份有限公司
城邦分公司

請沿虛線對折，謝謝！

遇見春光‧生命從此神采飛揚

春光出版

書號： OC0075X　書名： 高階占星技巧（全新增訂大開本）
　　　　　　　　　　　　　── 中點技巧、組合盤、移民占星學

讀者回函卡

謝謝您購買我們出版的書籍！請費心填寫此回函卡，我們將不定期寄上城邦集團最新的出版訊息。

姓名：_____

性別：□男　□女

生日：西元_____年_____月_____日

地址：_____

聯絡電話：_____　傳真：_____

E-mail：_____

職業：□1.學生 □2.軍公教 □3.服務 □4.金融 □5.製造 □6.資訊

　　　□7.傳播 □8.自由業 □9.農漁牧 □10.家管 □11.退休

　　　□12.其他_____

您從何種方式得知本書消息？

　　　□1.書店 □2.網路 □3.報紙 □4.雜誌 □5.廣播 □6.電視

　　　□7.親友推薦 □8.其他_____

您通常以何種方式購書？

　　　□1.書店 □2.網路 □3.傳真訂購 □4.郵局劃撥 □5.其他_____

您喜歡閱讀哪些類別的書籍？

　　　□1.財經商業 □2.自然科學 □3.歷史 □4.法律 □5.文學

　　　□6.休閒旅遊 □7.小說 □8.人物傳記 □9.生活、勵志

　　　□10.其他_____